图书在版编目（CIP）数据

岭南大学历史档案文献选编：1937—1945 / 广东省档案馆编 . —广州：广东人民出版社，2022.12

ISBN 978-7-218-16235-5

Ⅰ . ①岭…　Ⅱ . ①广…　Ⅲ . ①岭南大学—档案资料—汇编—1937—1945　Ⅳ . ① G649.286.51

中国版本图书馆 CIP 数据核字（2022）第 234193 号

LINGNAN DAXUE LISHI DANGAN WENXIAN XUANBIAN：1937–1945

岭南大学历史档案文献选编：1937—1945

广东省档案馆　编

出 版 人：肖风华

责任编辑：陈其伟　周惊涛
封面设计：书窗设计
责任技编：吴彦斌　周星奎

出版发行：广东人民出版社
地　　址：广州市越秀区大沙头四马路 10 号（邮政编码：510199）
电　　话：（020）85716809（总编室）
传　　真：（020）83289585
网　　址：http://www.gdpph.com
印　　刷：广州市豪威彩色印务有限公司
开　　本：787mm × 1092mm　1/16
印　　张：27.5　　**字　　数**：400 千
版　　次：2022 年 12 月第 1 版
印　　次：2022 年 12 月第 1 次印刷
定　　价：98.00 元

编委会

前言

为贯彻广东省政府关于『建立粤北华南教育历史研学基地』的工作要求，广东省档案馆围绕抗战时期华南教育历史档案活化利用，开发馆藏档案史料，编辑出版了《广东省档案馆藏抗战档案选编》《广东省档案馆馆藏抗战时期学校迁徙办学专题档案目录》《烽火弦歌——抗战时期广东学校迁徙与办学档案史料选编》等一批图书，比较全面反映了抗战时期华南高校在战火中辗转，在流离中办学，让华南教育旗帜屹立不倒的光辉历史。为进一步充实与丰富活化抗战时期华南教育历史研究史料，省档案馆在以上成果的基础上，对馆藏抗战时期岭南大学迁徙办学档案进行了进一步挖掘与梳理，精选了一批此前尚未公布的珍贵档案予以公开出版。

岭南大学是20世纪上半叶华南地区一所颇具影响力的私立高校。1937年抗战全面爆发，位于广州康乐园的岭南大学坚持办学，并积极参与抗日救亡运动。1938年广州沦陷后，该校迁往香港，借用香港大学校舍、教学科研设施继续办学。岭南大学师生虽然暂迁香港，但始终不忘根在内地，坚持要在抗战烽火中与内地高校一道锻炼意志、共赴时艰。为此，1940年11月，岭南大学农学院首先回迁韶关办学。1941年12月香港沦陷，其他学院陆续回迁。在当时的韶关曲江县仙人庙大村，岭南大学师生筚路蓝缕，建设被称为『岭大村』的校园，弦歌不辍。1945年初，曲江沦陷，学生们迁徙各地。正当岭南大学校方积极筹备设立连县分教处及到梅县复课事宜之时，日本宣布投降，岭南大学得以结束这段颠沛流离的迁徙苦旅，回到广州康乐园旧址恢复办学。

省档案馆藏有岭南大学全宗档案900余卷，内容十分丰富，其中，记载着岭南大学迁徙办学过程的历史档案，不仅是该校办学历史的重要研究资料，还是广东教育史、广东抗战史、广东社会史、中西文化交流史的宝贵研究资料。编辑出版《岭南大学历史档案文献选编（1937—1945）》，期望能为学界提供更多史料资源，进一步推动抗战历史研究，从中感悟伟大的抗战精神，获得持续的精神滋养和激励。

编　者

2022年12月

编辑说明

《岭南大学历史档案文献选编（1937—1945）》收录了广东省档案馆馆藏岭南大学迁徙办学档案140余件，档案的内容与形式主要包括公文函件、财务报表、教务资料、校报报道等，从不同侧面反映了抗战时期岭南大学坚持办学、积极参与抗日救亡运动、开展科研的不屈精神。

本书选用广东省档案馆馆藏档案原件全文影印，未作删节；如有缺页，为档案自身原缺；档案中原标题完整或基本符合要求的使用原标题；原标题有明显缺陷的进行了修改或重拟；无标题的加拟标题；标题中的机构名称使用机构全称或规范简称。选自《岭南大学校报》的报道，出版时在相应报道标题左侧或下方加灰度线，以提醒读者。

档案按照形成时间先后排序，一般以成文时间为准，档案所载时间不完整或不准确的，作了补充或考证、订正。档案时间只有年份和月份的，排在该月末；只有年份的，排在该年末。

除档案外，全书使用规范的简体字，对档案标题中的繁体字、异体字等予以径改。由于档案保存年代久远，加之编者水平有限，在编辑过程中存在疏漏与不足，欢迎读者批评指正。

目　录

1937 年

1938 年

1939 年

1940年

1941年

1942年

1943 年

1944 年

1945 年

1937年

《岭南大学校报》第九卷第九期报道：教职员学生援绥捐款汇出总额（1937-01-15）

嶺南大學校報第九卷第九期

致職員學生援綏捐款滙出總額

後方：節食！節食！

前方：努力！努力！

自綏遠戰事發生，全國後方民衆均有節食捐輸，慰勞前方將士之舉。本校員生素來爲國輸將，實無役不與。自戰事發生之始，卽分頭籌集欵項，源源滙寄前方。截止最近止，滙欵總額。已達弍千四百六十餘元，計教職員方面，九百餘元，學生方面，一千五百六十元云。

工學院二十五年級級友捐贈夏進興君紀念獎金

紀念亡友　以勵來玆

已故校友夏進興君以年少碩才，去歲因染腸熱症賫志以歿，聞者惜之。工學院二十五年級級友，更爲傷悼，爰有捐贈紀念獎以紀念夏君之舉。此項獎金爲大洋十五元，專爲獎給修讀工程學八十八及八十九兩科(査卽高級營造工程)之成績最優者；誠以夏君在校時，以修讀該兩科成績最好，今如此辦法，所以紀念亡友，以勵來玆。査此項獎金只獎給一年云。

嘉惠霖榮膺名譽博士

本校醫學院院長嘉惠霖，(現在假回美)于本年六月榮膺美國賓省哈維佛 (Haverford) 大學名譽博士。該校校長授予學位時曾說「嘉君在一九〇九年之前在 Philadephia 已是一經驗宏富之醫士。隨後在華南服務，凡二十五年，一切在醫學及經驗上之獲得，均足促成其在醫藥界優越之位置。」云。

全國學術工作諮詢處請寄致職員錄及畢業同學錄

日前全國學術工作諮詢處函請寄贈本校敎職員錄及畢業同學錄以資參考。本校接函後，業已檢齊照寄矣。

催全校各部編造下年度預算

本校日前奉校董會函，以下年本校各部預算，亟須編造，以便彙齊，在下次會議時，提出審查。現學校當局已分函各部份，着卽開始編造矣。

圖書館十一月份收到圖書統計

中日文册數	一一〇，四五一
英文册數	四七，八〇〇

121

《岭南大学校报》第九卷第十四期报道：民国二十五年度第二学期大学各院学生及学科统计表（1937-03-31）

民國二十五年度第二學期大學各院學生及學科統計表

（甲）各學院學生人數分配百分率

	文理院	醫學院	農學院	工學院		男生	女生	校員生	總計	佔全學生人數百分率
研究生	一二					七	五		一二	三
四年級生	五七		二三	六		六二	二四		八六	一四
三年級生	六六	九	二五	一七		一〇〇	一七		一一七	二七
二年級生	八三	二七	二四	一五		一〇七	四二		一四九	二六
一年級生	七五	一六	一九	一八		九九	二九		一二八	二五
特別生	一〇	四	七	四		一八	七		二五	五
男生	一九九	四三	九二	九五						
女生	一〇四	一三	六	一						
舊生	二九一	五五	九四	五八		三七七	一二一		四九八	九二
新生	一二	一	四	二		一六	三		一九	八
基督徒	九五	二一	一六	三		八六	四九		一三五	二六
非基督徒	二〇八	三五	八二	五七		三〇七	七五		三八二	七四
總計	三〇三	五六	九八	六〇		三九三	一二四	一二	五二九	一〇〇

（乙）各學院各級生主修科分配統計表

121-1

	研究生			四年級生			三年級生			二年級生			一年級生			特別生			總計		
	男生	女生	總計	男生	女生	總計	男生	女生	總計	男生	女生	總計	男生	女生	總計	男生	女生	總計	男生	女生	總計
文理學院	七	五	一二	三七	二〇	五七	五〇	一六	六六	五二	三一	八三	四八	二七	七五	五	五	一〇	一九九	一〇四	三〇三
嶺南醫學院	—	—	—	—			八	一	九	一七	一〇	二七	一五	一	一六	三	一	四	四三	一三	五六
農學院				一九	四	二三	二五		二五	二三	一	二四	一九		一九	六	一	七	九二	六	九八
工學院				六		六	一七		一七	一五		一五	一七	一	一八	四		四	五九	一	六〇
總計	七	五	一二	六二	二四	八六	一〇〇	一七	一一七	一〇七	四二	一四九	九九	二九	一二八	一八	七	二五	三九三	一二四	★五一七
★校員生十二人不計在內																					
生物學	四	四	八	二	〇	二	三	〇	三	一	二	三	〇	六	六	一	〇	一	一一	一二	二三
化學	二	一	三	五	〇	五	三	一	四	一一	三	一四	一三	三	一六				三四	八	四二
國文					一	一	一	一	二	一	五	六	一	四	五		一	一	三	一二	一五
家政					六	六		二	二											八	八
哲學				一		一													一		一
物理	一		一	二		二	三	一	四	六		六	七	一	八				一九	二	二一
醫學							八	一	九	一七	一〇	二七	一五	一	一六	三	一	四	四三	一三	五六
社會科學				一五	五	二〇	二一	三	二四	一二	一三	二五				三	二	五	五二	二九	八一
西洋文學				一	二	三	一	五	六	四	六	一〇	五	六	一一		二	二	一一	二一	三二
畜牧學				七		七	一四		一四	九	一	一〇	八		八	二		二	四〇	一	四一
植物學				一二	四	一六	一一		一一	一四		一四	一一		一一	四	一	五	五二	五	五七
商學				六	一	七	六		六	九	一	一〇	八	一	九				二九	三	三二
經濟學				五	五	一〇	一二	三	一五	八	一	九	一三		一三	一		一	三九	九	四八
土木工程				六		六	一七		一七	一五		一五	一七	一	一八	四		四	五九	一	六〇
總計	七	五	一二	六二	二四	八六	一〇〇	一七	一一七	一〇七	四二	一四九	九九	二九	一二八	一八	七	二五	三九三	一二四	五一七
社會科學分為																					
政治				八	〇	八	八	〇	八	五	〇	五				二	一	三	二三	一	二四
歷史				一	二	三	二	〇	二	一	〇	一							四	二	六
社會				六	三	九	一二	二	一四	六	一三	一九	一	六	七	一	一	二	二五	二六	五一

一年級生及特別生主修科只臨時性質備供參考而已

122

（丙）學生之來源統計

（一）本校附中　七七人
（二）聯絡學校　九九人
　眞光中學　二四
　培英中學　二三
　培正中學　二四
　培道中學　二六
　譽光中學　二
（三）公私立學校　二七人
（四）由各大學轉學　三四人
（五）外國學校　一〇八人
　檀香山　一三
　美國　六八
　南洋　二五
　加拿大　二
（六）香港學校　一六二人
　聖保羅中學　一四
　英皇書院　七
　華仁中學　三〇
　皇仁書院　一四
　聖士提反中學　一一
　Diocesan　一七
　英華書院　一一
　華大中學　六
　其他　五二
（七）夏葛醫學校　一〇八
共　五一七人

（丁）新生取錄統計

校別	本校附中	聯絡學校	香港學校	外國學校	其他學校	總計
報名投考	一	七	九	六	二四	四七
不取錄者		三	七		一八	二八
取錄者	一	四	二	六	六	一九
註冊人數	一	三	三	六	六	一九
男性	一	二	二	六	五	一六
女性		一	一		一	三

132-1

（戊）各學院開設科目統計

	科目數目	估科目數總百分率	學點數目	估學點數總百分率
文理學院	一三三	七三	四〇九	七三
農學院	二四	一三	五六	一三
工學院	二五	一四	六九	一四
總計	一八二	一〇〇	五三四	一〇〇
農學	六		一一	
畜牧學	八		二二	
生物學	一四		四一	
商學	一三		四〇	
化學	一四		四七	
中國文學	一七		五九	
教育心理學及	四		一三	
土木工程	二五		六九	
家政學	八		一九	
經濟學	五		一六	
園藝學	八		一七	
數學	五		一六	
音樂	一		一	
哲學及宗教	一		二	
體育	一		一	
物理學	一一		四二	
植物病理學	二		六	
社會學	二六		七一	
文化概觀	一		三	
西洋文學	一二		三八	

▲擴充農場▼

向南北發展

本校原有農場，因年來大量試驗各種農產品，不敷分配，近年陸續照原定計劃由南北買入之地甚多，現已達三百畝之譜。查該處土壤肥美，地勢適宜，甚合種植。現已圈入本校勒線範圍內撥作農場之用云。

▲設立蠶絲改良部▼

注重病理研究

蠶絲改良局自遷出本校後，移交手續早已辦竣，本校亦將原有房屋修理完竣，粉飾一新。本校對於研究蠶絲改良，

86-1

△軍訓敎官湯抵倫調京▽

本校軍訓主任敎官湯抵倫奉命調京服務，遺缺業由廣東軍訓會委王克翔敎官代理。

△設置安全避難所▽

自暴日侵擾平津上海，屢屢煅壞文化機關，本校即積極佈置避難設備。嗣以敎廳令展期開學，並以各大學學生請求轉學借讀人數極衆，乃更委出李權亨，馬熾燻，陳廷愷，何世光，黎蒔彬，組織委員會，負責設計，就東區，東南區，西南區，中區，東北區，各區原有建築物地窖施以堅固工程，並于門窗外厚叠沙包，佈置爲安全避難所，足敷千餘人之用。並設備警報放音機，托康樂警察分駐所代司發放警報之責。更訂定詳細避難規則，經舉行演習多次，秩序極佳。連日敵機空襲，各員生均分別就近前往避難，有條不紊。經政府派員視察，認爲異常安全云。

△初中遷港小學借港校上課▽

在此敵機頻襲華南中，本校對避難設備，早經積極佈置，並委出專門人員多人，負責設計加強各地窖防禦工程，發放警報，指導避難，防備異常週密，各員生實極安全，當可無虞。但初中小學學生年齡幼稚，爲謀策萬全起見，經由校務會議詳加討論議決：附中初中部暫遷香港青山道梁園開辦；附小停課一學期，學生借史塔士道香港分校上課，至四、五、六年級學生，亦可入附中華僑班借讀。查梁園畫棟雕欄，寬敞清幽，山水含芳，風雲入畫，洵藏修遊息之勝地，且經粉飾佈置，更爲適用美觀。現經將鐵床椅桌等用具，及圖書標本與科學實驗各種儀器，充份運往應用，各舊生均陸續回校，而新生投考入學者尤極踴躍。又史塔士道香港分校創辦小學已歷多年，自置校地，建築新式堅固課室宿舍多座，圖書館辦公樓大禮堂各一所，及排球塲籃球塲絨球塲小足球塲與遊戲塲多處，設備洵稱完美；而學科方面，悉依部定小學課程標準敎授，與國內初中程度相銜接，更得直接升入本校附屬中學；至敎員則爲國內外各著名大學畢業者，學問經驗均極豐富。附小學生港校借讀，正與原日在康樂時無以異云。

△外國交換學生抵校▽

私立岭南大学第一百一十二次校务会议议决关于教职员的回校期限的通知（1937-10-01）

121

内字第一六九號

逕啓者九月三十日第一百一十二次校務會議議決「通知各教職員限於十月十日前回校否則作爲自動辭職」在案現在軍事時期影響吾人精神自所不免但教育爲永久事業甚盼各同事益加奮勵一德一心同甘共苦即請早日回校任事有厚望焉此致

各教職員

校長鍾榮光

胡繼賢代

二六、十、一、

私立岭南大学全体教职员同人呼吁复课积极抗战倡议（1937-10-30）

同學諸君公鑒：

自七七事變作，而全國揭開抗戰之序幕；自敵機南襲，而廣州籠佈恐怖之氣燄。我校於此種緊張嚴重局面下，仍一依預計分佈時間上課，未嘗一日輟。以迄於今，同事回校服務者已達十之七八，同學復課者亦將達半數。母校屹立風波不搖，平昔吾人頌之於校歌者，現經呈見於事實，廣州各大學之從事復課者，且羣為我校之響應。此種現象，凡我愛護嶺南者，想必同引為深慰！惟是抗戰局勢現正逐步展開，在此非常之時期，尤須對環境有明確之認識。我等教員同人用是於欣慰之餘，不得不有為同學諸君告者：

此次抗戰為中華民族生死存亡關頭，吾人皆信抗戰之最後勝利，必有賴於後方之支持。而後方之能否支持，又純繫於是否人人具有果決勇毅精神，加緊工作，以從事于其職位所在之業務。苟以上述所提為不謬，則現日為學業之進行，雖於國敵機飛臨襲行停顿之理！学生之就学与教师之授课，已无殊于农夫之耕植、工人之工作。抗战期中之放弃学习，为投机，即农夫停止其耕植，工人停止其工作，抗战更何由支持？在全面抗战局势下，学生若为着必先求自身绝对之安全，始言读课，试问“牺牲之精神”与“最后关头”之义何指？智识界领导民众之责任何在？吾人将何以领导全国之农夫工人？更将何以对前方浴血抗战之士？又况现目校内课室宿舍等地，早已竭力之所能及，置有相当之安全设备耶！

基上原由，我教职员同人之所勉于我校我亲爱同学者，厥为两事：（一）未回校者，赶速于十一月中旬回校。校中为便利从未来学者计，已决定一种本学期之课程，详情将由注册主任布告。一确因绝对无法克服之阻障而至无法回校时，亦应妥筹方法，运用自己能力，从事于有裨国家社会之研究工作，力免虚费宝贵之时光。（二）已回校者，加紧努力，从事于自己修习之学问外，于更积极参加后方救国工作。当前有多种组织，俟于担负，现已请君担负有关责任之时，现目校内负生工协组团结工作委员会，策动全校救亡工作。因此吾人应一致振刷精神，勉力担负吾人之担负。

总之，吾人认定本学年工展开我校校史、我国国史最严重之一页，当此严重时期，吾人不惧校内团内团结之困难，而惧自身决心之未足。团结之来，吾人既已预料，决心之足，纯操吾人手中。我校学生尚同具一决心，则团结终有克服之一日。决心能否表示，必以勉尽自身职务责任，力继续方针，为先务。同人于飞机声中炸弹声中服务校内，当以此等精神互勉，兹更提出以与同学诸君共勉：抗战期中校内遭遇种种之团结，以精神之锻炼，以物质生活之简陋，同人等之一倍尝，惟未敢因是畏避，今后之团结，势将有过于往昔，同人等亦早在预料中，决定一致坚持而不退缩，兹更敬奉君子爱人以德之义，敬勖我同学勿再踌躇观望！我校同学人人具此决心，即当本最严重之一页校史之一页国史，不难将之转为绚烂光荣之一页校史、一页国史。「母校屹立，风度不摇」，此语实是校歌寓实，当本西南，犹倚校友，今后已赖我同学肩起自身之担负！嗟乎，寇深矣，国急矣，时不我待！为家为国，责无旁贷！何去何从，惟我同学善决之！言尽于意，临书神往！

谨致 民族的敬礼！

岭南大学全体教职员同人启

民国廿六年十月廿日

十七人，定陸祐堂為男生宿舍，女生則仍舊在原住宿舍寄宿。所設科目共二十種，計共學分五十三個半，其中補習科目佔學分十七個半，文理學院選修科目佔學分十七，工學院必修科目佔學分十三，醫學院必修科目佔學分六，均由大學原有教授負責指導。每班人數既較平時為少，員生互提問題討論機會甚多，教者自更透澈，學者尤易領會。期中並旅行石門，舉行野餐會。至八月十四日放試結束。由該校主任伍銳麟教授將辦理經過情形撰就報告書。

△大學上課改在科學館張弼士堂兩地窖▽

大學學生上課地點，向依學科性質分別在各學院課室舉行。課室設備，均就各科特性，分別佈置，俾便教師指導，學生實習。惟月來敵機不斷空襲，各員生雖力持鎮靜，沉着上課，而精神不無稍為影响，為便利員生于空襲時得如常上課起見，特將科學館 張弼士堂兩處地窖，改為臨時課堂。除實驗室仍在各實驗室舉行外，其他講授科目，悉改編在各臨時課室上課。

△醫學院之新建設▽

本校醫學院附屬博濟醫院院舍，原有四層，今春加建兩層及增建旁廂六層，由聯益公司承築，工料銀計粵幣一十一萬二千元，不日可告完成。又該院新建教職員住宅四所，位于本校東南區內，建築費共粵幣三萬餘元，現已工竣落成。此外尚有車房、泵房、水池、厨房、殮房等，亦在加緊建築中。

△訂定空襲警報時學生避難規則▽

「空襲警報時學生避難規則」現經訂定，摘錄于后：

甲、普通規則

一、空襲警報時學生應持鎮靜態度謹守秩序並應絕對服從學校當局者之指揮

二、空襲警報號及校內設備之各避難場所學生應立即認識以免臨事張皇

三、警報時無論須要集合歸隊與否學生應有迅速敏捷之動作奔赴指定之避難室

四、凡在運動場及校內各地散步時遇有警報應即迅速奔赴距離最近之避難室

五、警報時不得在室外各處遊蕩更不得奔上樓上天台及其他危險地方

六、凡警報條例燈火管制條例及其他一切政府頒佈

(103-1)

之非常時期法則學生均應遵守

七、學生非必要時勿出校外及廣州市如必要出校外或往市內時一遇警報應即遵守政府頒佈之一切空襲時應守法則俟解除警報後應立即返校

八、警報時在可能範圍內應避免穿着白色衣服以穿着灰色或黑色衣服為宜

九、警報時無論在任何地方不得吸烟劃火及用其他發光之物

十、警報時不論在任何地方均不得高聲談話喧嘩擾攘及其他一切防礙安全之動作

十一、其他應行遵守之規則於必要時得臨時公佈之

乙、在懷士堂集會時避難規則

一、凡在紀念週、大學週及其他一切在懷士堂舉行集會時一聞警報應遵守下列規則立即離開懷士堂到指定之避難室

二、在懷士堂舉行集會時以主理集會者為臨時指揮發施避難號令

三、大學一年級學生及特別生合組織為第一隊大學二三年級學生合共組織為第二隊大學四年級學生及其他員生等合共組織第三隊每隊由學校指定學生二人為正副隊長由隊長率領該隊學生集合歸隊然後奔赴指定之避難室

四、第一隊從懷士堂東南便後門走出在懷士堂後集合歸隊奔赴××避難室

五、第二隊從正面大門走出在懷士岡集合歸隊奔赴××避難室

六、第三隊從正面横門轉出在懷士岡西便石路上集合歸隊奔赴××避難室

△紀念週輪值表編定▽

本年度大學紀念週輪值表，經已編定如次：

日期	主席	講者
九月廿七日	胡繼賢	胡繼賢
十月四日	許湞陽	陳廷愷
十一日	李榴亨	李熙斌
十八日	古桂芬	古桂芬
廿五日	許湞陽	許湞陽
十一月一日	古桂芬	曾昭森

總理遺囑

余致力國民革命凡四十年其目的在求中國之自由平等積四十年之經驗深知欲達到此目的必須喚起民衆及聯合世界上以平等待我之民族共同奮鬥現在革命尚未成功凡我同志務須依照余所著建國方畧建國大綱三民主義及第一次全國代表大會宣言繼續努力以求貫徹最近主張開國民會議及廢除不平等條約尤須於最短期間促其實現是所至囑

佈告

嶺南大學佈告第一八九號

爲佈告事本年國慶日於十月十日放假一天九日不放假此

佈

中華民國二十六年十月七日

校長鍾榮光

胡繼賢代

校務

△工學院試驗室最近之工作▽

——莫、黃兩教授試驗以竹代鋼筋——

——埔埠督署借用水力試驗室測計水流——

本校工學院內設之材料試驗室，所購用儀器，均爲美國各名廠精美出品，設備完善，迭次試驗材料，均有優良成績。最近黃埔開埠督辦公署美籍工程顧問 Goodrich 氏，抵粵後，即約請本校植物學教授莫古黎（F. A. Mc Clure），土木工程學教授黃郁文二氏，會同試驗在鋼筋三合土內以竹代鋼筋。現莫、黃兩教授經在該院材料試驗室作多次試驗，結束初步工作，所獲成績，極稱滿意。一俟全部工作完竣，即將試驗經過情形及所得結果，整理報告云。又黃埔開埠督辦公署疏濬內港工程處，前因試驗水流速度，派有工程主任徐文清氏，協同工程員數人，來校借用該院水力試驗室工作，經過情形極爲順利，預計將來所得結果，必極完滿。

△蠶絲改良部暫停工作▽

本校蠶絲改良部，對于培植桑樹、選育蠶種、及檢驗蠶絲等工作，向極努力，成績斐然。平時工作人員，除該部職員外，僱用女工不下數十人。惟月來敵機不斷空襲，女工悉數避難旋鄉，且將屆冬季，故決定暫行停工。至所存蠶種，係經歷年縝密改良選育所得，關係絲業前途至爲重大，其已先後收入冷庫者，決繼續留庫保存，俟明春三四月間提用；其未經收入冷庫者，則分別送往內地各處（如廣西、貴州、雲南等處），托人代育保存。經此縝密措置，庶可保持研究成績，將來復辦時無須從頭做起云。

△大學暑期學校報告經過▽

本年暑期學校，經于七月十四日開學上課，學生一百四

《岭南大学校报》第十卷第四期报道：民国二十六年度第一学期大学各院秋季学生及学科统计表（1937-11-30）

132

嶺南大學校報第十卷第四期

△民國二十六年度第一學期大學各院秋季學生及學科統計表▽

（甲）各學院秋季學生人數分配百分率表

學生類別＼院別	文理學院	農學院	工學院	醫學院	男生	女生	總計	百分率
研究生	一一			五	八	八	一六	五
四年級生	四〇	一五	一〇	八	五五	一八	七三	二九
三年級生	二二	八	一	二〇	三五	一六	五一	二〇
二年級生	二五	七	一	九	三三	九	四二	一七
一年級生	三一	一四	一三	一二	六六	四	七〇	二三
特別生	一	一	一	二	三	二	五	一
男生	九八	四二	二五	三五				
女生	三二	三	一	二一				
舊生	七六	三〇	一四	四四	一一八	四六	一六四	六三
新生	五四	一五	一二	一二	八二	一一	九三	三七
借讀生	一八	一			一四	四	一八	七
總計	一三〇	四五	二六	五六	二〇〇	五七	二五七	一〇〇

132-1

(乙)各學院秋季各級生主修科分配統計表

	總計 總計	總計 女生	總計 男生	特別生 總計	特別生 女生	特別生 男生	一年級生 總計	一年級生 女生	一年級生 男生	二年級生 總計	二年級生 女生	二年級生 男生	三年級生 總計	三年級生 女生	三年級生 男生	四年級生 總計	四年級生 女生	四年級生 男生	研究生 總計	研究生 女生	研究生 男生
文理學院	一三〇	三二	九八	一	一		三一	二	二九	二五	八	一七	二二	七	一五	四〇	一一	二九	一一	三	八
農學院	四五	三	四二	一		一	一四		一四	七		七	八		八	一五	三	一二			
工學院	二六	一	二五	一		一	一三	一	一二	一		一	一		一	一〇		一〇			
醫學院	五六	二一	三五	二	一	一	一二	一	一一	九	一	八	二〇	九	一一	八	四	四	五	五	
總計	二五七	五七	二〇〇	五	二	三	七〇	四	六六	四二	九	三三	五一	一六	三五	七三	一八	五五	一六	八	八
生物學	一三	三	一〇				二	一	一				二	二		四		四	五		五
化學	二四	七	一七				六		六	五	一	四	五	三	二	三		三	五	三	二
國文	六	四	二	一	一		一	〇	一	二	二		二	一	一						
家政	五	五								一	一					四	四				
物理	一三	一	一二				七		七	四		四				一	一		一		一

社會學科				一一	四	一五	四		四	六	四	一○	一	一	二				二三	九	三二
西洋文學				一	二	三	一		一				二		二				四	二	六
畜牧				五		五	三		三	三		三	三		三				一四		一四
植物				七	三	一○	五		五	四		四	一一		一一	一		一	二八	三	三一
商業				二		二	一	一	二	一		一	二		二				六	一	七
經濟				八		八	六		六	二		二	九		九				二五		二五
土木工程				一○		一○	一		一	一		一	一二	一	一三	一		一	二五	一	二六
醫學		五	五	四	四	八	一一	九	二○	八	一	九	一一	一	一二	一	一	二	三五	二一	五六
總計	八	八	一六	五五	一八	七三	三五	一六	五一	三三	九	四二	六六	四	七○	三	二	五	二○○	五七	二五七
社會科學分爲																					
政治				六		六	二		二	三		三							一二		一二
歷史				一	一	二					四	四							一	五	六
社會				四	三	七	二		二	三		三	一	一	二				一○	四	一四

1937年

133-1

（丙）學生之來源統計

（一）本校附中	四〇八
（二）聯絡學校	五三八
眞光中學	一一
培英中學	三
培正中學	一
培道中學	八
（三）公私立學校	一六八
（四）由國內各大學轉學	一九八
（五）外國學校	一七八
美國	五
南洋	一二
（六）香港學校	九八八
聖保羅中學	一〇
英皇書院	五
華仁書院	一〇
皇仁書院	九
Diocesan	九
英華書院	六
華大中學	四
其他	二五
（七）夏葛醫學校	四八
總計	二五七八

（丁）秋季投考新生取錄統計表

	報名投考	不取錄者	取錄者	註册人數	男生	女生
本校附中	四六	一	四五	一八	一八	
聯絡學校	一三三	三五	九七	一〇	九	一
香港學校	一一一	四六	六五	一五	一五	
外國學校	一二		一二	五	五	
其他學校	一七四	一二二	五二	一二	一〇	二
總計	四七四	二〇四	二七〇	六〇	五七	三

134

嶺南大學校報第十卷第四期

（戊）各學院秋季開設科目統計

	科目總數	佔科目總數百分率	學點總數	佔學點總數百分率
文理學院	一〇八	六二·四	三三一	六七·四
農學院	一八	一〇·四	四一	八·三
工學院	一五	八·六	三九	八·〇
醫學院	三二	一八·六	八〇	一六·三
總計	一七三	一〇〇	四九一	一〇〇
農學	七		一四	
畜牧學	七		一七	
生物學	三		三四	
商學	八		二四	
化學	一四		四七	
中國文學	一四		五二	
經濟學	二		七	
教育及心理學	六		一七	
土木工程	一五		三九	
醫學	三二		八〇	
家政學	三		八	
園藝學	四		十	
數學	五		一九	
音樂	二		一	
哲學及宗教	一		二	
體育	一		一	
物理學	九		二九	
社會科學	一九		五二	
文化概觀	一		二	
西洋文學	三		三六	

附表：冬季開設科目統計

科目類別	科目總數	學點總數
農學	五	一三
畜牧學	二	四
生物學	二	五
商學	二	九
化學	二	九
中國文學	六	二四
教育學	一	三
土木工程	七	二一
西洋文學	三	二
歷史	二	六
家政學	三	九
園藝學	三	八
數學	三	一一
醫學	一	一
體育	一	〇·五
物理學	二	五
社會學	二	六
總計	四七	一四五·五

私立岭南大学校董会常务董事会第二十八次会议议决关于依照规定办法发给薪俸等情的通告（1937-12-30）

188

内字第四三四號

案查校董會常務董事會第廿八次會議議決

「預算修正通過薪俸支給依照政府折扣辦法辦理如有不敷暫時酌量支給生活費其不敷之數作為暫欠」

即經於校務會議第一百廿次報告并經先後推定陳心陶朱志滄白序之於十二月五日代表列席校董會議陳述教職員對於支薪意見復經校董會議決

「各代表所陳意見尚屬實情關於本校經濟之籌畫在此非常時期應如何妥訂辦法公推林逸民香雅各兩董事會同代校長重行商定」

現經擬定十二月份教職員薪俸按照省政府薪俸折扣辦法「四十元以下者免折四十元以上至一百元者九折一百零一元以上至二百元者八折二百零一元至三百五十元者七折三百五十一元以上至五百元者六折五百零一元以上者五折」

（說明）「以上分為六級如折成之數少過下級最多之數者照下一級最多之數支給」并定概用粵幣計算

除飭會計室及南大銀行依照上列折扣辦法即日發給外特此通告

右通告

各教職員

代理校長李應林

廿六、十二、卅

私立岭南大学农学院民国二十六年度提商预算表（1937）

105

私立嶺南大學 農學院 民國廿六年度 提商預算表

年七月起 年六月底止

科目	本年度提商	上年度預算	比較 增	比較 減	收入	備考
第五款一項	1,500.00	1,500.00	無	無	1,500.00	廿六年度校務經營預算經已提交董會核定原則
二目五節 種籽						此本年度預算不再增加
五一五項	200.00					
五三 種籽	1,200.00					
五三 購置	50.00					
五四 消耗	50.00					
			42.00			
			161.20			
			1,010.42			
			1,213.62			

（一）科目須依上年度科目次序填寫
（二）薪津一項須將人員薪額分別列明
（三）凡增加預算須附計劃書或說明書

長
主任 何[illegible]擬
簽名

植物病理

私立嶺南大學廿六年度臨時預算

総目

收入之部		
美國基金委員會还款		14,000.00
廣東省政府補助費		61,320.00
醫學院補助教席費		7,500.00
學費		64,000.00
其他收入		750.00
支出之部		
薪津及工資	167,935.00	
辦公費	5,763.00	
設備費	39,860.00	
特別費	43,545.00	
事業費	5,000.00	
比對差額		114,533.00
總数	262,03.00	262,103.00

(1)預算款目以國幣計算 (2)附中及華僑班預算因待校董會核定另編印 (3)教育部補助教席費及設備費係屬代收代支性質未列入 (4)美國基金委員會之職教員及辦公費未列入 (5)事業費如校内農場南大書局南大銀行之預算係屬自給性質未列入

(1)

歲入經常門

I	美國基金委員會还款		14,000.00
II	廣東省政府補助費		61,320.00
III	醫學院補助教席費		7,500.00
IV	學費		64,000.00
V	其他收入		750.00
	化學室賠補	500.00	
	護養院收入	250.00	

歲出經常門

第一款	薪津		167,935.00
第一項	職員薪俸		51,360.00
第一目	校董會	420.00	
第三目	校長辦公室	7,609.00	
第四目	教務長室	518.00	
第五目	事務長室	2,268.00	
第六目	註册室	3,318.00	
第七目	訓育委員會	1,680.00	
第八目	圖書館	5,054.00	
第十目	護養院	4,746.00	
第十一目	會計室	2,363.00	
第十二目	庶務室	1,666.00	
第十三目	工務委員會	1,631.00	
第十五目	自然博物採集所	5,885.00	

（2）

第一節	實用植物	389.00		
第二節	植物標本	2,306.00		
第三節	動物標本	3,190.00		
第十六目	文理學院		3,794.00	
第十七目	農學院		2,646.00	
第十八目	工學院		3,780.00	
第廿目	附設小學		3,182.00	
第廿一目	蚕絲改良部		800.00	
第二項	教員薪俸			93,011.00
第一目	文理學院		56,159.00	
第一節	中國語言文學系	6,237.00		
第二節	西洋語言文學系	432.00		
第三節	政治及社會學系	4,816.00		
第四節	生物學系	8,050.00		
第五節	化學系	11,718.00		
第六節	物理學系	8,120.00		
第七節	商學及經濟學系	9,128.00		
第九節	家政學系	2,604.00		
第十節	教育及心理學系	3,808.00		
第十一節	数學系	1,246.00		
第二目	農學院		16,363.00	
第一節	植產系	8,943.00		
之一	農藝組	3,455.00		
之二	園藝組	5,488.00		
第二節	畜產系	7,294.00		
之一	畜牧组	7,182.00		
之二	蚕絲组	112.00		
第三節	農晝職業科	126.00		
第三目	工學院		10,248.00	
第六目	附設小學		3,251.00	
第[illegible]目	体育		2,722.00	

(3)

第十目 德育			1,250.00	
第十一目 軍事訓練			1,170.00	
第十二目 星洲分校			1,848.00	
第三項 其他薪俸				700.00
第一目 工讀金			700.00	
第一節 各學院		700.00		
第五項 工資				22,864.00
第一目 什役			14,492.00	
第一節	校長辦公室	1,006.00		
第二節	註册室	74.00		
第三節	訓育委員會	223.00		
第四節	圖書館	740.00		
第六節	護養院	739.00		
第七節	房舍工役	5,690.00		
第八節	水伕	480.00		
第九節	自衛隊	3,928.00		
第十節	搬運	400.00		
第十一節	清潔	696.00		
第十二節	蠶絲改良部	516.00		
第二目 工匠			8,372.00	
第一節	電燈廠	4,232.00		
第二節	外線修理	200.00		
第三節	自來水廠	1,660.00		
第四節	潔具及喉修理	640.00		
第五節	電話	1,640.00		
第二款 辦公費				5,763.00
第一項 校董會				300.00
第二項 校長辦公室				1,200.00

(4)

第四項	教務長室			10.00
第六項	註册室			1,728.00
第七項	訓育委員會			100.00
第八項	女學監室			30.00
第九項	圖書館			1,000.00
第十項	護養院			70.00
第十一項	會計室			300.00
第十二項	庶務室			100.00
第十四項	工務委員會			10.00
第十五項	斐文氣候觀察所			100.00
第十八項	文理學院			150.00
第十九項	農學院			150.00
第廿項	工學院			40.00
第廿一項	研究院科學委員會			25.00
第廿二項	德育			100.00
第廿三項	其他費用			350.00
第三目	各學院課室用品		35.00	
第四目	獎金（文理學院 210.00，農學院 70.00，工學院 35.00）		315.00	
第三款	設備費			39,860.00
第一項	建築及修繕			2,550.00
第二目	購地及校地改良		250.00	
第二節	校地改良	250.00		
第三目	房屋修葺		1,000.00	
第四目	場園修葺		800.00	
第五目	傢具修理		500.00	
第二項	衛生設備			15,825.00
第一目	護養院		1,000.00	

195

第二目	電力廠		7,000.00	
第三目	外線及修理		1,000.00	
第四目	市電費		3,325.00	
第五目	自來水廠		1,500.00	
第六目	潔具及喉		300.00	
第七目	飲料及熱水		1,500.00	
第八目	清潔用具		200.00	
第四項	圖書購置			5,000.00
第五項	教務用費			15,485.00
第一目	文理學院		7,090.00	
第一節	中國語言文學系	20.00		
第二節	西洋語言文學系	20.00		
第三節	政治及社會學系	50.00		
第四節	生物學系	2,100.00		
第五節	化學系	3,800.00		
第六節	物理學系	940.00		
第七節	商學及經濟學系	20.00		
第九節	家政學系	50.00		
第十節	教育及心理學系	20.00		
第十一節	數學系	20.00		
第十二節	美術音樂	50.00		
第二目	農學院		2,665.00	
第一節	植產系	1,060.00		
之一	農藝組	600.00		
之二	園藝組	460.00		
第二節	畜產系	1,605.00		

(6)

第三目　工學院		100.00	
第六目　其他		5,630.00	
第一節　出版	5,080.00		
之二　科學什誌	3,890.00		
之三　科學期刊	350.00		
之四　週刊	500.00		
之六　章程	340.00		
第二節　体育	500.00		
第三節　演講	50.00		
之一　文理學會 之二　大學週 之三　特別演講	50.00		
第六項　校具及什項設備			1,000.00
第二目　電話		880.00	
第三目　自衛隊		120.00	
第四款　特別費			43,545.00
第一項　助學金			4,700.00
第一目　各學院		4,700.00	
第二項　獎學金——文理學院			3,845.00
第一目　生物學系		1,925.00	
第二目　化學系		1,530.00	
第三目　物理學系		390.00	
第四項　債務（民國十六年六月底透支南大銀行款目）			30,000.00
第五項　預備金			5,000.00

(7)

第五款	事業費		5,000.00
第二項	中山分場		1,500.00
第三項	攬樹試驗		500.00
第五項	試驗區推廣費		100.00
第六項	自然博物採集所		2,900.00
第一目	實用植物	350.00	
第二目	植物標本	1,123.36	
第三目	動物標本	1,426.64	

申請補助之理由及計畫（二十六年度）50

申請理由

本年度申請補助，計分三類：其一，為上年度補助事項者；曾受補助之各院系，均漸充實，仍賴補助，以臻完善。其二，上年度已有補助現請增加數額者，如生物，物理，化學，果樹園藝，土木工程等設備，均有待增加，始克充分發展。其三，為新請補助者，皆審察現時之需要，有待於增置或擴充，為本校目下財力所未逮，如實用文學教席；農藝育種教席，畜牧教席，暨植物病理，森林，乳品檢驗等設備皆是，而尤以實用文學教席為至急要。凡此皆為本年度申請補助之理由。至於計劃及項目，分見如下。

院科別	費別	系別	項目	說明	數額		各院科數額
文理學院	教席	生物學系	植物生理學教席	（繼續上年度） 上年度原經聘定馬心儀博士，嗣該員因事不能全時担任，故呈請將該教席費移置設備，同時預聘定婁成後博士担任該席，亦經陳明，婁君民廿三年自費留美入明尼蘇達大學專攻植物生理學，現修畢博士課程，秋季開學即可到校服務。	4,000	8,000	25,000
		中國語文學系	實用文學教席	以切合學生所主修之學科，使能用本國文學自由發表見解，適合其所學為主。理由詳見附頁一	4,000		
	設備	生物學系	生物學設備	上年度補助理科設備4000元，生物，物理，化學三系平均分配，數額較少，查現有儀器尚不敷用，如植物生理學仍須添置重要儀器甚多，又動物與動物寄生學所用之揩林納双管顯微鏡太少，对于教学与观察甚感不便，图書方面亦感不足，本年度故請增加補助。	6,000	17,000	
		物理學系	物理學設備	該系儀器尚嫌缺乏，請增加補助。	4,000		
		化學系	化學設備	該系現用之偏光計儀器，因久用不甚精確，擬另行添置，需欵4000元，請照補助。	4,000		
		社會學	社會科學書籍	（継續上年度）	2,000		
		中國語文學系	實用文學設備	關於此項圖書尚少，請予補助。實用文學教席之需要已詳附頁一，此項設備為決不可少。	1,000		

第一頁

51

附申請補助實用文學教席之理由　（附頁一）

我國教育落後科學不發達之原因雖多而以缺乏長於本國文字之師資缺乏本國文字之教材爲其主因蓋各大學之科學教授泰半皆留學外國其中不乏暢通本國文字之人然終屬少數其所採之教本什九皆屬外國文且有講授亦用外國語者或更聘外國學者爲教師學生對於名詞學説既習於外國文能運用本國文字以詳釋闡明者自屬甚少即間有文辭豐贍能發揮透闢者亦以環境時間之故無暇爲此此僅就大學學生言若中等學校學生了解外國文之能力既弱因缺乏本國文字之科學參考書籍故科學知識更屬淺薄至於教師方面因時間及其他關係用本國文字自編教材或講義者十無二三此實全國各學校普遍之情形而我國提倡科學三十年進步極緩癥結殆在於此

教育部公布大學醫學院及醫科暫行課目表説明第六條謂「國文應注重醫學文字」具見明察遠矚極中肯綮推諸各科學無不皆然固不獨醫學如是但大學科目繁多若分析過於細微實情勢所不許暫擬先從與各科有關聯之基本文字着手選擇編訂教材務求使各學生均能用流暢之本國文字自由發表其對於所修學科之一切意見以期適合實用本校中國語言文學系合教授講師共五人按諸現開國文科目僅敷分配自難兼及且此項教席人選不獨本國文學深邃且須對於科學研究有素始能措置裕如現經分頭與深於國學之科學學者數人接洽均極願担任期矯正偏於本國純文學之見解以求更切合實際體察情形此爲本校最急切之圖亦爲提倡科學教育所不可忽視之要着而確屬能辦到者特略爲説明至於具體辦法及課程一俟核准即行聘定專家詳細擬訂再呈

2)

察核

52

申請補助之理由及計畫（續）（二十六年度）

院科別	費別	申請補助事項 系別	項目	說明	數額		各院科數額
農學院	教席	植物生產學系	果樹園藝教席	（継續上年度）	4,000	15,200	33,200
		〃	農藝育種教席	担任水稻研究工作。計画詳見附頁二	3,600		
		動物生產學系	畜牧教席	担任獸醫工作。計画詳見附頁二	3,600		
		植物病理	植物病理教席	（継續上年度）上年度原擬聘美國康乃尔大学植物病理哲学博士戴松恩君担任，該員因事不能来校，经呈请将該教席費移置設備。本年度拟另行物色人员担任。	4,000		
	設備	農學院	農學院設備	（継續上年度）	5,000	18,000	
		植物生產學系	果樹園藝設備	廿三年度補助6000元，廿四年度補助2,555元，本年度請補助5,000元。附研究及教學計畫見附頁三	5,000		
		〃	森林設備	該項儀器缺乏，請補助。	1,000		
		動物生產學系	乳品檢驗設備	該項儀器缺乏，請補助。	4,000		
		植物病理	植物病理設備	上年度將該教席費移置充學器之一部，現尚未完成該部儀器，請予補助。	3,000		
工學院	教席	土木工程學系	土木工程教席	（継續上年度）	4,000	4,000	10,000
	設備	土木工程學系	土木工程設備	継續上年度3000元，現擬搜羅各地名產，從事公路建築材料試驗，購置机器數種，請增加3000元。詳見附頁四	6,000	6,000	

二六年度申請補助共計68,200元（內教席費$27,200，設備費$4[illegible]0。）

2

1937年

私立岭南大学教职员待遇暂行细则（1937）

195

廿六年

私立嶺南大學教職員待遇暫行細則　民廿六年

一、凡專任教職員不分等別除照約支給如額薪金外，再按月發給下列各項津貼

甲、生活津貼伍十元正

乙、戰時補助照原定薪金加發十倍（例如每月薪金壹百元則補助壹仟元）

丙、燃料食水津貼壹佰元（夫婦同在校任職者照給一人）

丁、房租津貼直系家屬連本身計在三口以上者發給壹仟元，不足三口者發給伍佰元（夫婦同在校任職者只給一人）

戊、米津以直系家屬人口計算每口發給[illegible]最多發給三口為

196

發六日職員主任以上教員副教授以上另外發五日一律以當地該
月份中白米時價平均計算折發代金
(二)本細則適用於民國二十四年度八九兩月份十月份以後再另核
董會重新許可之

1938年

《岭南大学校报》第十卷第六期报道：大学员生战时乡村服务团成立、教职员演习实弹射击、十周来岭南大学员生国难工作总报告（1938-01-31）

137-1

嶺南大學校報第十卷第六期

師。

△大學員生戰時鄉村服務團成立▽

日前廣東省黨政軍聯席會議發動全省高中及大學文教法商等科組織員生戰時鄉村服務團，回鄉動員民衆，並將團務工作方案，發送到校；本校當即依照辦理，于一月廿一日成立團務指導委員會，派出委員，委定團長，負責組織規劃進行。組織大綱，依照廣東全省高中以上員生戰時鄉村服務指導委員會所定原則辦理，團長之下，設置團務處，分組担任訓練、編隊、攷成、研究、搜集材料、及總務等事項；每隊設指揮一人指導員若干人，由教授分別担任，隊長一人副隊長二人，由學生中選任。至實施辦法，因本校各生多居本市或港澳，一部份來自各省及海外，鄉居者甚少，回籍服務，祇極少部份始有可能；且鄉村服務工作，本校員生國難工作委員會去年十月初即已策動，在河南各鄉進行，就以前既有基礎，繼續進行，收效較大；有此特殊情形，因特函准廣東全省高中以上員生戰時鄉村服務指導委員會，變通辦理，以河南七十二鄉為工作區域，分為七區，編隊分別負責。查此種工作，並經教員會議議決，認為在大學教育及學術上極有價值，因特列為文科學生必修科目，由各指導教員隨時攷核，其成績優良者，可領得三學分；二月六日開始在各鄉集中工作二星期；二星期後，回校照常上課，惟仍須于星期六及星期日，繼續工作云。

△教職員演習實彈射擊▽

本月十六日，華人校員會舉行實彈射擊演習，參加者十餘人，下午一時半在南關集合，乘車巡往流花橋射擊場；由王主任教官克翔將射擊之原理及其姿勢詳加解釋後，各員開始演習。成績頗佳。

△十週來嶺南大學員生國難工作總報告▽

（十一月一日至一月十日）

一、勸募方面

1. 教職員認購公債額五千餘元。
2. 大學生認購公債額二千餘元。
3. 附中學生認購公債額三千餘元。
4. 勸募組勸募所得七千餘元。

（以上三項共達二萬一千餘元）、

5. 南京失陷後員生加認購公債若干元。（此項尚未結束

未得確數）

二、慰勞方面

1.徵得慰勞傷兵難民衣物用品共二十七大包業已寄出分發。

2.出發慰勞本市陸軍醫院傷兵及附近高射炮營官兵。

3.發起三千手套運動經募得者一千一百餘對。（手套價值原定每對二毫後增至三角七分故祗購得此數）

4.出發難民區服務辦理演講演劇醫藥等工作所到各地難民約七百餘人。

5.歡送本校同學轉學中央航空學校及廣東各界抗日前敵將士慰勞隊本校員生代表北上分發慰勞品物及致送蔣委員長綉旗。

三、救護方面

1.辦理救護訓練班參加訓練者一百一十人。

2.到附近各鄉村組織救護訓練班計已成立者一班參加者數十人。

3.到附近各鄉村辦理鄉村衞生工作。

四、宣傳方面

1.製就華北戰況逐日情報圖公佈。

2.辦理公開演講五次。

3.策動校內各團體從事國際宣傳工作。

4.張貼各種標語漫畫及節錄各名人關于抗戰局面之警語按期公佈。

5.與鄉村組合作出發各鄉宣傳。

6.組織救亡劇團在附近鄉村表演多次幷在校內舉辦戲劇宣傳週。

五、研究方面

1.發動校內各學會進行舉辦與抗戰有關之演講或研究。

六、鄉村工作方面

1.編製壁報分貼敦和市康樂新鳳凰舊鳳凰各村，計每期四份已出版九期元旦特刊八份增貼新村 鷺江 大塘客村。

2.贈送日報四份供各村民衆閱讀每日下鄉講解。

3.出發到各鄉演講共十次到達地點凡廿四村聽衆達五千人。

4.出發各鄉表演戲劇共八次觀衆達一千三百餘人。

5.教授客村新村上涌士華各村小學生及各鄉兒童抗戰歌詠參加者達八百餘人。

6.協助新鳳凰購置公有藥箱藥物及組織新鳳凰嗚整關救

嶺南大學校報第十卷第六期

護訓練班及新鳳凰救護隊。

7.協助孫逸仙博士醫學院衛生部到敦和公和各鄉施種洋痘受種者達二千餘人。

8.慰勞敦和鄉預備出發之保安隊服役壯丁。

9.舉行各村防毒演講。

附註：本校所辦各種國難工作除由員生國難工委會主辦者外，尚有下列各項其中多爲本會未成立前辦理完妥者。

一、校員會方面　1.發動聯合本省各大學致函英美各大學教授指斥敵人暴行。　2.發動聯合本省各大學致電九國公約會議主席及我國代表請維持正義。　3.發動用個人名義作國際宣傳。

二、青年會方面　1.徵集慰勞品物寄達前方計有十餘包。　2.組織民衆歌詠團。

三、女學會方面　1.捐送前方軍士棉衣六十一件。　2.爲青年會縫製傷兵內衣數十套棉背心若干件。　3.捐助慰勞傷兵及難民款項二百七十元。　4.請梁淑德女士講述上海戰地服務經過。　5.代女聯會織送空軍冷外衣數十件。

四、學生會方面　1.派員參加學聯會下鄉宣傳工作。　2.參加紀念一二九巡行。　3.主辦勸募寒衣運動。　4.寄發各國大學學生會聖誕咭片藉作宣傳。

△員生國難工作委員會公演抗戰戲劇▽

員生國難工作委員會宣傳組，前于本月十日至十六日舉辦宣傳週，其中十一日十四日兩日下午八時，俱在懷士堂公演抗戰戲劇。查十一晚所演戲劇，計有張家店，最後一課，烙痕三本；十四晚所演戲劇係本校教員李兆強先生編導黎明之前一本，演劇前並有銅角獨奏，四部合唯，鋼琴獨奏，中音獨唱等音樂秩序多項助興。

△青年會小學下學期繼續開辦▽

本校青年會小學，下學期繼續開辦，課室仍設懷士堂地窖內，蓋就近有防空避難設備，遇有空襲時得令學生易於趨避。

△星洲嶺南分校近訊▽

星洲嶺南分校年來各種進行，尙稱順利，校務日有發展。廿六年度學生共有七十六名，教職員由七人增至十一人，教室由四所增至六所，並新設立科學儀器標本室一間，及擴大原有之圖書館；此外各種校具教具，均經充份增購，祗學生座位一項已添置椅棹七十二副，體育場所及勞作場所，亦

嶺南大學校報第十卷第七期

承教育當局，遷往昆明。于二月初由長沙陸續登程，路經廣州。為沿途便利起見，特函本校商借校舍設立廣州招待處，以便照料。並借宿舍若干間，以供過境員生歇宿之用。本校當即函復歡迎，并撥附中宿舍數座，供該校員生寄宿。現該校員生先後抵校者，約有六百人。本校除派定專員，會同大學學生自治會，隨時負責招待外，並定三月四日晚，在懷士堂舉行聯歡會，聯絡感情，是日下午並舉行排、足、籃、等項球類比賽助興。

△補助戰區失學學生▽

日前助學委員會主席包令留函請准將該會上學期餘款一千餘元撥充本學期補助戰區失學學生學額，提送二十七年二月七日第一二九次校務會議討論，當經議決：照准。辦法交朱教務長擬定辦理。查該辦法現經朱教務長擬定，公佈施行；戰區失學學生報名入學請求補助者，已有十餘人。茲將補助辦法錄后：

嶺南大學補助戰區失學學生暫行辦法

一 本補助金專為救濟戰區失學之清貧大學生擬來校轉學或借讀者而設。

二 凡此等學生具有原校証明文件者得向本大學註册室主任請求轉學或借讀及向助學委員會請求補助。

三 補助辦法

(甲)修金減收半費

(乙)因學生需要每星期給予工作六至十八小時每小時工金國幣三角

四 領本補助金之學生每學期所修學科以十五學分為度。

五 領本補助金之借讀生得請求在校外住宿。

六 請領本補助金之學生至遲須於民國廿七年二月十八日以前攜同証明文件來校接洽。

七 本補助金名額暫定六名至十名。

八 本辦法暫適用於廿六年度下學期。

△大學員生戰時鄉村服務團近訊▽

本校文科員生，前奉政府公令，組織戰時鄉村服務團，出發河南各鄉工作，已誌前期校報。查該團計分七隊：彬社東隊，由伍教授銳麟任指揮，駐紮黃埔村；彬社西隊，由曾團長昭森兼指揮，駐紮北山村；敦和東隊，由黃代學監翠鳳任指揮，駐紮新村；敦和西隊，由陳教授玉符任指揮，駐紮小港公路；公和東隊，由徐教授康寧任指揮，駐紮五鳳村；

公和西隊，由黃教授錫齡任指揮，駐紮沙園滙溜旭光社。各隊員均在各鄉借祠堂或同學住宅住宿，以便在晚間時較易召集鄉人作演講、演劇、歌詠、及解釋時事等宣傳工作。教授未任指揮者，則合組視導團，每日分別出發各區隊探視指導，攷核工作：楊教授果菴何代圖書館主任多源視導敦和西區，郭教授蔭棠馬教授熾墉視察彬社東區彬社西區，李兆强先生羅和平女士冼玉清女士視察公和西區敦和東區，盧學監子葵譚春霖先生何格恩先生視察公和東區，謝註册主任廷玉王主任教官克翔視察滙溜區：此外李代校長應林，朱教務長有光，許院長湞陽，亦常到各區隊探視指導。團員出發工作前，先有數日之訓練，并請校內人士及第五戰區青年軍團教育長雷賓南、中大教育研究所教授尙仲衣、廣東糧食管理委員會委員伍觀淇等校外名流多人，作有關工作之演講及討論。二月六日，全體團員冒雨出發，下鄉工作，其勇往直前之氣概，至可欽佩。此次工作，除致力于演講、演劇、歌詠、張貼標語、解釋時事等宣傳方面外，尤特別注重于各村武裝自衛團、救護隊、壯丁隊、婦女會、兒童會之組織與訓練，及組織抗敵地方後援會，務祈地方能担起戰時後援之責任，及能自動推行抗敵自衛之工作。黃埔村經于二月廿三日，組織黃埔村抗敵後援會，選定職員，廿六日舉行成立典禮，均由該團隊負責協導，担任秩序。北山村亦由該團之協導，經己組織抗敵後援籌委會及自衛團。日前廣東省高中以上員生戰時鄉村服務視察員許培幹，曾到河南該團各隊服務區視察，詳細查詢，對于該團各隊服務精神及實施辦法，深爲嘉許，認爲成績異常優越。現該團第一階段集中工作，經于二月廿日結束，工作程序進至第二階段，每星期六日全日，各隊繼續下鄉服務。

△農學院推廣優良穀種暫行辦法訂定▽

本校農學院，對于水稻各類品種，經有多年之研究與改良。所得優良穀種，計有早造之21蘇羅白、CK東莞白、314改良六斗鐘，及晚造之24改良大種糯雞、58改良大骨油粘、174改良大骨油粘、216改良蛇粘等七種。此等穀種，產穀質量均甚優越，其中多經農林局採用，勸導農家種植。現農學院爲推廣種植起見，特訂定「推廣優良穀種暫行辦法」一種，請准李代理校長核可施行。辦法錄后：

一、徵求合作農家。

二、合作農家領種手續：

私立岭南大学代理校长李应林关于邀请战区或沦陷地带各大学教授来校继续研究工作及讲学申请补助书等情的函（1938-03-21）

40

嶺南大學文件存稿

事由	為請函邀請戰區或淪陷地帶各大學教授來校繼續研究工作及講學暨醫學院林教授所擬進行研究計畫申請補助書請察核准予補助由
存卷	補助 中基會
編號	外字第579號
發出日期	二十七年三月廿一日
內附件	
參看	
擬稿	
核稿	
抄繕	

敬啟者自京滬平津為敵人佔領後國立私立各大學多已停頓文化事業大受摧挫 敝校鑒於此種情勢深懼學術之中輟益加奮勵但戰區一帶之學者其平日努力之研究工作已無法在原校繼續進行竊願廣為延攬南來繼續研究獨以戰事起後經費益加支絀原有暨所欲進行之各種研究工作已感難於籌措故雖具此願力而有未逮茲謹擬具邀請各大學教授來 敝校繼續研究并授課暨 敝校醫學院林教授所擬進行之

研究計畫共兩種請求

貴會予以補助藉請體念全國學術所遭之厄運暨敝校困難情狀概予

惠允若萬不獲已不能全數補助時亦請補助戰區大學教授南來研究一種謹送上申請補助書兩種中文各十二份英文各六份統請

察收核定仍希 見復至紉公誼此致

中華教育文化基金董事會

附申請補助書兩種中文各十二份英文各六份

私立嶺南大學代理校長李應林

《岭南大学校报》第十卷第八期报道：民国二十六年度下学期大学各院学生及学科统计表、大学理科学生参加『战时救护训练班』、农学院柑橘研究近况、本年度开设战时科目、加紧军事及体育训练（1938-03-31）
△二十六年度下學期大學各院學生及學科統計表▽

（甲）各學院學生人數分配表

學生類別＼院別	文理學院	農學院	工學院	醫學院	男生	女生	總計	百分率
研究生	一二			九	一五	六	二一	五
四年級生	四二	二〇	一三	七	七〇	一一	八一	二一
三年級生	三九	一七	一二	二〇	六六	二二	八八	二二
二年級生	五四	一四	四	一三	七〇	一五	八五	二二
一年級生	三三	二一	二三	一六	九三	一九	一一二	二八
特別生		一	三	四	七	一	八	二
男生	一五〇	七一	五四	四六				
女生	四九	二		二三				
舊生	一七八	六六	四九	六四	二九二	六五	三五七	九〇
新生	二一	七	五	五	二九	九	三八	一〇
借讀生	二七	三		二	二五	七	三二	八
總計	一九九	七三	五六	六九	三二一	七四	三九五	一〇〇

（乙）各學院學生主修科分配表

院系 \ 級別	研究生 總計	研究生 女生	研究生 男生	四年級生 總計	四年級生 女生	四年級生 男生	三年級生 總計	三年級生 女生	三年級生 男生	二年級生 總計	二年級生 女生	二年級生 男生	一年級生 總計	一年級生 女生	一年級生 男生	特別生 總計	特別生 女生	特別生 男生	總計 總計	總計 女生	總計 男生
文理學院	一二	二	一〇	四一	七	三四	三九	一三	二六	五四	一三	四一	五三	一四	三九				一九九	四九	一五〇
農學院				二〇	一	一九	一七		一七	一四		一四	二一	一	二〇	一		一	七三	二	七一
工學院				一三		一三	一二		一二	四		四	二三		二三	三		三	五四		五四
醫學院	九	四	五	七	三	四	二〇	二	一二	一三	二	一一	一六	四	一二	四	一	三	六九	二三	四六
總計	二一	六	一五	一八	一一	七〇	八八	一五	七〇	八五	一五	七〇	一一二	一九	九三	八	一	七	三九五	七四	三二一
生物學	六		六	四		四	二	二		三	一	二	二	一	一				一七	四	一三
化學	五	二	三	二		二	九	三	六	一五	三	一二	七	一	六				三八	九	二九
國文				一	一		三	二	一				二	一	一				六	四	二
家政				二	二														二	二	
物理	一		一	三	一	二				七		七	六		六				一七	一	一六

社會科學				一四	一	一五	九	四	一三	五	七	一二	五	三	八				三三	一五	四八
西洋文學					二	二	二	一	三		二	二	四	一	五				六	六	一二
畜牧				一〇		一〇	七		七	八		八	六		六				三一		三一
植物				九	一	十	一〇		一〇	六		六	一四	一	一五	一		一	四〇	二	四二
商業				三		三	四	一	五	五		五	六	一	七				一八	二	二〇
經濟				九		九	四		四	一〇		一〇	一〇	六	一六				三三	六	三九
土木工程				一三		一三	一二		一二	四		四	二二		二	三		三	五四		五四
醫學	五	四	九	四	三	七	一一	九	二〇	一一	二	一三	一二	四	一六	三	一	四	四六	二三	六九
總計	一五	六	二一	七〇	一一	八一	六六	二二	八八	七〇	一五	八五	九三	一九	一一二	七	一	八	三二一	七四	三九五

社會科學分為																					
政治				八		八	四		四	三		三	二	一	三				一七	一	一八
歷史				一		一	一		一	一		一	一		一				四		四
社會				五	一	六	四	四	八	一	七	八	二	二	四				一二	一四	二六

（丙）學生來源之統計

（一）本校附中　六四人

（二）聯絡學校　六三人

真光中學　一二

培英中學　二二

培正中學　一一

培道中學　一七

汕頭礐光中學　一

（三）公私立學校　四五人

（四）由國内各大學轉學　六一人

（五）外國學校　二五人

美國　一一

南洋　一四

（六）香港學校　一三二人

聖保羅中學　一二

英皇書院　一一

華仁書院　二四

皇仁書院　九

聖士提反書院　一三

Diocesan　一五

英華書院　九

華大中學　六

菁華中學　四

其他　二九

（七）夏葛醫學校　五

總計　三九五人

（丁）春季投考新生取錄統計表

	報名投考者	不取錄者	取錄者	註册人數	男生	女生
本校附中	一		一	一	一	
聯絡學校	二	一	一			
香港學校	三		三	三	三	
外國學校						
其他學校	一五	九	六	六	五	一
總計	二一	一〇	一一	一〇	九	一

154

（戊）各學院開設科目統計表

	開設科目	估科目總數百分率	學點數目	估學點總數百分率
文理學院	一二七	五九	三九四·五	六四·九
農學院	二六	一二·一	六二	一〇·三
工學院	二八	一三·一	六九	一一·四
醫學院	三六	一六·八	八三·五	一三·四
總計	二一五	一〇〇	六〇七	一〇〇

	開設科目	估科目總數百分率	學點數目	估學點總數百分率
農學	一〇		三三	
畜牧學	八		一	
生物學	二		三三	
商學	八		二六	
化學	一五		四六	
中國文學	一六		五五	
經濟學	六		一九	
教育學	四		二三	
土木工程	二六		六九	
家政學	四		一二	
園藝學	八		一八	
數學	七		一四	
音樂	一		一	
體育	一			
物理學	一四		四六	
心理學	三		六	
社會科學	二五		七一	
文化概觀	一		八	
西洋文學	一二		五	
醫學	三六		八二·五	

〈大學理科學生參加「戰時救護訓練班」〉

本學期本校奉政府功令，除文科員生組織戰時鄉村服務團，出發河南各鄉工作（見本校報第六、七期）外，理科學生亦須參加「戰時救護訓練班」。關于救護及防毒之演講，表演，與實習，每週一小時，由校醫主理。并在全校員生組織之國難工作委員會中，分設救護、募捐、慰勞、宣傳、糾察、消防、及防空等六組，每組以教員為組主任，以學生為副主任。根據教學做合一原則，從實際工作中施行訓練，參酌學生專長及興趣，分配入各組中服務。服務對象，大別為三：本校附近鄉村民衆（與文科生合作），市內傷兵及難民，與校內工友。

〈農學院柑橘研究近況〉

本校農學院植物生產學系對于我粵特產柑橘，年來積極籌劃改進，不遺餘力，惜限于經濟，未能大規模實施，僅得擇其要者，加緊工作，特于去年九月間，派王浩真在潮安鶴巢設立潮柑育種研究所，從事選擇鑒定標準品種，發揚潮柑優良特點，成立以來，雖僅數月，因得當地柑農之合作，進行極爲順利，現得特約育種研究區九處，計潮安鶴巢鄉五處，彩塘一處，上埔隴一處，饒平客渠鄉兩處。最近又應中國柑橘研究會之請，聯合經濟部菓品產地監理 汕頭分處，廣州商品檢驗局汕頭分局，及汕頭市柑橘生產運銷合作社，協同組織潮屬柑橘病蟲害防除試驗區，試行推廣防除病虫方法于柑農，蓋柑農每年因病虫害而致損失，爲數殆難估計，就去年情形估計，每畝柑菓因病虫害影嚮，價格上損失，自一百元至二百元之譜，預計防除此種病虫害倘得多數人合作，每年每畝藥費約三元左右。以三元費用，增加農民一百元至二百元之收入，在經濟原則上，頗爲合算，本校農學院服務農村之夙願，由此可得償其一二。現王君特抽暇回校報告工作經過，及商定繼續進行方法云云。

△英文七一班同學長演英文獨幕劇▽

三月三十一日，英文七一「當代戲劇」班同學，假大學週時間，在懷士堂用英語表演 Sir James Barrie 所著 "The Twelve Pound Look" 獨幕劇一本，由畸理敎授導演。各演員語句純熟，表情逼眞，表演極爲精采。

△本學期現行校曆▽

一月卅一日至二月二日　星期一至三　入學試驗
二月十日至十一日　星期四至五　註册交費
二月十二日　星期一　開始上課
二月二十二日　星期二　轉讀學科最後日期
三月十二日　星期六　過期註册減少學分最後日期
三月二十四日　星期四　輟讀學科免佣最後日期
四月四至六日　星期一至三　春假
四月十一日　星期一　半期考開始
六月十至十七日　星期五至五　學期考試
六月十九日　星期日　畢業禮拜
六月二十一日　星期二　畢業典禮

三月七日校務會議議決：本校期除春假外，一切紀念日不放假。至時政府有明令放假者，不在此限。

三月十二日星期六上午八時三十五分至九時三十分停課一小時，俾大學全體員生參加總理逝世紀念及植樹節大會。開會前及散會後，照常上課。

三月廿九日革命先烈紀念日，奉政府令，放假一天。

△本年度開設戰時科目▽

本年度各學院系開設下列與抗戰有特別關係之科目，以供學生選讀：

化學戰爭　三學分
航空力學　二

155

戰時無線電應用	三
軍事工程	二
軍事救護	一
戰時國際公法	三
日本政治	三
戰時計劃經濟	三
戰時教育	三
國民訓練	三
戰時鄉村工作	三
倭寇侵略史論	三
危難時期宗教領袖	二

△加緊軍事及體育訓練▽

抗戰時期，本校對于學生之軍事及體育訓練，加緊進行，除原有軍事訓練外，最近男女生更一律練習實彈射擊、擲手榴彈、救護担架、刺刀術鋒、大刀十六度、單刀訓練、掘戰壕、越壕賽跑、爬牆、爬山、游泳等訓練、球類及田徑，亦照常舉行。

△各會社職員題名▽

○員生在難工作委員會

主席李應林，總幹事朱有光(正)李鵬飛(副)，總務組麥應基(正)盧子蒼徐錫齡(副)，宣傳組李兆强(正)曾友梅梁炳勝(副)，慰勞組吳允文(正)李沛金羅和平(副)，勸募組趙恩賜(正)何天生馮秉銓(副)，救護組陳元覺(正)梁詠珍王競安(副)，糾察組馬熾墉(正)徐康寧李枝榮(副)，防空消防組王克翔(正)何憲章陳主仁(副)。

○學生自治總會

(一)代表會：主席方魯池，副主席王桂生，秘書蔡念蕪，委員陳天元楊慕馨李枝榮劉鈴毓李司滋徒樑譚家炘。

(二)會務會：主席李少廉，副主席李璧光，秘書何百遂，交際部長鄭英熾，理財部長徐啟英，體育部長陳瑞勃，總務部長鄭英和，委員陳啟鈞何振華劉敏君李冬青。

(1)出版委員會：李冬青(主任兼週報編輯)方魯池陳天元楊慕馨莫兆麒何百遂李璧光王級闓李少廉。

(2)學生抗敵後援會：常務何日華陳天元方魯池李少廉王桂生李毓宏黃榮焯，總務股歐陽德修，文書組蔡念蕪，會計組徐啟英，宣傳股李冬青蔣應江，研究股楊慕馨，戰時工作討論組阮柔，戰時經濟討論組姚文焯，籌募股李沛金，勸募組何天生，慰勞組陸其漸，防護股王級闓李枝榮，調查股王祖詒陳啟鈞。

○大學學生自治會

(一)代表會：主席徐啟英，副主席李冬青，秘書鄧維新，代

《岭南大学校报》第十卷第八期报道：图书馆开设『抗战读物阅览室』、农学院附设农事职业科近讯（1938-03-31）

表張維持方珍美郭佳玲蔡念蘇何百遂何天生何日華周其明周錫康王鋭鈞王大年王祖詒梁健卿馮秉衡沈炳雄李枝榮翟惠仁陳啓鈞林明倫陳棣濂黃文海。

(二)幹事會：常務幹事李沛金，候補幹事林明倫，文書股長王祖詒，會計股長翟惠仁，研究股長王大年，出版股長王祖詒，體育股長黃文海，游藝股長郭佳玲，庶務股長馮秉衡，膳堂股長陳棣濂，紀律股長周錫康，合作股長周其明。

○女同學會

主席王紉蘭，副主席兼司庫曹麥生，書記邵乃茵，交際部長陳雪品，膳堂部長楊慕馨徐振英葉啓秀，智育部長劉玉霞，紀律部長馮玉英，體育部長李獻玉，庶務部長徐麗金。

○物理學會

主席杜樹梅，副主席兼司庫梁子鏗，生活股黃錦河，研究股李枝榮，文書股黃卓游，顧問馮秉銓。

○化學會

主席陳永兆，書記邵濟熙，財政李碧婉，交際廖濮英，學術富論。

○社會學科研究會

主席甘天眷，副主席陳雪品，秘書張維持，司庫沈炳洪，庶務林有樊。

○教育學會

主席李冬青，副主席楊慕馨，秘書兼出版張維持。

○工學會

主席黃崑昌，秘書區錫齡，財政夏傑榮，交際李良材，學術余廣才，出版林文贊，體育朱錦池，庶務陳德泰。

○醫學會

名譽會長黃雯，會長周君博，副會長楊松簇，文書馮碧若，學術陳斌，理財王行濟，交際陳玉輝，體育余國定，庶務黃錦塤，顧問李應林林樹模王貴恒左維明嘉惠霖譚約瑟王懷樂，一年級代表王大年，二年級代表陳敢歐，三年級代表曾貫宜，四年級代表李志生，五年級代表劉鵬博，六年級代表王德賢。

○一九三九社

主席李沛金，副主席楊啟驤，司庫翟廣海。

○明社

主席劉德建，秘書歐陽士變，交際杜樹梅，體育簡日祺，財政施于民，總務溫衍亞，社刊編輯(正)林穎夫(副)王啓祥。

○南洋華僑聯誼會

主席鍾延泰，司庫何日華，文書朱石光。

△圖書館開設「抗戰讀物閱覽室」▽

戰事發動以來，抗戰讀物之發行，如雨後春筍，本校圖書館特闢一「抗戰讀物閱覽室」，現已搜集抗戰書籍及小冊子約一千三百種，抗戰定期刊物約七十種，以供員生之參攷

1938年

及研究。

△農學院附設農事職業科近訊▽

農學院附設農事職業科，前學期因時局影响，停課一學期。本學期業已復課。學生多經回校。該科敎員，計有邵堯年、林書洛、何雄濤、張杏清、黃永濟、容雄，譚汝榮等七人；學生人數，有三年級十六人。

附中消息

△附中舉行孫　總理逝世紀念會▽

敎職員學生赴會三百餘人

朱明光先生演講

三月十二日爲　孫總理逝世十五週年，附中于是日上午七時在膳堂舉行紀念會，以誌哀悼，全校員生全體參加，極爲嚴肅，由學生自治會執行部長李毓浤君主席，行禮如儀後，朱明光先生演　，朱先生以莊嚴詞鋒，畧謂孫總理偉大人格舉世同欽，其革命精神，百抑不撓，始終盡瘁國家，當其彌留時，尙言『和平，奮鬥，救中國，』現處國難期中，吾人不只開會紀念了事，尤應身體力行，方不負總理在天之靈，勗勉各人努力，聽者咸爲動容。

△省督學到校視察▽

廣東省敎育廳馬衍樑督學，於三月八日下午二時卅分，奉派到來本附中視察。由楊代主任，郭教務主任，招待一切，幷將本附中校務狀況詳細報告，隨後偕同馬督學過遊全校，視察各校會及各部分工作，至四時十分始完畢。

△頒發募集寒衣運動獎品▽

去屆附中舉行募衣運動，業已結束多日，獎品已於前週到達，故三月十一日早，在升旗禮時，由楊代校主任代爲頒發，各級同學，無不鼓掌爲得獎各團體及各生慶賀。聞此次附中勸募共得港幣三千七百八十元，成績特優，南大成績，得在全市中，獲首名之獎，不日廣州市募集寒衣委員會，另有獎品嘉獎全校云。

△附中體育消息一束▽

1. 本星期增多足球場一所，籃球場一方，故高中一年級，亦增加課外運動，現已開始一週，運動情形，甚爲熱烈。
2. 本學期委出陳瑞勃君爲體育組長，各種組織，多已就緒，同時各球隊隊長亦經委定，隊長姓名列後：

隊別	隊長	隊副
籃球隊	張樹森	雷秉良
排球隊	潘季强	梁廷粲
足球隊	劉學滋	劉祖漢
壘球隊	張燮勳	鄧有芬

私立岭南大学校长李应林关于接任校长职务致农学院院长的函（1938-09-02）

057

案奉

校董會第四十五次會議議決由本年九月一日起聘應林

接充校長職務。等因。經於本月一日就職。特此函達

即煩

查照為荷。此致

農学院院長古

校長李應林

李應林

九、二

民國廿七年九月起實行

修正嶺南大學組織大綱草案

第一條　本大綱依照十八年七月二十六日國民政府公佈之大學組織法訂定之。

第二條　本校為私立嶺南大學校董會所設立，依照大學組織法第三條，稱為私立嶺南大學。

第三條　本校暫設文、理、工、農、醫、四學院。于需要時，得添設其他學院。

第四條　本校得設研究院或研究所，各學院得附設專修科或得于大學之內附設中學、小學，或特種補習學校。

第五條　本校設校長一人，對外代表全校，對內綜理校務。校長由校董會選任，任期五年，得連選連任。

第六條　本校設教務長一人，輔助校長處理全校教務。教務長由校長聘任之。

第七條 各學院各設院長一人，綜理院務，由校長聘任之。

第八條 大學各學系各設系主任一人，辦理各該學系教務，由院長向教務長推薦，請校長聘任之。

第九條 各學院教員，分教授、副教授、講師、助教四種，由院長向教務長推薦，轉請校長聘任之。

第十條 大學設校務會議，以校長、教務長、各學院院長、各學系主任，及全体教授副教授所選出之代表三人組織之，以校長為主席。

第十一條 各學院設院務會議，以院長、系主任，及教授副教授代表一人至三人組織之，以院長為主席。各學系設系務會議，以系主任及本系教授、副教授、講師、助教組織之，以系主任為主席。

6

第十二條 本校職員及事務員由校長任用之。但任用會計主任須得校董會之同意。

大學入學資格，須曾在公立或已立案之私立高級中學或同等學校畢業，經入學試驗及格者，大學得酌收特別生。其具有前項學校畢業資格，于一年內補受入學試驗及格者，得改為正式生。

第十四條　大學修業年限，醫學院五年，餘均四年。

第十五條　大學學生畢業考試，依照部定大學規程第十七條辦理。

第十六條　本大綱經校董會議決，候呈報教育部核准，公佈施行。

私立岭南大学校董会临时会议纪录（1938-10-22）

127

私立嶺南大學校董會臨時會議紀錄（原稿存卷）

日期　二十七年十月廿二日下午

地点　香港華商會所

出席者　黄啟明　金曾澄　譚禮庭（金曾澄代）　錢樹芬　金佛（錢樹芬代）

簡鑑清　香雅各（簡鑑清代）　鍾活　蔡昌

列席者　李應林　謝昭杰　朱有光　郭蔭棠

主席　金曾澄

紀錄　謝昭杰

主席請鍾活牧師祈禱開會

報告事項

一、李校長報告因時局嚴重故在廣州商得林校董逸民同意由校長用校董會副書記名義於本年十月十七號書函將本校校董會所租賃之校產交回美基金會管理

137-1

二、李校長報告本校疏散學生教職員之經過情形

討論事項

一、李校長提請追認將本校校產交回美基金會管理案（見報告第二項）

議決：追認

二、譚約瑟醫生請求將孫逸仙博士紀念醫院（即舊博濟醫院）送回國際基督教醫學會管理案。

議決：根據前國際基督教醫學會送與本會函內之條件現既無法實施應准暫予送回該醫學會

三、李校長提出關於大學擬繼續在港復課及教職員暫行處置辦法案

議決（a）繼續復課文理工學院借香港大學農學院在新界或澳門如港大不允借用時則授權校務會議常務委員會擇地復課

（b）關於教職員繼續服務或停薪留職辦法照校長報告辦理

附錄辦法如次

128

(甲)關於教員者：(a)本年十一月份均先發生活費，如復課則另按照(b)項發教授費。(b)有課授者將其全薪(以十月份實支数為額)減去生活費額外，分十二份，每授課學分一点加薪一份，授課過十二學分亦以十二學分計算。(c)如無課授者則除發十一月份生活費外，再發十二月半月薪，以後作為停薪留職。(d)薪金之發給在港者或在澳者發港幣，在國內者發大洋。

(乙)關於職員者(a)不需要者發十一月份半月份薪(國幣)，作停薪留職論。(b)繼續服務者除發生活費外，其薪額另定平允辦法。

(丙)生活費之發給率如下：(a)十月份折實薪額在國幣四十元以下者照發。(b)在四十一元至七十元者發四十元。(c)七十一元至一百五十七元者發五十元。(d)二百五十一元以上者發六十元。

主席 金曾澄

紀錄 謝昭杰

《申报》（香港版）报道：岭大迁港后尚无特殊困难　除医学院外均复课（1938-11-19）

嶺大遷港後

尚無特殊困難

除醫學院外均復課

嶺南大學自遷港假港大復課後、已漸復舊觀、該校註冊主任談、謂於本月十四日、各班皆已復課、報到人數共四百八十二名、爲在廣州時百分八十、嘗港大當局允許、所有文工理各院各班、皆假該校課室于夜間上課、雖港大今歲學生人數驟增、然各種便利、于可能範圍內、無不予其允許、各實驗室如非該校需用時、本校常得以假用、圖書館亦開放、爲本校生參考、并于馮平山圖書館劃出地點、爲本校藏收參考書之用、農學院暫假上水會圓上課、該處環境甚佳、且有農場、以供實習、現有學生四十人上課、至宿舍問題、所幸多數學生、其家庭處于本港、尚未發生十分困難、其他小部份學生、已盡力設法安置、雖於合作切磋機會甚少、然亦無可奈何也、外籍教授現僅得四名在港、其他多留在廣州難民營服務、醫學院方面、尚未有辦法云、查該校此次遷港、已得重慶教育部及廣東省政府之同意云、

廣州私立嶺南大學校董會談話會紀錄（原稿存卷）

日期　民國二十七年十一月二十九日

地點　香港華商會所

出席者　金曾澄　譚禮庭　關鑑清　林逸民　錢樹芬　香雅各

鈞活

列席者　李應林　朱有光

主席　金曾澄

紀錄　朱有光

李校長報告　此次乘香雅各先生來港之便請主席召集此會俾各校董聽取本校原址辦理難民區情形本校在港復課經過及對學校當前各問題交換意見至本會應作為談話會抑臨時改為正式會議可公決

香雅各謂：(一)此會應作為談話會本人下月二十號左右再來香港本會十二月之例會可於彼時舉行

139/1

（二）辦理難民區經過——略謂校產交還美基金會後，即就留校西教職員中分配主理校內各項工作，如治安、水電、電話、農場、勸銷組、庶務室等。日軍將入城時美領署曾着校內西婦往沙面暫避。入城後兩日，有日軍在校地北閘經過，惟并未入校。初數日，難民入校者約二三千人，住華僑及中學宿舍，婦孺老弱以外不收。後因難民人數激增，并得東山浸信會職員來校幫忙，遂將蠶絲部屋宇開放，成為第二部難民住所。全校現有難民七千餘人，本校工人親友亦佔五六百人。衛生情形尚佳。住所事宜由余瑞堯主理，膳食事宜由何世光主理。難民每日一粥一飯，小孩另加午餐。出入須領通過証。希望地方治安逐漸恢復，難民可以回家，則難民區工作可於一兩個月內結束。目前學校附近有一二村落受日軍焚劫蹂躪，閘大塘村至今未被日軍攻下。此次舉辦難民區有兩種善果：一則校產完全保存，毫無損失；二則造福鄰近村民，以致各村對嶺南感情極佳。日領署及日軍曾派人來校調查難民區，并乘機向難民演說宣傳。惟此次調查曾於事前通知，并答允以後再來亦必先一日通知云。

139-1

以上為辦理難民區之經過。

(三)遷校問題——本人此次來港曾拜訪港督及香港大學副校長對他們允將校舍給本校借用義舉表示道謝至將來難民區工作結束後原址應作何用本校在環境許可時應否全部或一部份遷回可否請校董會指派一小組委員會以便有此問題發生時可從速商討一切

林逸民謂：假使現在原址開課恐怕亦無學生回去上課。

簡鑑清謂：如日軍有意騷擾即開學亦無法進行。

李校長報告：(一)借港大校舍復課經過——略謂此次港大允借校舍俾本校於短促期間內即能復課可謂難得機會。借用範圍如下：(一)課室十四間，除少數日間可用外，每日下午五時半至九時半。(二)工科實驗大部份設備(三)圖書館(四)辦公室一間。理科實驗設備則因港大本身不敷應用故不能借用。農科高年級因實習關係在新界租賃「淞園」辦理。部署既就遂即電呈教育部及省政府與教育廳備案，經已先後奉准。十一月十二日召集學生覆核註冊，並委派羅天樂教校為文學院代院長連日註册並任謝廷玉代表本校與港大接洽日常事件。現在學生人數達五百六十餘人約為九月在粵時人數之九成以上。其中包括新生約廿四人借讀生約三十人。教職員方面有一部份被停薪留職辦法前已向校董會報告現在中國教職員約六十人西國教職員在港者六人醫學院方面黃院長去了曲江，他臨離廣州時打算停辦醫學院並委嘉惠霖醫生為博濟醫院代院長，後嘉醫生以代院長名義應由校長加委，經本人與籌委會職員商議，改由校長委任嘉醫生為博濟醫院院長。本校籌備在港復課時期醫學院學生及醫預科教授多已抵港，屢請本人籌劃復課事宜並曾電黃院長問醫學院應停辦抑在港開課，抑令學生轉學。黃覆電謂請林樹模教授問籌委會司庫林逸民請款開課。於是遂由本人委林樹模為醫學院代院長籌備復課。按醫科一年及二年級上學期學生依平時辦法向與理科生同班上課本無問題。現所謂預科係指醫科二年下學期及三四年級之臨床實習前學科。計此種學科復課，每月須款港幣約一千元將來如有實驗或增數百元。本校向銀行借款，經得籌委會同意惟因在港無物業可

140-1

抵押故無從借現下該院每月費用暫由本大學代支以一學期為限。醫科四五年級臨床實習學科因教員多不在港無從辦理已勸學生轉學上海國立醫學院，據云該院可收本校生借讀，惟無寄宿地方。現正向港大接洽借讀，須俟港大副校長日間回校乃有答覆。以上為本校各科復課大概情形

(二)修正預算——李校長又謂本校遷港後情形大變，且一切支出均用港幣，而本學期學生已繳學費者不須增繳學費，故本年度預算不得不修正，修正預算草案經已擬就，下次本會正式會議時，將提請通過。該預算為效期間自本年十二月一日起至明年八月底止，共計十個月。不敷總數為港幣三萬五千元。預算內有一萬元為購置理科儀器用，如能由原校搬運多少儀器來港，則此數可酌減。理科教學用款最大，究應繼續辦理否，似屬問題。惟現在開設理科科目，大部份為其他學院學生所必修，且理科教員及學生多已抵港，故不得不設。

(三)目前問題——此外本校目前問題尚多，例如(一)在港大校地上課學生，絕大部份係走讀，散居各處，員生團聚機會比前較少，本校素為外界稱譽之「嶺南精神」

(41)

恐不易保持。(二)香港生活程度較高，屋租特昂，本校教職員薪金微薄，教員授課不滿額者其薪金更復折扣，誠恐優良之教員或因生活困難而致他就。(三)借用港大校舍固有利益，然而每方有學生五六百人，共用同一校舍，在在發生磨擦之機會甚大。我校究竟借用港大校舍至何時為止，是當前甚嚴重問題。(四)遷港後我校教育政策當如何，此問題正由教職員討論研究。

簡鑑清：能否在港建築永久中學校舍，戰時則由大學借用。建築費假定為廿萬元，如何籌措？

香雅各：此議以前曾提過。對各方面似甚有益。

簡鑑清：用債券方法向學父推銷，或可籌五萬元，其餘可找慈善家如胡文虎等捐助或向銀行借貸。

金曾澄：最好擬有具體計劃。

李校長：計劃尚不難擬訂，宜先定政策。

林逸民：此議甚佳，不妨積極進行。

141-1

錢樹芬：不妨一面先租賃屋宇開辦，一面籌建永久校舍，不要因過遲而落後

簡鑑清：現已有中學設於青山，惟地点不甚好。

林逸民：宜先向若干慈善家請捐助。

簡鑑清：史塔士道地点太狹。

錢樹芬：赤柱如何。

簡鑑清：恐有毒蚊。尋地点最要選擇無毒蚊者。交通問題反不甚嚴重，因學校有數百人，則自然可設法使交通便利。

林逸民：香先生提議指派小組委員會，是否應即指派。

香雅各：提出數人。

錢樹芬：廣州既失，不要回去復課。本人主張既定，不必參加小組委員會。

林逸民：提請金曾澄、簡鑑清、香雅各、錢樹芬、李校長組織小組委員會，下月本會正式會議時提出追認。遇有臨時關於原校址問題，該委員會可協商。惟永久問題仍須由校董會正式決議。

142

香雅各：港粤交通或早日可恢复下月廿三号左右将再来港到时可再开校董会正式会议。

全曾澄：提请关鉴清林逸民李校长组织筹建永久中学校舍委员会下次校董会正式会议时追认。

散会

主席 全曾澄

纪录 朱有光

私立岭南大学民国二十七年度预算书（1938）

File
Y. K. Chu

（一）　241

私立嶺南大學民國廿七年度預算書

242

私立嶺南大學

民國廿七年度(1938-39)預算

總目

收入之部

中華文化基金委員會		10,000.00
廣東省政府		59,583.36
教育部		24,502.80
醫學院補助教席		7,500.00
學費		92,776.00
其他收入		7,460.00

支出之部

薪津及工資	183,191.94	
辦公費	9,280.00	
設備費	65,361.00	
特別費	24,320.00	
事業費	11,593.00	
比對差額		91,923.78
總計	$293,745.94	$293,745.94

243

收入之部　　$201,822.16

第一款	中華文化基金委員會	10,000.00
第二款	廣東省政府	59,583.36
第三款	教育部	24,502.80
第四款	醫學院補助教席	7,500.00
第五款	學費	92,776.00
第六款	其他收入	7,460.00

支出之部　　$293,745.94

第一款	薪津及工資			183,191.94
第一項	職員薪俸			53,065.00
第一目	校董會及同學会		1,668.00	
〃二〃	美國基金委員会			
〃四〃	校長辦公室		8,448.00	
〃五〃	教務長室		3,336.00	
〃六〃	文學院			
〃七〃	理 〃 〃		1,552.00	
〃八〃	農 〃 〃		994.00	
〃十一〃	圖書館		7,596.00	
〃十三〃	護養院		4,704.00	
〃十四〃	註册室		2,186.00	
〃十五〃	男學監室		1,252.00	
〃十六〃	女 〃 〃 〃		1,316.00	
〃十七〃	書記室		5,360.00	
〃十八〃	會計 〃		2,220.00	
〃十九〃	庶務 〃		4,836.00	
〃廿〃	自然博物採集所		3,346.00	
〃廿一〃	植物館		4,251.00	
第一節	植物標本室	2,788.00		
〃二〃	經濟植物室	1,463.00		

244

第二項	教員薪俸			108,747.94
第一目	文學院		29,986.00	
第一節	中國語言文學系	7,536.00		
〃二〃	西洋〃〃〃			
〃三〃	歷史政治及社会学系	7,092.00		
〃四〃	商学系	8,422.00		
〃五〃	教育学系	5,436.00		
〃六〃	家政学	1,500.00		
第二目	理学院		40,998.00	
第一節	生物学系	9,548.00		
〃二〃	化学系	11,476.00		
〃三〃	物理学系	8,696.00		
〃四〃	工学系	10,338.00		
〃五〃	数学	940.00		
第三目	農学院		15,630.00	
第一節	植物生產学系			
	之一 農藝組	4,186.00		
	之二 園〃〃	5,240.00		
第二節	動物生產学系			
	之一 畜牧組	[illegible]		
第四目	美國基金委員会			
第一節	文学院			
〃二〃	理〃〃			
〃三〃	農〃〃			
〃四〃	其他			
第五目	教育部補助費		14,618.00	
第一節	植物生理	3,418.00		
〃二〃	園藝	2,800.00		
〃三〃	植物病理	2,800.00		
〃四〃	農藝育種	2,800.00		
〃五〃	土木工程	2,800.00		
第六目	体育		2,732.00	
〃七〃	德〃		960.00	
〃八〃	軍事訓練		1,300.00	
〃九〃	預備金		2,523.94	
第三項	其他薪俸			3,947.00
第四項	津貼			600.00

245

第五項	工資			16,832.00
第一目	什役		10,326.00	
第一節	總辦公室	1,172.00		
〃二〃	圖書館	740.00		
〃三〃	護養院	324.00		
〃四〃	房舍工役	3,290.00		
〃五〃	水伕	400.00		
〃六〃	自衛隊	3,400.00		
〃七〃	搬運	400.00		
〃八〃	清潔	600.00		
第二目	工匠		6,506.00	
第一節	水電機廠	4,252.00		
〃二〃	電線修理	600.00		
〃三〃	潔具及喉修理	500.00		
〃四〃	電話	1,154.00		
第二款	辦公費			9,280.00
第一項	各辦公室			8,450.00
第一目	校董会及同学会		1,300.00	
第一節	校董会	600.00		
〃二〃	同學会	700.00		
第二目	美國基金委員会			
〃四〃	校長室		1,100.00	
〃五〃	教務長室		420.00	
〃六〃	文學院		50.00	
〃七〃	理〃〃		30.00	
〃八〃	農〃〃		50.00	
〃九〃	理科研究所		50.00	
〃十〃	圖書館		1,700.00	
〃十一〃	博物館		50.00	
〃十二〃	護養院		140.00	
〃十三〃	註冊室		2,200.00	
〃十四〃	男学監室		100.00	
〃十五〃	女〃〃〃		60.00	
〃十六〃	書記室		500.00	
〃十七〃	会計室		300.00	
〃十八〃	庶務室		100.00	
〃十九〃	雯文氣候観察所		150.00	
〃廿〃	德育		160.00	

第二項　其他			800.00
第一目　課室用品		85.00	
〃二〃　獎品		315.00	
〃三〃　員生交際		400.00	
第三款　設備費			65,361.00
第一項　建築及修繕			2,900.00
第一目　校地改良		100.00	
〃二〃　房屋修葺		1,500.00	
〃三〃　場圍〃〃		800.00	
〃四〃　家具修理		500.00	
第二項　衛生設備			11,187.00
第一目　水電機廠		8,187.00	
〃二〃　電線修理		1,000.00	
〃三〃　潔具及[illegible]		300.00	
〃四〃　飲料及熱水		1,500.00	
〃五〃　清潔用具		200.00	
第三項　儀器機器及標本模型			11,882.00
第二目　理学院		2,000.00	
第一節　生物学系	1,000.00		
〃二〃　化学系	1,000.00		
第五目　教育部		9,882.00	
第二節　理学院			
五一　生物学系	782.00		
五二　化学系	1,400.00		
五三　物理学系	1,400.00		
五四　工学系	2,100.00		
第三節　農学院	4,200.00		
第四項　圖書購置			12,350.00
第一目　西文雜誌			
農学院			
生物系			
植物館			
商学系			
化学系			
教育系			
工学系			
普通雜誌			
家政学			

247

-6-

護養院醫学雜誌
数学
自然博物採集所
哲学宗教
物理系
社会政治
西洋文学系

第二目　中文雜誌
〃三〃　報紙
〃四〃　普通參考書
〃五〃　中文新書
〃六〃　各学院系圖書
　第一節　文学院
　　　中國語言文学系
　　　西洋〃〃〃
　　　歷史政治及社会学系
　　　商学系
　　　教育学系
　　　家政学
　第二節　理学院
　　　生物学系
　　　化学系
　　　物理学系
　　　工学系
　　　数学
　第三節　農学院
　〃四〃　自然博物採集所
　〃五〃　植物館
　〃六〃　總館課外閱覽室
　〃七〃　書架

第五項	教務用費			26,420.00
第一目	文学院		470.00	
第一節	中國語言文学系	50.00		
〃二〃	西洋〃〃〃	50.00		
〃三〃	歷史政治及社会学系	50.00		
〃四〃	商学系	50.00		
〃五〃	教育学系	50.00		
〃六〃	家政学	120.00		
〃七〃	美術音樂	100.00		
第二目	理学院		3,920.00	
第一節	生物学系	850.00		
〃二〃	化学系	2,000.00		
〃三〃	物理学系	950.00		
〃四〃	工学系	100.00		
〃五〃	数学	20.00		
第三目	農学院		4,000.00	
第一節	植物生産学系			
	之一 農藝組	1,000.00		
	之二 園〃〃	1,400.00		
第二節	動物生産学系	1,600.00		
第四目	中華文化基金董事会		10,000.00	
第一節	生物学系	2,500.00		
〃二〃	化学系	5,500.00		
〃三〃	物理学系	800.00		
〃四〃	〃〃〃期刊	1,200.00		
第五目	其他		8,030.00	
第一節	出版			
	之一 学報	2,050.00		
	之二 科学季刊	3,870.00		
	之三 〃〃期刊	350.00		
	之四 週刊	500.00		
	之五 章程	540.00		
第二節	体育	800.00		
〃三〃	演講	100.00		
第六項	校具及什項設備			622.00
第一目	電話		502.00	
〃二〃	自衛像		120.00	

249

-8-

第四款 特別費			24,320.00
第一項	助学及工讀金		5,400.00
第二項	獎学金——理学院		3,920.00
第一目	生物学系	1,680.00	
〃二〃	化学系	1,400.00	
〃三〃	物理学系	840.00	
第四項	債務		10,000.00
第五項	預備金		5,000.00
第五款 事業費			11,593.00
第一項	農場		2,507.00
〃二〃	中山分場		3,000.00
〃三〃	欖樹試驗		410.00
〃四〃	自然博物採集所		1,800.00
〃五〃	植物館		1,900.00
第一目	植物標本室	1,300.00	
〃二〃	經濟植物室	600.00	
第六項	社会調查		200.00
〃七〃	南大銀行		1,776.00

附録

收入之部					$55,437.00
特一款		南大書店			1,735.00
特二款		農場			30,307.00
一項		農藝		1,450.00	
	一目	稻作	800.00		
	二目	甘蔗	400.00		
	三目	鮮果製造	250.00		
二項		園藝		6,720.00	
	一目	花部	920.00		
	二目	菓〃	2,500.00		
	三目	苗圃	800.00		
	四目	蔬菜	1,700.00		
	五目	種籽	800.00		
三項		畜牧		19,580.00	
	一目	乳牛	3,740.00		
	二目	豬	700.00		
	三目	家禽	900.00		
	四目	乳產品	14,240.00		
四項		樟橡		50.00	
五項		學校補助		2,507.00	
特三款		水電			20,939.00
一項		收入		5,360.00	
	一目	電力	4,400.00		
	二目	水費	960.00		
二項		學校補助		15,579.00	
特四款		電話			2,456.00
一項		收入		800.00	
二項		學校補助		1,656.00	

251

支出之部					$55,437.00
特一款	南大書店				1,735.00
一項	薪津			1,550.00	
二項	辦公費			185.00	
特二款	農場				30,307.00
一項	農藝			1,450.00	
一目		稻作	800.00		
二目		甘蔗	400.00		
三目		罐頭製造	250.00		
二項	園藝			7,580.00	
一目		花部	1,020.00		
二目		果〃	2,800.00		
三目		苗圃	960.00		
四目		蔬菜	2,000.00		
五目		種籽	800.00		
三項	畜牧			20,782.00	
一目		乳牛	4,042.00		
二目		豬	1,208.00		
三目		家禽	1,292.00		
四目		乳產品	14,240.00		
四項	檸檬			495.00	
特三款	水電				20,939.00
一項	水電機廠			16,839.00	
二項	電線修理			1,600.00	
三項	潔具及喉修理			800.00	
四項	飲料及熱水			1,500.00	
五項	清潔用具			200.00	
特四款	電話				2,456.00

(二) 上月份各教職員工應領薪數目表

252

教員薪俸	18157.50元（~~19,082.00~~）
文理學院	7560（~~8308.00~~）
農學院	2725.00
工學院	1380.00
附屬中學	3987.50
附屬華僑班	1425（~~1548.00~~）
附屬小學	1080.00

職員薪俸	9048.00元
校董會	50.00
校長辦公室	1221.00
教務長室	300.00
事務長室	270.00
註冊室	225.00
訓育委員會	225.00
女學監室	230（~~4[illegible].00~~）
圖書館	1290.00
博物館	90.00
護養院	655.00
會計室	266.00
庶務室	190.00
工務委員會	190.00
自然博物採集所	360.00

255

文理学院	150.00
農学院	480.00
工学院	450.00
附属中学	765.00
附属華僑班	606.00
附属小学	530.00
其他	505.00

工人工資　5,037.63元

警察　~~本校警察薪金係由公安局撥給~~

（二）上月份各教职员工警领薪数目表

类别	薪额
职教员	$27205-50
警	316-
工	4721-63
合计	$32243-13

备注：本校警察薪金係由公安局支给
上列警额係指本校稽查而言

私立岭南大学民国二十七年度兼办社会教育计划（1938）

1

私立岭南大学廿七年度兼办社会教育计划

（一）目标

本计划依据教育部颁「各级学校兼办社会教育办法」及参酌本校近况之环境需要与限制订定，其目的在化除学校与社会之界限而使社会成为教学与研究之范畴，学校成为社会教化之中心。

（二）组织

由校长就教职员中指派九人组织社会教育推行委员会，隶属于教务处，主持本校兼办社会教育事宜。推行委员会分左列各组

2

一、社会调查组

二、民众教育组

三、农业推广组

四、战时救护组

每组设主任一人，副主任一人，主任由委员中推选兼任，组员若干人，

各组副主任遴选学生担任，组员由学生分别充任。

（三）事业

一、调查香港社会状况——由本校社会学系教授及该系学生调查香港人口，物产，文化，风俗，工业，商业，侨民生活状况，利用社会现实题材为教学的资料，供学生作社会问题之研究

3

六、調查香港兒童福利事業：由本校社会学系教授及該系学生進行調查香港兒童福利会社之種類、設備、宗旨、經費来源、主办人員等

三、編輯民衆讀物：文学院教育学系教授莊澤宣擬編民众字典一種，以基本字解釋一切普用字或罕用字

四、開放圖書館：本校藏書（圖書館）借用香港大学馮平山圖書館閱覽室，除到（付議）部開放以供民众閱覽

五、學術及宗教演講：本校文学院羅天樂教授分別在香港及澳門各中学舉行學術或宗教演講或精神講話

五

五、参加救济难童工作——广东妇女慰劳会战时难童保育院收容广东被难儿童在香港新界粉岭设院教养，此项难童年龄由一岁至十四岁，需要教育甚殷，本校社会系学生参加教育该院难童工作。

七、协助战时青年农艺院——本校社会系学生协助广东妇女慰劳会举办「战时青年农艺院」收容抗战将士及救亡工作人员之儿女（十四岁至二十岁）或来自农村之失学贫苦青年，教以护士护病等农业工艺等技能，使回到农村增加生产，充实抗战力量。院址设在香港新界。

八、举办种植救济难民——本校为救济被难农民拟申種香山華僑團體合作利用該埠優良農產種苗以改良農業生產。援助難民組織委員會負責辦理耕墾工作，經費由香山華僑捐助。(一)與難民營合作設施難民農業實驗區；(二)分發種籽與難民，俾其回鄉種植；(三)組織技術人員巡迴到各難民區視察并指導農民耕植。

九、推廣防毒常識——本校化學系負責編印防毒常識小册子分送廣州各商公共機關團體及各學校。

十、研究防空建築——本校工科負責研究防空建築，搜集防空建築圖書并參酌事實作防空建築之研究。

十、战时救护工作——本校孙逸仙博士纪念医学院院长黄雯率领五六年级一部份学生，以广州万国红十字会名义前赴韶关曲江从事救护伤兵难民工作

十二、办理战时卫生——本校附属博济医院由外国教授嘉惠霖医生以广州万国红十字会名义办理战时医药卫生事宜

十三、办理难民区工作——本校原校址难民区由本校面校外国教职员主持办理，收容难民多至七千余人，除供给衣食住外，并训练难民筹备暨及教育难童识字书信各机构团体多有捐款资助

7

（四）经费

本计划事业所需经费除第六第七第十一第十二等项均由各校主办机关负担第八第十三等项均有专款外其余各项预算用费无多均由本校经常费项下撙节拨用

H15

抗戰中本校史蹟——「廣州至香港」經過

盧子葵

溯自抗戰軍興，寇氛所播，循北南移，計由蘆溝橋事變以迄廣州失陷，歷時十四閱月有奇，在此風雨飄搖的當中，我校動態若何，諒為一般關心人士所欲悉，茲篇所紀，雖屬明日黃花，聊供搜集戰時教育史料者之採擇云爾。

(一)民廿六年度上學期——在本學期未開課前，我國抗戰局面，已隨着「七七」而開展，八月廿一日廣州遭受敵人第一次空襲後社會人心益為動盪，我校丁此時艱，為維護學生學業及推動戰時教育計，毅然於九月中旬照常開課，並有如下措施：其時鍾前校長榮光在港休養，校長職務由訓育委員會主席胡繼賢兼代。

教務方面：（教務長許湞陽）各學系開設戰時科目：如戰時經濟、毒氣研究、國防地理等，各科目充分搜集抗戰教材，最初數週間，每遇警報，即自動疏散，嗣以司空見慣，警報時亦繼續上課。

訓導方面：（訓委會主席胡繼賢）注重抗戰精神訓練，加強軍事管理，注重男生軍訓及女生看護救急訓練，頒佈警報時員生疏散規則。

事務方面：（事務長陳廷愷）積極舉辦防空設備：校內重要建築物，如格蘭堂、科學館、工學院、張弼士堂、男女生宿舍等均堆置沙包裝設警報訊號，晚間施行燈火管制，圖書館燈光之遮蔽更有嚴密之裝置，俾學生在夜襲警報中仍可自修，又以本校水塔高峙，目標頗大，乃於塔頂塗以防空顏色，醫院增設救傷設備。

附校方面：（附中主任楊重光）本校附設中學經校務會議之決議學期遷至香港青山梁園開課，附設小學（附小主任麥應基）則仍在校內舉辦，嗣因學生人數過少，至該學期底結束停辦。

是年十二月李代校長應林回校主持校務。

（二）民廿六年度下學期——本學期奉部令開設戰時鄉村服務科目三學分，凡文商科學生必須修習，組織本校戰時鄉村服務團，團長由曾昭森教授担任，分作十餘隊，每週出發河南各鄉，辦理戰時服務工作：如貼壁報、演講、演劇、音樂、協助農作等，灌輸抗戰常識，提高抗戰情緒，收效至宏。此外教務、訓導、事務各方面情形，大致與上學期相同

是年文理學院院長許湞陽，農學院院長古桂芬，工學院院長李權亨

醫學院院長黃雯

(三)在香港招考新生——本校以廣州頻受空襲，投考新生來往不便，乃在香港舉行新生入學試驗，假座于德道諸英中學為試場，考生三百餘人

考期：六月廿八至三十日，共三天，七月二日放榜，取錄一六六名

(四)民廿七年暑期班：

1317

七月第一期暑期班（七月十日至八月十日）在香港借用港大校址舉辦，班主任富倫博士，副主任盧子葵教授，以鍾樓為辦公廳，平山圖書館為學生自修場所，課室在鍾樓及中文學院，教員十四人，學生二二六人，開設十四科目。

八月第二期暑期班，則在康樂原校址舉辦，班主任黃翠鳳教授。

（五）民廿七年度上學期——本學期於九月中旬開始，其時戰區蔓延日廣，華北華中各大學生轉學或借讀於本校者，絡繹不絕，因之學生人數激增（全校約八百餘人），為戰前所僅見。（本學期文理學院以為文學院、理工合併為理工學院，農醫兩學院仍舊。）校內行政人員，亦略有更動——教務長朱有光、訓育委員會主席李校長兼、事務長李標義兼、文學院々長莊澤宣、理工學院々長富倫、農學院々長古桂芬、醫學院代院長林樹模。

(六)集中軍訓

本學期開學未幾，全省高中以上男女學生奉令集中軍訓，男生集中石牌中山大學，女生集中本校，並定十月十日為開始訓練之期，詎甫越數天，時局已日趨緊張，遂告解散，而本校在石牌受訓之學生亦由朱教務長領回本校。

(七)疏散情形

十月十二日敵在大鵬灣登陸，警耗傳來，本校即組織疏散委員會，作萬一準備，十二日即將女生及教職員眷屬先行疏散，隨於翌日宣佈停課，自由疏散，是日虎门河道經已封鎖，學生擬赴港澳者須繞道石岐，其时政府有限制壯丁出口之禁令，故對於男

L418

生之疏散，須給予証明書，以利通行。辦理疏散完畢，最後一批教職員由李校長率領於十八日離校，全行者有朱有光、謝昭杰、謝廷玉、鄭蘭棠、盧子葵、徐康寧、路考活等十餘人乘本校電船至石岐，由縣府代雇汽車以達澳门，廣州校產交由美基会接管。廿一日廣州淪陷。

(八)香港復課　民廿七年十月底，校中各部主管人員(及大部份学生)咸集香港，乃在香港永安銀行設立籌備復課辦事處，旋商得香港大學同意於十一月十四日借用其校舍在港復課。

1939年

《岭南大学校报》港刊第七期报道：拟举办种植救济难民 与檀香山华侨团体合作（1939-01-16）

嶺南大學校刊　第五版　35

校·聞

第三次校務會議紀錄

日期：廿八年一月七日上午十時

地點：教職員休息室

出席者：李應林　朱有光．謝昭杰　莊澤宣
吳重翰　趙恩賜　黃翠鳳　盧子葵
陳心陶　羅天樂　路考活　孔憲保
黃郁文　楊重光　陳任才　曾昭森
馮秉銓　林樹模　李沛文

主席：李應林　紀錄：謝昭杰

(甲)宣讀上次會議紀錄　衆認可

(乙)報告事項

(一)朱教務長報告：現租賃張園爲農學院及本校其他部份校舍。並向港大借用地方爲實驗室。

(二)李校長報告：第三次全國教育會議，將於本年三月一日在重慶開會，本人擬往出席。

(三)李校長報告：去年七八九三月份教育部補助費，校長已接令知：照發。

(四)朱教務長報告：中華教育文化基金董事會補助本校經費，現接該會通知，可照發定比率發外滙，爲購買外國儀器之用。尚餘美金二千四百餘元。

(五)朱教務長報告：現奉教育部令知，大學教員研究問題，須研究國家建設之實際問題。

(六)朱教務長報告：現奉教育部令催呈繳兼辦社會教育計劃。

(七)朱教務長報告：鄭雨泉紀念果樹園藝留美獎學金修正辦法：即補助金增加，除原有美金五百元外，並加給學費。

(八)李校長報告：西貢分校籌備情形。

(九)李校長報告：去年十二月份校董會常會各議決案。

(丙)討論事項

(一)體育課外生活應否設案。

議決：原則接受。但學分自由參加。預算俟註冊後再定。

(二)工科實驗費因實在情形有變更征收辦法之必要，應如何辦理案。

議決：不收普通實驗費。另按照理科辦法，按科征收實驗費。

(三)醫科四年級生因在港大借讀，應如何收費案。

議決：每學分每學期收費四元。另實驗費十元。全部移交港大。

文理兩院各學系討論各系科目草案

大學文，理，法，農，工，商各學院分院共同必修科目表，前經教育部先後制定頒發施行。各學院各系必修及選修科目，亦經敎育部聘請專家擬具草案，及分請各專家予以審查。惟以茲事體大，不厭求詳，特將該項科目草案及審查意見，令發各校院轉發各該系主任，召集全系教講師，開會討論簽復．本校先後奉到敎部令發文理兩學院各學系必修選修科目草案及各專家審查意見，飭詳細簽註意見，於半月內呈復。本校經即分別轉發各該系主任召集全系教授及講師，就原草案及審查意見開會討論完畢，簽註意見，呈復敎部彙辦。

全增嘏博士演講

『抗戰時期之文化事業』

本週(一月十八日星期三)週會，請全增嘏先生演講．題爲「抗戰時期之文化事業」。全先生畢業於北平國立清華大學，旋赴美國哈佛大學留學，得哲學博士學位．回國後歷任大夏大學教授，現任天下月刊(英文)編輯。著述豐富，於文化事業貢獻良多。此次來校演講，對于抗戰時期文化事業問題，當有不少偉論發揮，希各同學踴躍赴會聽講。

理科實驗室開始設置

本校籌設理科實驗室，因未覓得適當房屋，現承香港大學慨將水力試驗廠內撥借一部份地方，爲設置化學試驗室之用。刻已裝置水喉煤氣，不日即可使用。按本校遷港復課以來，迭蒙港大當局協助，借用校舍及圖書館工科實驗室等。此次復蒙借地設置理科實驗室，盛情尤足感謝。

施行學生體格檢驗

本校對於學生健康，素極注重，規定每年舉行學生體格檢驗一次。現本校定於本月二十日(星期日起)至廿八日(星期六)止，每日上午十時至十二時，在西邊街四十二號三樓校醫辦事處，由校醫施行學生體格檢驗。此次檢驗，以新生爲限，舊生遲日再行辦理。至檢驗學生名表，俟編定後公布。

擬舉辦種植救濟難民

與檀香山華僑團體合作

救濟災區難民，爲我國戰時六大政綱之一。此項難民救濟工作，海外與海內同胞及友邦人士，皆極熱心。本校有見及此，除在深圳難民營設施農事實驗區．指導難民種植外；更承檀香山華僑團體之委託，擬運用該埠之優良農產種苗，舉辦救濟難民耕植事業，希望從救濟目標上對于農業生產能加以改進。昨李校長特召集農學院長古桂芬等開會討論，擬定工作分爲三種：(一)與難民營合作設施難民實驗區．(二)分發種子與災區難民．(三)組織技術人員任各施種區巡廻指導。進行事宜，將由本校組織委員會辦理，並敦請農業技術人員担任之。現正擬就計劃，與檀香山華僑團體接洽，一俟協商妥當，即着手進行。

校聞縮輯

▲本校於本月十五日(星期日)下午三時，假座女青年召開各學院教員聯席會議。

▲洛氏基金委員會，補助本校生物學研究生二名，廿七年度補助金經已滙到。

《岭南大学校报》港刊第十三期报道：本校概况报告（一）（1939-03-06）

中華民國二十八年三月六日（星期一）出版　　第一版　67

嶺南大學校報

港刊第十三期

私立嶺南大學書記室編印

本校概況報告（一）

—民廿七年九月至廿八年二月—

本校因華南戰事影響，遷港復課，已有數月。關心本校之各界人士，常以本校現況及進行情形見問，爰將本年度上學期辦理經過，撮要紀錄如后：

（一）遷移經過

自抗戰發生，廣州雖不時遭敵機空襲，惟本校仍照常上課，廿七年度於九月十九日開始，當時情況甚佳。各學院學生人數共六百七十人，為本校大學部有史以來之最高紀錄，倘無戰事影響，則本年度實為本校發展之良好機會。不料十月十二日敵人在大亞灣登陸，華南戰事遂告發生。當本校接到訊息時，即暫行停課，疏散員生。員生疏散完畢後，本校行政當局，乃按照校董會民國十六年與美國基金委員會所訂合約（該合約內中條文規定：嶺南大學產業，每年由校董會以一元租金向美基會租用，訂明如因環境變遷，校董會不能在原校址辦理嶺南大學時，其校產應即歸還美基會），於十月十七日正式將校產歸還美基會，本校行政人員於十八日撤退。本校廣州原校址，十九日起改懸美國旗。廣州于十月廿一日失陷，當時本校附近尚無大戰事，同時日軍入城後，承認本校廣州校產為美人所有權，故無騷擾。一切校產毫無損失，所有校內留守人員，與屋宇圖書儀器種種，皆幸安全。

我國軍隊及政府撤離廣州後，難民紛紛逃避入校，本校留守人員分別收容，被收難民以婦孺老弱為多。於是本校原校址遂成為難民區，為廣州數難民區之一，隸屬於國際難民區委員會管理。國際難民區委員會主席，即本校美國基金委員會代表香雅各博士。本校難民區收容難民最多時，達七千餘人，現已減至二千五百人左右。

（二）在港復課

本校行政人員，離去廣州，繞道石岐澳門，於十月十九日到達香港。研究當時情形，以在港復課為最有可能。因思香港大學與本校素來友善，乃即與港大接洽商借校舍，結果港大當局慨將校舍借用，本校遂決定在港復課。或謂本校何以要在港復課，其主要理由有四：

一・本校學生家庭在港居住者，佔百份之七十五。在平時學生家長，或有親戚在港居住者，已有半數，戰事發生後遷港者更多。本校如遷內地復課，學生究有多小隨同前往，自成問題。本校乃私立大學，須與學生家長有密切聯絡，倘遷入內地，不免失去大部學生，不但財政發生問題，而學校性質亦大為變更。

二・本校西教職員係由美國基金委員會捐助，為學校之重要份子，本校若遷入內地，西教職員不一定能同行。如在港復課即可與美基會維持此關係。西教職員一部份在港服務，一部份在廣州原校址留守。

（過第六版）

校址：廣州河南康樂　　香港辦事處：般咸道香港大學鐘樓電話二五二七七

169-1

（接第一版）

三・香港大學慨借校舍，是舍有特殊意義，與本校國際背景甚爲脗合。借用港大校舍可即復課，如遷入內地恐物色校址，亦非有數月時間不辦。因是覺得從速復課，維持員生事業學業，實非常重要。

四・廣州淪陷後，許多專科以上學校，或遷入內地，或宣告停辦。而華南區有不少青年，因種種關係不能入內地求學，須有一辦理完善之私立大學以收容之。如本校不盡此責任，則他校亦將爲之耳。

（三）借用港大校舍及設備範圍

本校借用香港大學校舍，及設備範圍如下：

一・辦公室及貯物室各一間。

二・大小課室共十四間，一部在鐘樓，一部在中文學院。借用時間多數在下午五時半至九時半，但亦有小數由下午二時半起可用。

三・西文圖書館，教職員可隨時入內閱覽，學生則每日下午可入內閱覽。

四・馮平山中文圖書館，員生均可隨時入內閱覽。

五・馮平山中文圖書館，指定兩閱覽室爲本校陳列參攷書。開館時間特別延長至晚間九時半，專爲本校學生之用。

六・工科實驗室設備，本學期借用繪圖室及電氣工程實驗室。

七・水力廠撥借一部份地方，爲本校自設化學實驗室。

八・生物學實驗室，借與本校生物學系兩高級學科使用。

九・大禮堂，每星期三日借與本校舉行週會。

十・學生會會所（圖書室及茶室）及女生休息室，借與本校員生使用。

（四）復課辦法

根據借用港大校舍及設備，本校復課辦法如下：

一・文學院理工學院全體學生，及農學院一年級醫學院一二三年級學生，於廿七年十一月十四日在港大復課。

二・農學院二三四年級學生，於十一月十六日在新界淞園復課，租樓二座及耕地供學生上課住宿實習之用，至本年一月遷至新界張園。該處地方多，且有果樹豬屋鷄屋鴿巢菜園等。

三・醫學院四年級學生，於十二月十五日起在香港大學借讀，與港大醫科學生在瑪麗醫院上課。

四・醫學院五六年級學生，一部份隨醫學院長往曲江辦理醫藥救濟事業。最近亦在曲江上課實習，其餘一部份學生往上海國立醫學院借讀及實習。

以上復課辦法，經呈奉教育部及廣東省政府核准。

（五）教職員

本校教職員在廣州疎散時，雖係各自行動，但本校遷抵香港，登報在港設立辦事處後，短時間內各教職員即相繼報到。計中國教職員除二三人外幾全部到港，西教職員亦有六人來港，計西洋語言文學系四人，農學院一人，歷史政治學系一人。其餘西教職員留守原校，辦理救護難民工作，將來難民漸告減少，則留守廣州原校之西教職員，亦可漸次來港服務。本校職員人數減少許多，由八十二人減爲三十人，其中有十八人兼任教學者。

（六）學生

本校於去年十一月十四日復課時，學生人數爲五百三十人，約爲在廣州九月時學生人數百份之八十。在本年一月舉行半學期考試，及第二次繳納學費後，學生人數減至四百六十八人。至其減少原因，約有四點：

一・有些學生家長於廣州撤退時來港，其後轉入內地工作，學生隨其家長遷入內地。

二・一部份借讀生，因得原校復課消息，返回原校。

三・有因感經濟困難，而轉學內地學校。

四・有些學生因程度輕差，經半學期攷試後，知不及格，自動退學。此種現像，每年皆有之。

現在學生人數仍比廿六年度在廣州時爲多。蓋所有學生皆爲通學生本校并無宿舍開設寄宿，在香港特別情形下，爲數百學生開辦寄宿幾可謂目前不可能者，尚幸大多數學生在港已有住所，只有男生約三十八人，因無適當住所，乃由本校助其在港大附近租賃兩樓以爲住所。由學生自行合作辦理。女生中只有三人無住所，現在港大附近女青年會住宿。

170

中華民國二十八年三月十三日（星期一）出版　第一版　73

嶺南大學校報

港刊第十四期

私立嶺南大學書記室編印

本校概況報告（二）

——民廿七年九月至廿八年二月——

（七）課程

本校在廣州去年九月開設學科，於十一月復課時繼續開設。在百餘種學科中，只有七八科學或因欠缺教員，或因選讀人數過少。不能繼續開設。各院系課程並不因在在港復課而致修改，教學自由與在廣州時同。

大部份演講係在下午五時半至九時半，亦有少數在下午二時半以後。所有實驗工作，在日間上午九時至下午五時爲之。每星期三日下午四時半至五時廿分在港大禮堂舉行週會，敦請校外人士作時事或學術演講，學生必須出席。

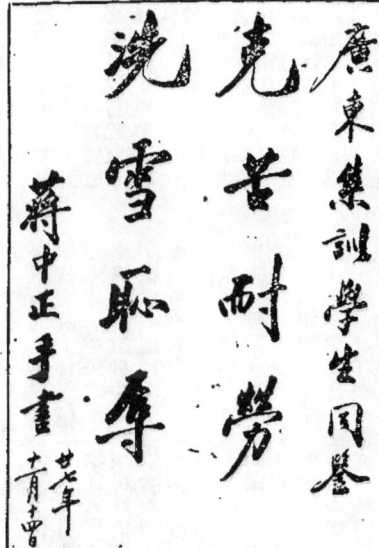

廣東集訓學生同鑒

克苦耐勞

洗雪恥辱

蔣中正手書

廿七年十一月十四

蔣委員長贈廣東集訓生訓詞

。在新界上課之農科學生，日間上課實習，與在廣州時無異。

（八）修正校曆

由於遷校停課之故，本年度校曆會加以修正。第一學期於廿八年三月十八日結束。第二學期於三月廿四日開始，至七月三十一日結束。

（九）圖書館

本校員生，除可在港大西文圖書館及馮平山中文圖書館閱覽外，另有本校參攷書藏貯馮平山圖書館。普通開放時間爲上午九時至下午五時，特別開放時間自五時至九時半，專爲本校員生之用。各科參攷書約有一千二百五十種，係由廣州原校運來，此後仍隨時添置。

原有各種雜誌，因經濟困難不能繼續定閱，故雜誌大爲減少。本來理科雜誌曾被公認爲全國理科雜誌藏書最完備之一，亦因經濟關係不能繼續定閱，殊屬可惜！所幸嶺南科學雜誌，每年與人交換，可得數百種，現嶺南科學雜誌仍繼續出版，由美國基金會資助。

校址：廣州河南康樂　·　香港辦事處：般咸道香港大學鐘樓電話二五二七七

（十）實習工作

各科實習工作分述如後

一・農科——在新界租地辦理。該處有果樹，雞屋，豬屋，鴿巢，菜園，耕地，爲各學生實習之用。另新界各農塲，可供研究及觀察。選習乳業學科學生，現在新界一牛乳塲實習。

二・工科——工科實習，幸得港大完備之試驗室。本學期借用繪圖室及電氣工程試驗室。此外並有戶外測量。第二學期希望可借用機械室，材料測驗室，及水力廠。

五・醫科——四年級學生借讀港大，在瑪麗醫院上臨床講義學科，該院爲一完備新式之公立醫院。

四・理科——（生理學化學物理學）實驗工作最難解決。港大本年度學生增加百份之五十，其原有理科實驗室求過於供，至夜間仍須上課，故除生物學兩高級學科人數較少可借爲實驗外，其他理科實驗室，則不能借用，本校必須自設實驗室・當復課時，凡讀理科學科學生，只註冊演講部份，實驗部份須俟實驗室開設後補行註冊。

開辦實驗室有兩種困難：（1）覓地址。（2）設備。本校經數週時間，四出找尋，始在堅道租得三層樓。其中兩層用作生物學及物理學試驗室，一層現作醫科臨床講義前學科實驗之用。至於化學實驗室，本校願出較高租金，仍找不到一個願將其層宇租作此用之房東。幸而港大幫忙，在水力廠撥出兩房間，爲本校設置化學實驗室。其中大房間裝水喉煤氣，及實驗桌，小房間用作儀器貯藏室。

理工科儀器，由原校址運來不少，共値港幣一萬二千五百元以上。惟因驗運限制，每次只能運來少許，故須數週始能運竣。下學期應用儀器、亦須陸續增添，新購儀器自當直接寄港。理科實驗工作，在本學期半學期攷試後恢復。現每科實驗室設備，足供三十五人一組之用。大致使用每種儀器置位之學生人數，比從前增一倍。例如在廣州時，生物學實驗室每一學生用顯微鏡一副，而現在每二學生共用一副。各實驗室皆整日不停使用。

（十一）理科研究所

本校在廣州時，理科研究所分生物學，化學，物理學三部，每部均有開設學科。並頒發理碩士學位。生物學及化學兩部之設立，均經教育部承認。現理科研究所在港因設備欠缺，減少學科，只就環境所許，開設少數學科。對於研究學生所修必修課程，暫時不能全部開設。現計生物學部開設高級寄生蟲學一科，其實驗工作借香港屠塲實驗室舉行。本年度並得維氏基金團捐助生物學研究生獎學金兩名，每名獎金五百元。化學部開設有機化學專趣研究，物理學部本學期暫不開設學科。

（十二）農業改進

本校農學院植物生產學系園藝組，對於柑橘繁殖，素所注重。前承潮陽鄭氏捐獎學金一千元，指定爲大學本科學生研究果樹園藝學額。本年度更蒙捐設鄭雨泉紀念果樹園藝留美獎學金，其目的在深造柑橘類果樹園藝專門人才。注重病害，虫害，土壤，加工，運銷五種科目。預定每門訓練一名，分期考送。關於此項獎學金一切事宜，當由本校指定人員，組織委員會，以資辦理。本年度第一屆招考（1）柑橘加工（2）果品運銷各一名。獎學金額規定每名每年美金五百元（學費另給旅費自備）。留美學校指定爲美國加利福尼亞大學研究院。如成績優良者，得連獎兩年。投考資格，須爲本校或金陵大學，中央大學，浙江大學，中山大學，民廿三・廿四・廿五年度農科畢業男生，並須在農業界有一年以上服務經驗者。此次招考，由本校組織考試委員會辦理，經於本年二月一日至三日分別在香港本校辦事處及上海嶺南分校舉行筆試，合格者三人。再於三月一二兩日在本校舉行口試，及體格檢驗，以定取錄。取錄後，須先到潮汕考察兩個月，每人支給旅費國幣一百元。約本年五月中旬由港出國。受獎人於學成回國後，獎學金委員會得指定在本校柑橘試驗塲任職，或薦任相當工作，受獎人有至少受職兩年之義務。

廣東潮屬柑橘，爲重要農產之一，其利至溥。惜以農民多墨守成法，不事改良，至產量未能發達。本校爲改良柑橘品種，促進生產，年前特在潮州設立柑橘研究所，從事研究改良柑橘工作。治標治本，兼程并進。治標方面：以防侵襲枝葉果實之害虫爲對象。經一年之試驗，已獲得優良有效之方法，以防除流行最廣爲害最大之黑星病及綠蚤虱甲虫。本年更在潮安縣溪頭下厝鄉設立柑橘試驗塲，隸屬于於農學院植物生產學系園藝組，本純學術研究精神，以改良柑橘爲宗旨。該塲經費，由汕頭柑橘・生產合作社柑橘研究經費管理委員會捐助國幣一萬元，塲內一部份職員薪金，則由本校補助。

本校中山縣經濟作物農塲，開設有年，頗著成績。現該地雖毘連戰區，而該塲仍照常辦理。此外本校對於農業改進，均悉力以赴。農學院在新界復課以來，舉凡農業研究工作與發展計劃，得不以環境變遷而鬆懈。植物生產學系教授高秉甫，前在廣州本校主理經濟植物繁殖塲，將外國經濟植物輸入我國加以檢查及繁殖，其與我國風土氣候相習者，分寄國內各農業機關推廣。此項工作，獲得羅氏基金團補助費，現仍繼續推進。

（十三）專門研究

本校遷港後，設備雖不如昔日之完善，惟素有研究興趣之教員，在此情形之下，仍不斷作研究工作。此種工作，不但有本身價值，且足以增加學術空氣，使教學內容更加充實。最近調查，本校教員作實際問題研究者有如下表。純粹理科研究工作尚不在內。

研究者	職別	問題
高魯甫	植物生產學系教授	外國經濟植物之輸入及其與我國風土氣候之相習
莫古黎	生物學系教授	（一）工業用中國竹之力的研究（二）華南竹的培植法（三）荒山植竹的研究
趙恩賜	化學系教授	化驗中國出產的食物
陳心陶	生物系教授兼主任	人體寄生虫之生活史及其防治法
莊宜澤	教育學教授	社會組織與教育
蔣鵾	藥理學教授	中醫藥物總檢討
古桂芬	農學院教授兼院長	香港新界主要農產製造研究
伍銳麟	社會學教授	香港政治經濟及社會組織的調查
李沛文	植物生產學系教授兼主任	廣東潮屬主要柑橘之品種改良
李德銓	園藝學教授	萊菔品種之研究
邵堯年	農藝學教授	（一）荔枝生產豐凶與氣候關係（二）白欖品種與收採時期對於含有單寧酸多少之關係
曾昭森	教育學教授	香港教育制度之研究
黃郁文	工程學教授	煤屑與炭屑之利用
卞柏年	化學系教授	油脂類之高溫作用及內燃機之燃料研究
馮秉銓	物理學副教授	無線電鎖連振盪之研究
吳重翰	中國語言文學系副教授	雜劇與奇傳之研究
陳玉符	歷史政治學系副教授	日本外交史
曾呈奎	生物系副教授	中國經濟海藻之調查及研究
黃翠鳳	社會學副教授	戰時社會服務行政之研究
鄭慶端	生物學系副教授	（一）中國蚜虫之調查與研究（二）家畜體外寄生虫及其防治之研究
譚春霖	政治學系副教授	戰時行政問題
林金意	植物生產學系副教授	農作物營養實施方法
何格恩	中國語言文學系講師	蠻族史料研究
高永譽	土木工程學系講師	戰時須迅速建築之臨時工程與迅速結洋灰
葉福安	土木工程學系講師	避水三合土與地下室牆壁

（十四）兼辦社會教育

遷港復課後，參酌環境之限制與需要，兼辦社會教育。下列各事業，分由員生合辦。

一．調查香港社會狀況——由本校社會學教授及該科學生調查香港人口，物產，文化，風俗，工業，商業，僑民生活狀況。利用社會現實題材，爲教學資料，供學生作社會問題之研究。

二．調查香港兒童福利事業——由本校社會學教授及該科學生，進行調查香港兒童福利會社之種類，設備，容納，經費來源，主辦人員等。

三．編輯民衆讀物——文學院教育學教授莊澤宣，擬編民衆字典一種，以基本字解釋一切備用字或罕用字。

四．開放圖書館——本校圖書館藏書，借用香港大學馮平山圖書館東閱覽室陳列。什誌部份開放，以供民衆閱覽。

五．學術及宗教演講——本校文學院雜天樂教授，分別在香港及澳門各中學舉行學術演講，或精神講話。

六．參加教育難童工作——廣東婦女慰勞分會主辦之難童保育院，收容廣東省被難兒童，在香港新界粉嶺設院教養，此項難童，年齡由一歲至十四歲，需要教育甚殷。本校社會學員生參加教育該院難童工作。

七．協助戰時青年農藝院——本校社會學員生，協助廣東婦女慰勞分會舉辦「戰時青年農藝院」，收容抗戰將士及救亡工作人員之兒女（十四歲至二十歲），或來自農村之失學貧苦青年，採工讀辦法，教以農業工藝技能，使回到農村，增加生產，充實抗戰力量。院址設於香港新界。

八．舉辦種植救濟難民——本校爲救濟被難農民，與檀香山華僑團體合作，利用該埠優良農產種苗，以農業生產救濟難民。組織委員會，負責辦理。經費請檀香山華僑捐助，擬定工作：（一）興辦難民營合作設施難民農業實驗區。（二）分發種子與難民，供其回鄉種

1715.1

植。（三）組織技術人員巡迴到各實施區視察，并指導農民耕植。

九．宣傳防毒常識——本校化學系員生，編印防毒常識小冊子，分送廣東全省各公共機關團體及學校。

十．研究防空建築——本校工科員生，為研究防空建築，搜集歐美防空建築圖書，并參酌事實，作防空建築之研究。

十一．戰時救護工作——本校孫逸仙博士紀念醫學院院長黃雯，率領五六年級一部分學生，以廣州萬國紅十字會名義，前赴廣東曲江，從事救護傷兵難民工作。

十二．辦理戰時衛生——本校附屬博濟醫院，由外國教授嘉惠霖醫生，以廣州萬國紅十字會名義，辦理戰時醫藥衛生事宜。

十三．辦理難民區工作——本校原校址難民區，由本校留校外國教職員主持辦理，收容難民多至七千餘人。除供給衣食住外，并訓練難民築路，墾荒，及教育難童識字，香港各機關團體多有捐款資助。

（十五）體育

體育訓練，本校向所注意，定為每年級男女生必修科。現在港因設備欠缺，不能繼續以前體育訓練辦法。惟學生因無宿舍，對於有益身心之生活較少，恢復體育訓練，實為必要。故本學期體育訓練，略為擴充。內容包括：（1）旅行及參觀。（2）健身室運動及球類。（3）各種體育測驗。每星期租用青年會健身室八小時，為訓練場所。而香港及九龍各名勝，則成為學生遠足旅行之對象。此項運動，多在上午或星期日舉行，因下午及晚間均須上課。游泳時間快到，現正籌備建築游泳棚一座，以供員生夏季游泳之用。

（十六）宗教生活與個人指導

每星期五下午五時在港大對面聖約翰宿舍之禮堂舉行半小時晚禱會，學生自由參加。現正鼓勵學生組織基督教團契。本校員生雖無共同住宿地方，但仍設法使員生間多得接觸。素來開辦之導師制，亦擬於下學期加以改善，積極推行。

（十七）經濟

自遷港後，本校經濟狀況改變，故本年度預算曾經修改。各部支出均盡力撙節，尤其是事務經費特別減省。倘幸教育部及廣東省政府補助費仍能按期繼續發給。雖則補助費係國幣，兌換港幣僅得半數，然對於本校財政已有不少幫助，同時予本校精神上莫大鼓勵。本年度不敷之數約為二萬六千元，中華教育文化基金董事會本年度補助本校理科設備費及臨時費國幣一萬元，可謂極適應需要。尤其是上半年能按照法定比率支付美金，更能體貼戰時教育機關之困難。本校美國基金委員會，除維持西教職員及特殊事業經費外，對於本校普通經常費亦多所捐助，使本校能渡過戰時經濟難關。

在港復課，一切支出俱以港幣為本位，故征收學費亦隨之改為港幣。因學生全部通學，繳交學校費額比前減少。修金每學分四元，每學期什費二十元，醫金五元，平均每學生每學期約交九十七元。此數目在香港學校中并不算多，但仍有一部份學生感覺困難。本校與其一律減低學費，毋寧增加學額。現擬撥五千元為免費及半費學額，以資助比較清寒而學業成績優良之學生。

（十八）目前問題

當前要解決之問題甚多，比較重要者有三：

一．香港物價奇昂，港滙亦高，以致少數原有學生不能來港復課，或自動退學。而別處學生亦因此不能來港入學。教員生活困難，影響教學與研究工作。

二．欠缺學校共同生活。本校得港大慨借校舍，已屬難得之機會。學校能繼續存在，亦以有此機會耳。但若戰事非短期內可結束，則本校自不能不設法使員生同在一地上課住宿，俾可再有團體共同生活。對於研究學問培養人格均有裨益。

三．本校與內地建國事業，奮鬥精神，不免感覺隔膜，此乃最嚴重之問題！將來須設法使員生與內地建設事業發生密切關係，而感受此全國刻苦奮鬥之精神，對於抗戰建國大業盡相當之貢獻。

（完）

附註：本校附設中學，於廿六年度起呈奉廣東教育廳核准，遷移來港，在新界青山道梁園辦理。該部概況，另行報告。至附屬小學，則于廿七年度暫行停辦。

3七

廣東省抗戰以來所受損失調查表

（辛）教育類損失

民國二十七年六月起至廿七年[illegible]止

損失數 / 款別	校舍或教育機關公廠損失 間數 公立	間數 私立	價值 公立	價值 私立	儀器標本損失價值 公立	儀器標本損失價值 私立	圖書損失價值 公立	圖書損失價值 私立	用品及其他損失價值 公立	用品及其他損失價值 私立	因戰時影響失踪人數	備攷
私立嶺南大學		2		240元						620元	140人	廿七年六月間本校（廣州本校）農場被敵機轟炸一次，計燬壞工人住舍一間、養魚池一口，共值240元，及農產品多種：(一)檀香山菠蘿八百株400元，(二)三年生美國桃十七株170元，(三)三年生鷹嘴甜桃十一株50元，共值620元，合共損失860元

民國二十八年五月十八日 私立嶺南大學填報

廣東省政府秘書處統計室製

私立岭南大学民国二十七年度兼办社会教育报告（1939-05-26）

廿八.五.廿九

10

私立岭南大学廿七年度兼办社会教育报告

本校奉 令兼办社会教育業經依据 部颁「各级学校兼办社会教育办法」及参酌環境之需要与限制订定廿七年度兼办社会教育计劃呈奉 核准备案分别推行查该计劃係由廿七年八月起至廿八年七月止现奉 令知廿八年度兼办社会教育计劃应於廿八年十二月底止截前催缴廿七年度兼办社会教育情形擬具报告如下

(一) 本校迁港後课因感香港社会特殊与我国内

廿八、五、廿六 擬

地社会调查乃由社会系学生共十三人分组依
行香港社会调查，经十六星期之时间将香港
人口政治教育历史地理工商业慈善事业等经济状况
以及社会罪恶等分别调查完竣各项材料
现在整理中，将来以供学生作社会问题
研究及本校实验社会教育之参考
(二)香港儿童福利事业　因我国侨民甚大，本校
社会学教授与该科学生共二十人进行调查香
港儿童福利事业状况，计调查儿童福利事业
机关凡十处，调查所得各项

12

一、個案工作團体為香港僑發兒童会公立兒童健康院青年法庭及華民政務司處理婦女案件部等俱有顯著之成績足為本會個案工作之我國不可不借鏡

二、兒童撫育機關為天主教堂之育嬰院欠缺家庭生活為何兼顧兒童個性之發展亦應注意之問題

三、戰時兒童事業為兒童保育院及香港九龍難民營中之識字班辦理尚佳至新界及臨時難民營並有識字班之設惟設備過簡有待充實之

甚為多

只兼施職業訓練之教育機關為香港仔兒童工藝院及大埔農倪旅兒院等規模完備教育實際對于學生出路問題尚在研究中

（三）本校圖書館藏書（借用香港大學馮平山中文圖書館東閱覽室）陳列各雜誌印行開放供民眾閱覽計有中文雜誌一百一十二種西文雜誌一百二十四種日報十二種（內香港二種西報二種）晚報三種每日平均到室閱覽人數為二百九十六人

（四）本校文學院教授羅天樂分別在香港澳門各

14

中学及各社团举行学术或宗教演讲，民众听讲者甚众，共计於廿万人。

（五）战时防毒常识民众至感需要，本校化学系且有编印防毒常识小册子数千册，分送广东全省各机关团体学校，广为宣传。

（六）广东深圳难民营收容难民约二千人，本校派农学院教授林全惠前赴指导难民耕植，兴办水利，建筑水坝。又香港锦田难民营收容难民二千余人，就中挑选精壮难民五十人，由本校农学院员生协助冬期种菜及种植杂粮，其中以马铃薯为最有成

並大以英[illegible]

僅無款收護可三十餘位。

(七)本校孫逸仙博士紀念醫學院已長黃雯於廣州撤退時率領醫學院五六年級一部份學生連同廣州紅十字會前方服務團團員一百三十八人前赴韶關辦理救護傷兵與難民工作，在韶關借用英之學校為辦事處，派救護隊從連縣[illegible]服務。十一月間在英之醫學校設立臨時救護組[illegible]，同月始工作，內有病房八間，設床一百張，是月收容傷病者六百廿六人，四日廿六人，五日十九人，共留收容（收容病人每日）最多達七十三人，多由軍醫院轉來，因傷兵多系

醫師一人看護十三人赴桂林一技士八人看護在[illegible]公路醫院服務一醫師一看護在[illegible]學校

一隊……派技士八人[illegible]

英才書局製

16

三千人被遇轟者乃行收容，十月間割死者十七人，
內一人因患肺病施割致死。復赴連縣服務之救
護隊在英國長老會醫院工作，平時訓練當地
人士初級救傷法，遇有空襲時出動救護十
有餘回，服務救護即收容之傷兵，陸續遷出，繼
續收容傷病平民。在桂林之醫師技士看護等
因環境關係返回嶺南工作，在連縣之救護隊則仍
繼續服務救傷，現亦繼續辦理。十一月十四日應天
主教之請，派隊赴英德縣服務，由十四日至三十日
理病人六百七十八人，其中傷兵少數，小童在患卅及

博罗之役后与省政府卫生处合作派队前往
救护伤病军民共百三十九人并在石龙增设立
分诊所为该处唯一之医药机关救治不少病人
(八)本校医学院附属博济医院由外籍教授嘉惠霖医生
以所筹国币十六万元名义办理战时医药卫
生与宣传收容难民病者日千余至十七人

私立岭南大学为回粤慰劳团团员证明（1939-07-31）

私立嶺南大學文稿

事由：為證明本校慰勞團團員由

校長

教務長 朱有光

書記室主任

擬稿

繕校

歸卷 字第 號

廿八年七月卅日發 蔭字第424號

附件

茲有本校學生慰勞團團員十九人，回粵慰勞抗戰將士，暨為傷兵難民服務，并參加各種抗戰工作。沿途軍警，希查照放行。并希各軍政長官指導協助。合行發給證書，以資證明。須至證明者。

31

右係本校學生慰勞團進

校長李〇〇

計開慰勞團團員姓名（附照片）

鄧文寶、劉鈺、周少南　徐兆容

劉學源　香基協　余家豪　吳顯達

蕭啟康　何育民　黃鏡泉　邱樹聲

吳子能　鄧愉平　周宗球　謝寶樹

許寶熙　何松林　張丞烈

中華民國　　年　　月　　日第　　頁

私立岭南大学民国二十七年度教育学系概况（1939-08-31）

279

廿七年度教育学系概况

本校教育学系自廿　年度起已改为辅系多年。本年度开始以前已作恢复为主系之准备。泽宣承　校长之重聘为系主任，但经一年之努力，主系问题仍未解决。惟学年开始时新生入本系及他系转来者，均以本系为指名之人。计上学期在广州开课时四年级生本有二人，但迁港后此二人未复学。三年生则有五人，二年生有三人，共十一人。当时新学员一律恢复主系，已得当局同意，此十一人仍以本系为主系。下学期开学时四年生有一人回校，第三年生升入四年者二人，二年生除一人升三年级外，余二人离校，计共八人以本系为主系。任课者除泽宣外，上学期有曾昭森先生，下学期有朱有光、曾昭森二先生。计上学期开设学程有：教育概论、中国教育史、中等教育、教学法等门，下学期开设学程有：西洋教育史、乡村建设与乡村教育、教育心理、教育行政、初等教育、苏俄教育等门。四年生作论文者三人，一人在廿六年度早期已开始，二人本年度下学期开始，内二人由曾先生指导，一人由泽宣指导。

报告者　庄泽宣　廿八、八、卅一

279

私立嶺南大學 288
LINGNAN UNIVERSITY
HONG KONG OFFICE

HONG KONG UNIV. MAIN BLDG.
HONG KONG

TELEPHONE: 25277

農學院植物生產學系廿七年度工作報告書

系主任 李沛文 廿八年八月

遷校香港

廿七年十月廣州淪陷，本系隨同各院系在港復課，除一年級生在香港大學上課外，其他各級均在新界元朗學園術圃上課，廿八年一月後改遷至元朗藍地張園復業。

捐設鄭雨泉紀念果樹園藝獎學金

潮僑鄭氏鑒於果樹人才之缺乏，特捐設每年三百至五百元（当地通用幣）之獎學生兩名至三名，連獎四年。廿七年九月初次招生，計獲選者三名，報到者兩名。

指導難民種植

本系副教授林金亮先生（念七年秋由檀香山回國）捐得大量農用種子，由林教授監督指導分發於錦田難民營之難民，並指導其種植。林教授並參加深圳難民福利會，負責指導農業之規復及改善。

設立柑橘試驗場

本系多年來擬籌設之柑橘試驗場，自得汕頭柑橘產銷合作社允予捐助開辦費及經費國幣壹萬元後，已進展極速。念八年一月間經在潮陽縣下居鄉擇定場址，隨即闢園設場，並由校長委派本系系主任為代場長，王洪真先生為副場長，積極進行各種試驗工作。

續辦經濟植物徵集所

洛氏基金委員會及本校美國基金會本年度仍繼續補助本系之經濟植物徵集所，俾得在廣州校址繼續原有工作，並增聘職員駐港試驗及徵集。

288

考選鄭雨泉紀念果樹留美研究生

潮陽鄭氏捐設之果樹留美研究生學額，於念八年二月間考試，獲選者為本系舊生黃蘇強君（習果品運銷）及劉紹熾君（習果品加工），該兩生均經於廿八年八月出國。

保送中英庚款保管委員會科學助理

念八年初間，中英庚款保管委員會設置科學研究助理，本系保薦四人，獲選者三人，計張季清君、李鵬飛君、梁炳勝君。張君現留校助理果樹之研究試驗工作。

私立岭南大学体育部民国二十七年度工作报告（1939-08）

290

私立嶺南大學
LINGNAN UNIVERSITY
HONG KONG OFFICE
HONG KONG UNIV. MAIN BLDG.
HONG KONG
TELEPHONE: 25277

體育部廿七年度工作報告

本校廿七年度第一學期開學未幾，以時局影響不能在廣州原校址上課，乃遷移來港借用香港大學校舍復課，在港復課之始，因感無適當之運動場所可資使用，而學生又因無宿舍設備，缺乏共同生活，於是舉辦旅行及參觀以代替體育訓練，而充實學生生活，此項旅行或參觀每星期舉行數次。每次旅行時間以一小時為一堂，參觀時間以二小時為一堂，歷次旅行各地名勝及參觀各大工廠，學生甚感興趣，參觀者極為踴躍。其後另租用中華基督教青年會健身室為球類運動，以一小時為一堂計算，凡修體育之學生，例須每星期到課一次，至是本校體育訓練，漸臻充實。

私立嶺南大學
LINGNAN UNIVERSITY
HONG KONG OFFICE

HONG KONG UNIV. MAIN BLDG.
HONG KONG

TELEPHONE : 25277

#291

291

第二学期開始，除有一個半月仿照上学期旅行及參觀為名勝旅行或參觀外，并定由五月至七月為游泳季節，在北角中華游泳場内附設本校游泳處，以供学生游泳，規定每星期須到課一小時，綜計本年度第一学期選修体育学生共弍百八十七人，第二学期共四百八十三人。以上為本校部一年來工作概略，謹此報告

指導員 徐康寧

廿八年八月

林逸民关于请早日结束同学战时护校募捐运动给邝炳舜的函（1939-09-21）

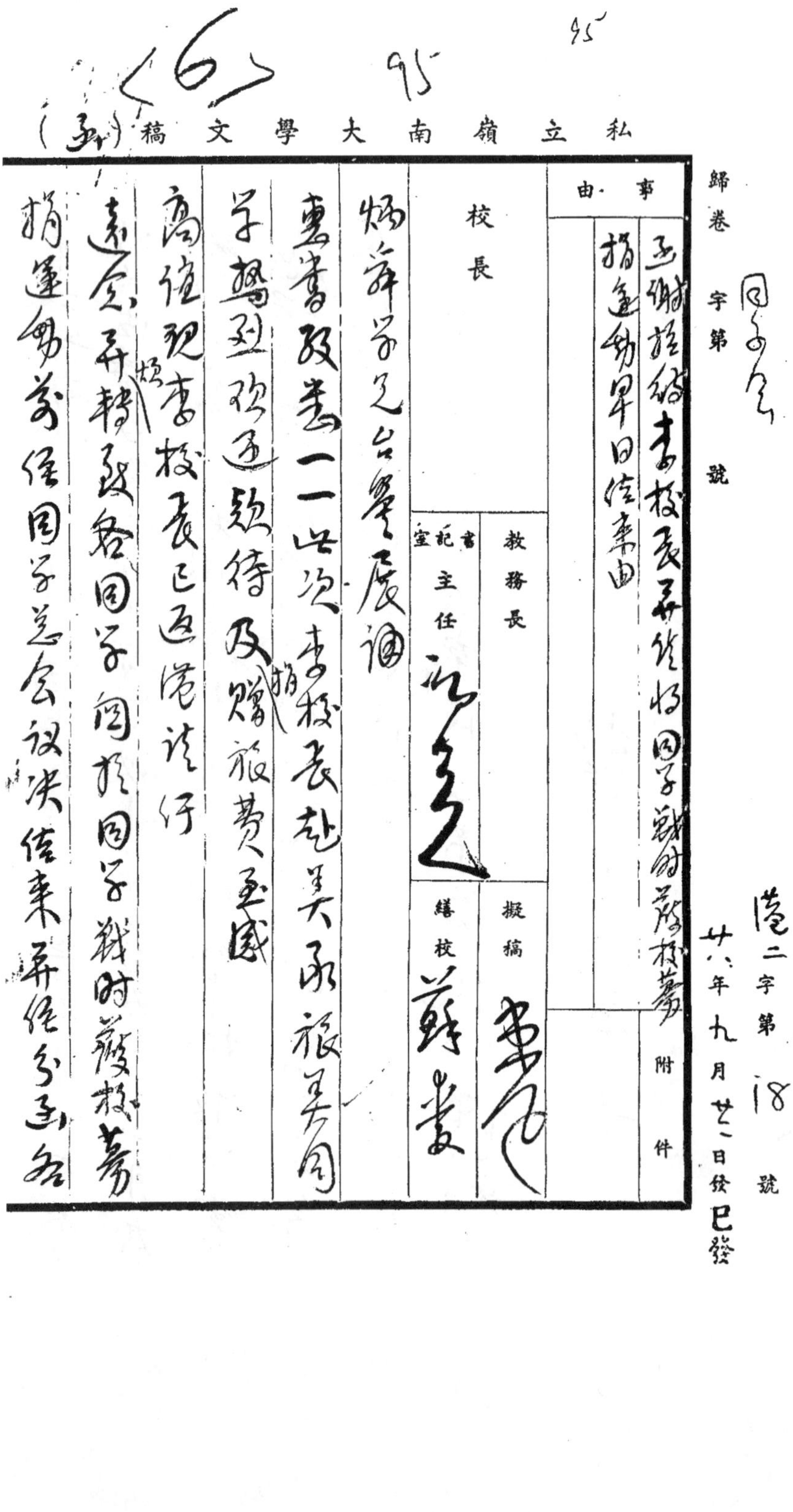
私立岭南大学文稿

事由：函谢校长赴美并请将同学战时护校募捐运动早日结束由

校长

教务长

书记室主任

拟稿

缮校

附件

归卷 字第 号

字第18号

廿八年九月廿一日发

已发

炳舜学兄台鉴：展诵惠书及卷一一照收。本校长赴美，承同学热烈欢送，致待及赠旅费，至感高谊。现本校长已返港，请仔远虑，并转致各同学，同护校募捐运动，并经同学总会议决结束，并经分函各

90.4

地急需此項運動因學辦理與
尊處此項工作至希早日將捐款人名連同
認捐名冊捐款等項一併擲下以清手續至祈
鑒照為此即頌
籌安

弟林逸民謹啟

中華民國廿八年九月廿一日第全頁

关于私立岭南大学迁至香港办学及支付M.C.Chen薪金等情的函（1939-10-04）

68

Oct. 4, 1939.

Mr. M.C. Chen,
229 East 14th St.
New York City, N.Y.
U. S. A.

Dear Mr. Chen:

It was a great pleasure to have seen you and your family again in New York recently. I got back to Hong Kong on Sept. 1.

The commencement exercises for 1938-39 were held in Hong Kong University on Sept. 16, when the degrees were conferred upon seventy-three graduates. The new academic year opened on Sept.8, with an enrollment of 530, which was about the same as that at the beginning of the last academic year. The Middle School opened on Sept. 6 at Castle Peak, and the enrollment up-to-date is 383, which is about fifteen students less than last year.

I am happy to state that the University will be able to pay you half salary in Hong Kong currency for 1939-40 so long as Lingnan continues to operate in Hong Kong.

Your salary is charged against the University budget, not the Middle School's. We shall arrange with Mr. Wannamaker for making the semi-annual payments to you. Though our financial conditions are very difficult, we are glad to offer this subsidy to help you finish up work for the degree at Columbia.

With best regards,

I am,
Sincerely yours,

Y.L. Lee

184

岭南大学教育政策初步研究

廿八年十一月十七日
特秘书送董会核定

本大学前称格致书院，后改称岭南学堂，创办时期远在一八九三年。念创办西教士等筚路蓝缕之年，继之以美国基金委员会历多年不懈之扶助，与国中热心教育当局之督导护持，华南人士之爱护，而能与本校之地位有不断之助力，故于四五十年来迭经困难，而一跃为有千三百四十学子之学府。民国十六年立案国籍，董事会接收自办以来，与美国基金委员会组织合作，策划与发展之初，有协力进行。抗战军兴，华南国难紧急，本校偏处南郊，所幸尚称安静，不能如其他沦陷区内之一般学府之能一迁再迁，来归于居留可恢复旧有自办精神，以本校教育基础之稳固，与国际之发扬，风波不摇，历危而定，遂得继续其在校生活下之危城，尊崇学统，为抗毕之激扬，继续吾国之侨外本校之设，为必要或最适宜时之论迄至何方亦足以持續及展進其學業，絕不虞有中斷之患也。

竊以為此後南大教育政策應本下列三大原則而推進：(1)培養足以擔任抗战建國學術研究及战後各方面建設工作之專門人才；(2)保持及發展本校素具之各種優點；(3)減少及補救過去不免之各種缺點。

本校對各方面所致卓越之貢獻，有如農科在華南素負盛譽，亦實不遜於國中任何同類學府。理科夙著佳譽於海外，其所刊之科學季刊，夙為中西學者所傳誦。商科開辦未久，而得突飛猛進之大多數學生。醫科之前身為 總理研習之地，傳承悠遠，可紀念之歷史。發展迅速，設備宏新。外國語文學系在英文教學法之新創，予中等教育以特殊貢獻。其他學科優點，不須瑣述。本校素主基督化人格陶冶，故學生身心多具優良之品性。教師與學生間情誼摯切，深

185
2

收學術感應之功。教育館之實驗圖書館管理頗周，閱讀普及，海內外新社捐贈書報甚多。體育場所及設備亦頗得學生之讚揚。參加華僑會所來讀書者與歲俱增。嶺南為國內各校以有外人大學部，歐美大學生與本校學生之交換留學，增進中西文化之交流，亦為本校特有之校益。本校有不少教員忠心耿耿，其忠愨非他學者所多覯。凡此皆足為吾人所宜稱道者。

顧本校亦有若干缺點，不容否認：為使各學院未能均衡發展，各學系未能同等健全。因經濟來源之劃分太清，若干學系不免因經費而受影響，而第一流教授太少，某些學系人事調動太多。學級過多，即學生大半來自富家，富生活程度提高，對貧僑學之處遂致日絀。因與社會大眾實際生活逐漸隔膜。思囿于一隅，或竟陷溺。嶺南開女子高等教育之先河，而無女教職員之可言。對華僚及華僑且可致其特殊貢獻，俾使學者之其他弱點亦尚不少。蓋國家絕對需要之機關，並非無謂鋪張者也。

檢討過去實驗室之成績，固可敘述嶺南之史跡，亦安能不屬此校發展之前途。蓋實驗室學科之多限于鮮(?)性，已徵驗其明效，例如物理系之無線電研究設備，為某西藥廠所驚嘆，並為國內首屈一指。故對於有此等系科儀器發展其特殊功能，或充分善用現有人材，或視需要而加聘教士，以推進研究工作，提高學術水準。對於指導發展之學系，不妨酌視經濟情形，量為收縮。其在學科如中英語文，則必需致力充實，以期畢業學生之學術可甚為學儲一般高才，而分別升學之青年中可設學額，以助其有成，甚或供給其畢業後之高深研究。

教學應注重實地研習，並深入民間，共同生活，俾認識社會真相，期學以致用，並免(?)之

186

政府及社会机关双方之发展。本校因地点关系，尤宜准备学生于毕业后能有助于华南及华侨生活与事业之改进。其他固有优点，自皆宜发扬而光大之。

本校过去在物质及精神上受美国基金委员会之扶植孔多。今后固愿其予以最大援手，如与校董商洽此项教育政策，尤望作整个的协助。所派教师在短期试聘后，了解在华长期留校，并以一部份捐款拨充奖额，以栽植好学而清寒之学生，则蒙择锡，校益欢矣。

委员 庄泽宣（主席）
李应林　司徒卫　古桂芬
谢扶雅　金瑞尧
朱有光　冯秉铨　黄延毓

广东省政府主席李汉魂致函感谢私立岭南大学慰劳团慰劳抗战战士（1939-11-28）

送校長

存

應林先生大鑒：頃接十月十六日

大札，藉悉

貴校學生慰勞團經已安然抵校，出慰。此次各團員到韶，以公務倥傯，招待未週，至深抱歉。迺承

齒及，益用慚愧。尚冀不遺在遠，時常

惠教，無任企禱。專復，並頌

教祺

李漢魂拜啓 十月廿八日

廣東省政府用箋

嶺南大學圖書館館務報告（民廿七年度）

281

圖書館館務報告（民廿七年度）

(一)引言

民廿七年九月，廣州雖在日機狂襲之下，本校仍在廣州照常上課，本館亦如常開館。迨十月十二日日軍在大亞灣登陸，進攻廣州，本校以廣州淪入戰區，乃決定遷移來港，本館遂於十月十五日完全關閉，並托美基金委員會梁敬敦（Dr. Laird）教授暫行保管在省圖書，並留在館服務十餘年之徐興君助理一切。十一月十四日，本校在港借香港大學校舍復課，本館則借港大馮平山圖書館二樓東閱覽室為館舍。十一月底由香雅各博士（Dr. T. M. Henry）在省帶來教員參攷書二百餘册，同時學校規定本館購書預算，港幣叁仟五百九十元，另美基會補助訂購理科雜誌美金九百元，伸港幣叁仟壹百叁十二元。本館乃先行開放教員指定參攷書及雜誌日報部份，十二月底，香雅各博士再由省帶來第二批參攷書，其中包括教員指定參攷書，及普通參攷書約有二千四百册。

282

廿八年二月再由省運來圖書約六百冊，其中有課外閱覽室中西文圖書約二百冊，又去年二月遷來分校書本書約千五百冊，現計遷來圖書共有肆仟柒佰伍拾冊。在港新購圖書壹伍壹陸冊。存港圖書共陸仟貳佰玖拾玖冊，至是本館各部工作大致完全恢復。

（二）贈書

本年贈書，最重要者為檀香山夏威夷大學圖書館之贈書，此書係由譚館長經募得來，且親手選擇，計有書五箱，現已在檀香山裝箱，不日可以運港。

（三）採訪與訂購

本館在省時，原定本年度購書預算為國幣壹萬六仟八百九十五元（連因國幣跌價追加預算在內），遷港後情勢不同，乃改為港幣叁千五百九十元，美基會補助訂購理科雜誌美金九百元伸港幣三千一百卅二元共六仟七百六十二元。現計本年度入藏新書共有四一四二冊（廿七年七月至十月訂購者存廣州）

284

283

（四）藏書统計

（一）本館藏書共有一八〇、四六六册計中文一二八六四九册西文五一八一七册

（二）計存港者陸仟貳佰九拾九册（中文四千四百叁拾五册西文一仟八百六十四册）

（三）本年新購者四一四二册（中文二八八五册西文一二五七册）在港購者一五一六册内西文二五〇册中文一二六六册

（四）本年所藏雜誌伍柒玖種（中文二九二種西文二八七種）

（五）本年所定日報二十種

（六）遷港稀善本圖書百餘種約五百册

（五）出納及閱覽

本館全年借出圖書三二四〇〇册，每日平均一〇八册（連教員参考書在内）。

全年閱覽人數八八八〇〇，平均每日二九六人。

（六）编目

本館遷港圖書，因目錄卡存省，故須重新编製目錄。現計编有西文分類目錄一千一百一十五張，著者目錄八七四張，書名及標題目錄（在编製中）。中文

分類目錄五〇四張，著者書名標題目錄六三二張。

284

（七）編纂及出版

（一）中文參考書指南增訂本　何多源編，此書民廿五年九月由本館出版，不一年即已售罄，現此書大加增訂。民廿八年四月由商務印書館印行，書名前冠以「嶺南大學圖書館叢書」九字。此書較初版增收參考書七百六十九種，共收參考書二千零八十一種，內容印刷訂裝，均較初版為完善。

（二）戰時中國出版之文學史學期刊　何多源編，此文發表於本校學生會出版之南風十五卷第一期，另抽印單行本一百冊。

（三）香港問題參考書目　何多源編　此目收關於香港之歷史地理社會教育金融經濟……等專書及論文約三百餘種（編纂中）。

288

（八）職員

本館在廣州時，原有館員十二人，還港後，因環境不同，範圍縮小，校長乃將全部館員裁去。迨學校借得馮平山圖書館為館舍後，乃于十二月聘回顏志清女士（全時）及王肖珠女士（半時）。本年五月，因工作繁忙，原有館員不數應用，乃再聘冚黎吉雲先生担任抄寫目錄，現計有館長一人，全時館員二人，半時館員一人。

(九)清還舊欠

本館於民廿五年間積欠下列歐美書店書賬：

Blackwell	£181-0-0	= H.K.$ 2,914.10
Wilson Co.	G$ 80.52	= H.K.$ 278.59
Otto Harassowitz	RM 491.49	= H.K.$ 688.08
	Fr. 218.90	= H.K.$ 32.20
Koehlers	RM 265.55	= H.K.$ 371.77
Library of Congress	G$ 75.86	= H.K.$ 262.45
Dawson & Son	£19-17-9	= H.K.$ 319.50
	Total	H.K.$ 4,866.69

285

现经於本年度分別清還其中德國 Koehlers 欠賬 Rm 266.55 因歐戰即將爆發未能滙出。

287

LINGNAN AGRICULTURAL EXPERIMENT SUBSTATION
嶺南大學中山農場
COLLEGE OF AGRICULTURE, LINGNAN UNIVERSITY, WU TUNG, CHUNG SHAN DISTRICT, KWANGTUNG, CHINA.

農學院廿八年度報告

去年十月由廣州淪陷。學校決定本院在港新界擇地復課。十月初得新界粉嶺華僑錦祥先生允租用元朗附近學園做圖。借半月之籌備。一方自港粵華僑借用書桌。及運中大農場之鐵床。一方購置臨時用具。於是本十月十七日復課。儀器書籍俱由從來托美基金會公美輪運來以應教室所需。其他農事實驗則假馬玄懿先生之芳加島園舉行。

是年十二月初。聞張榮舉先生之張園有出租消息。地在菁地。距港廿二英里。離元朗四英里。交通比較園尤為便利。員生均覺滿意。乃派人接洽。定約後。稍加修整。二月始遷進。與該園附近有何偉三先生之安園農場及新生活雞場。對於畜牧事業。規模宏大。設備周全。幸蒙給予機會。准本院學生隨時到來實習。

287

第一學期本院一年級生有〇〇人。係借港大上課。二三四年級生四十八人係在新界上課。是期修業滿者七人。本院第二學期由港大升入者張一人。故本院人數驟減。第一學期所開科目。為大學一年級生而設者。係由部訂。為二三四年生而設者。農藝有土壤學、遺傳學、農作物學、肥料學、農場會計學、[illegible]院[illegible]學及農場實習等科。園藝有蔬菜園藝、花卉學、溫室、果樹學、亞熱帶果樹學、論文等。畜牧有畜

289

稼学、蚕丝学、肥料学论文等；生物学有植物分类学、家畜寄生虫学论文；化学有有机化学；第二学期农艺有肥料作物学、农场实习、农场管理；园艺有树木学、果树繁殖学、园艺研究问题、蔬菜园艺、番茄栽培、论文等；畜牧有养鸡学、乳品检验学、乳品制造学、乳牛学、畜牧实验学、论文等；生物学有细菌学、植物病理学；化学有生物化学以及肥料之实验。除化学、家畜寄生虫学及乳牛学须假借大成、九龙乳业公司之课外，其余俱在本院。

本院在广州原址之农场，当敌人压境时，已由吴教授代管。二月与工友偕允留耕，牧牲畜之饲养、农作物之保管，均得解决。后由伪成立之新民区所有场内荒废土地，由新民垦殖去至温室，每暂改为蕃茄豆芽场所，更而设米机辗谷，以达来与粮自给之目的。

中山分场距院十五英里。至本年四月前，往来者称便利，不过敌人有随时来犯之虞，故邻近乡人多早疏散。该场日夕派有勇壮长工三人，场务一人继续留守。该场中树木凡数垂农具，或运港应用，或寄存保存。四月后接近该场之公路南路破坏，交通受阻。工人每月来港领饷一次，以资给养。

吴姚农场寄存于香港报到

某西胡卸亮新先生

289

9 174

嶺南大學二十七年度第二次報告

——由廿八年三月至七月底——

本校遷港復課，二十七年度第一學期概況，已於前次報告。本報告範圍，係由二十八年三月至七月底，亦即二十七年度第二學期理科工作報告；凡前次已報告事項，本報告只作補充，不再複述。

（一）概況

第二學期各項佈置，均已妥善。教員與學生對於香港環境，漸能適應，工作亦較上學期為順利。廿七年度教員共計七十三人，內中國籍者佔五十三人，英美籍者佔二十人。第二學期在港教學教員五十五人；在美國休假或留學者四人；留守廣州原校協助救濟

175

難民工作者十三人；調赴雲南工作者一人。本期學生共四百八十二人，比上學期末畧有增加。女生佔全數學生四份之一。各院學生分佈如次：

文學院——二〇三人

理工學院——一三四人（內理科工科各六十七人）

農學院——八九人

醫學院——五五人

學生來源，百分之三十六來自由廣東遷移港澳之基督教中學；又百份之三十六來自香港中等學校；百分之二十四來自公立或其他私立中學；百份之四來自國外學校。

178

第二學期開設科目共一百二十五種，比上學期約增加科目二十五種。本校參攷圖書，陳設於香港大學馮平山圖書館，由廣州運來及在港陸續添置。計至本年七月底，本校存港參攷圖書共六千二百九十九冊。內中文圖書四千四百三十五冊；西文圖書一千八百六十四冊。雜誌共五百七十九種。內中文雜誌二百九十二種；西文雜誌二百八十七種。西文理科雜誌，大部份由本校美國基金董事會捐贈。各地日報共二十種。

(二)理科實習

農科實習設備及工科借用港大實驗室實習，醫科臨床學科隨港大學生在瑪麗醫院實習，理科（生物、化學、物理）實習須自行供給設備各情，前次報告曾經述及。本年一月底，開設理科實驗室。生物及物理實驗室在堅道一百四十七號租屋辦理，化學實驗室則借港大水力廠內設置。各實驗室傢私設備，從新在港配置；儀器一部份由廣州運來，一部份在港購置。遷運來港之理科儀器，總值國幣五萬元以上，本年度在港購置約值國幣五萬元。本年二月一日起，理科實驗工作恢復，並將學生實驗時間增加，以補回上學期缺少之工作。各科實驗工作正常份量與標準，均能繼續維持。各實驗室整日使用，雖星期日亦不停。各理科實驗室，不但僅為理科學生使用，凡工科、農科、醫科學生修習理科科目者，亦在各理科實驗室實習。

178

（三）理科科目之開設

上學期開設生物學學科五種，化學學科八種，物理學學科三種。本學期生物學八種，化學十種，物理學八種。上學期選讀理科科目學生四百五十六人，下學期三百九十六人。二十七年度開設理科科目號碼、名稱、學分數、教員姓名、選讀學生數，另表開列於後。各科目除極少數之數科外，皆有寔習工作（有*符號者該科目有寔習）。

第一學期

科目號碼	科目名稱	學分	教員姓名	學生數
生物二	*動物學	四	陳心陶	一〇五人

六〇	*植物分類學	四	曾呈奎	八人
一七五	*動物寄生學	四	陳心陶	二四人
九九甲	*畢業論文	二	陳心陶	一人
一〇二甲	*高級寄生蟲學	三	陳心陶	六人
化學一甲	*無機化學概論	五	卞柏年	九六人
一二甲	*定性分析	三	趙恩賜	二八人
五一甲	*物理化學	四	卞柏年	一〇人
六一甲	*有機化學	五	孔憲保	二六人
六四	食物與營養	二	趙恩賜	一三人
八三甲	工業化學	三	卞柏年	一四人

180

九九甲	*畢業論文	二		二〇人
一四九	有機化學討論班	二	[illegible]憲保	四人
物理四甲	*普通物理學	四	馮秉銓	九七人
五一	*交流電路分析	三	馮秉銓	九人
六四甲	*電力工程概要	四	馮秉銓	一三人
第二學期				
生物三	*植物學	四	曾呈奎	六五人
三一	*植物形態學	四	容啟東	七人
五三	*昆蟲學概論	四	鄭慶端	一五人
四七	遺傳學	三	陳心陶	七人

七〇	*微菌學概論	四	陳心陶	八人
七二	*植物病理學	四	容啟東	七人
九九乙	*畢業論文	二		二人
一二〇乙	*高級寄生蟲學	三	陳心陶	三人
化學一乙	*無機化學概論	五	卞柏年	六四人
一二乙	*定性分析	三	趙恩賜	八八
二一	*農業生物化學	三	林樹模	一〇人
二三	*實用定量分析化學	三	陳心陶	一七人
五一乙	*物理化學	四	卞柏年	一〇人
六一乙	*有機化學	五	孔憲保	九八

六八	有機化學的理論	二	孔憲保	六人
八三乙	化學工廠機械	三	卞柏年	一三人
九九乙	*畢業論文	二	〃	三人
一四九	有機化學討論班	二	孔憲保	一人
物理三	*農業物理學	四	高兆蘭	二四人
四甲	*普通物理學	四	高兆蘭	五〇人
四乙	*普通物理學	四	王子輔	二二人
一二	*理論力學	三個半	馮秉銓	八人
一四	*電磁學	三個半	馮秉銓	一三人
五二	現代物理概論	三	王子輔	七八人

六四乙	※電力工程概要	四	馮秉銓	七人
九九乙	*畢業論文	二		

(四)中基會補助費之用途

廿七年度中基會補助本校理科設備及臨時費國幣一萬元。上半年補助費除二千五百元國幣外，其餘部份按二九零四分之一比率以美金撥付，計得美金一千零零七元五角，由中基會存貯於銀行，以備支付本校理科購置及設備之需。本校二十七年度購置化學儀器用品一次，生物學儀器用品二次，用去美金一千零零七元二角八分，只餘美金二角二分。該三次購物貨單，已於請支付貨款時繳交中基會。下半年補助費五千元，仍由中基會以

184

國幣發給；連上半年之國幣二千五百元，共國幣七千五百元，照市價換得港幣四千一百八十元。此款由本校直接開銷，計購置生物學設備用去港幣一千七百六十五元零八分，化學設備用去港幣一千六百六十四元五角二分，物理學設備用去港幣一千七百六十四元九角，共港幣四千一百九十四元五角。上列賬目，開列清單連同貨單寄交中基會審核。

中基會對於本校理科工作感覺興趣，補助設備及臨時經費，本校深為感激。特別有一部份補助費以美金支付，裨益不少。使本校理科教學在特殊環境之下，能維持以往效率，不但造福數百學生，且可令若干教員繼續其研究工作。二十八年度本校請求中基會維持補助原案，改發港幣。照當時市價，國幣一萬八千元可折合港幣一萬元。不過現在國幣比前低跌，希望中基會能維持原案，按照時價改訂數目，使本校與中基會關係得以永久保持，不勝感幸！

附件：理科儀器用品價單。

私立岭南大学民国二十八年度各院系现况（1939）

私立嶺南大學各院系現況（民國廿八年度）

本校自廿七年冬遷校來港，承香港大學當局之贊助，借用校舍及給予種種便利；過去兩年來，情形良好。茲將各院系人才設備現況撮要分述如次：

（一）圖書館

本校圖書館，藏書豐富，戰前佔全國大學圖書館之第五名。廣州淪陷後，本校圖書館未有損失，藏書可隨時由廣州運港應用。運港圖書，多係各科主要參攷書。同時新購圖書亦不少，現計在港圖書共有一一五四〇冊（內中文八九七二冊，西文二五六八冊）。本校學生人數不多，有此豐富圖書閱讀，較諸戰時內地大學每三四十人乃得讀一書者，相去遠矣。

圖書館之一角

圖書館購書政策，無論何種學科新出版之中文書，一律全部購買，在抗戰期間，仍購置如故，關於抗戰建國書籍，購置尤多。

理科西文雜誌，本校購存計有一千餘種，其中不少全部齊全者。此項藏書，在國內圖書館中，可稱數一數二。抗戰後得美基會每年捐助美金一千元，繼續訂購，于教學與研究上多所幫助，在戰時洵屬難得。

圖書館之參攷書，設於香港大學馮平山中文圖書館二樓閱覽室，供員生參攷之用。馮平山圖書館為公開性質，該館圖書，本校員生亦可借閱。至港大西文圖書館，本校教員可隨時入內閱覽，學生則於規定時間可入內閱覽。

（二）文學院

文學院現設中國文學系，外國語文系，歷史政治學系（內分歷史，政治兩組），社會學系，商學經濟學系（內分商學，經濟學兩組），及教育學，家政學兩輔修學系。

中國文學系

現有教員五人，下年度擬增聘教授二人。過去本系教授特別努力於國學研究，著作出版頗多。近年並注重抗戰文藝與民族文學。

外國語文系

有教員五人，均為美國籍。本校對於一二年級學生英語基本功課，特重注意，由本系教員分別担任教授。每班人數至多不過三十餘人，作文時更分為小組，在堂上練習，由教員即時指導。學生經過嚴格之基本英語訓練，不但能閱讀原本英文書籍，且發音正確，說話流利，英文發音學學生且能排演英語話劇。

歷史政治學系

歷史組西洋史由美籍教授任教，下年度增聘黃延毓博士担任中國歷史教學與研究工作。黃先生為本校畢業生，并曾在校任教職。在美國哈佛大學求學多年，學業成績甚優，今夏領受博士學位，其博士論文由美國哈佛燕京學社出版。政治組下年度擬增聘一教授，本組特別注重國際關係及行政學研究。

社會學系

本系對於社會調查及社會服務工作甚多，出版報告亦不小。調查方面，如：廣州蛋民調查；廣州人力車伕調查；瓊崖黎人調查等。服務方面，如：協助中國婦女慰勞會廣東分會辦理戰時青年農藝院；推行社會教育等。文化人類學研究，亦為本系所注重，且有美國學生一人來校專作此項研究。

商學經濟學系

文學院各學系學生人數，以本系為最多。教員五人，均富有經驗。如擔任財政學之教授曾在政府任財政要職；擔任會計學之教授曾在商場任會計要職者。香港為南中國一大商埠，關於工商管理之觀察與實習機會甚多。

教育學系

暫不設主修，但學生可選作輔修。本系師資相當充實，其中有國內知名之學者。爲造就優良師資及培植教育研究專才，本校社會科學研究室教育學組招收研究生，并開設教師進修班，爲香港及九龍中小學校教員業餘進修。本校附設中小學及各地分校，均由本系輔導。

家政學系

本系亦爲輔修學系，本校女生多有選讀。本系畢業生留學美國求深造者，近年有四五人，在美成績均好。

（三）理工學院

理工教學，首重設備。本校理工學院在港設備，雖不若廣州原校之完善，惟以工科得港大借用全部實驗室，理科（生物學，物理學，化學）各實驗室則自行設置，設備相當完備。如生物學實驗，每生有顯微鏡一副。物理學及化學上課時，每生均有機會自執儀器實地試驗。在抗戰期間，有此設備，已不可多得，若較諸一般因戰事遷移別地之大學，每六七學生始得儀器一套，實際上少數學生做實驗，多數學生在旁觀察者，相去遠矣。本校理科雜誌，藏書之富，爲全國大學之冠。本校印行之科學季刊，出版已歷十九年，爲國內有名之科學雜誌，每年與國外交換科學雜誌，可得八百餘種，雖在戰時，仍照常出版。

理科爲本校特長，設有理科研究所，分生物學及化學兩部。招收大學理科畢業生入所研究，畢業後授予理碩士學位。

生物學系

本系基本學科，各項均備。動物方面，特別注重寄生虫學。理科研究所學生，亦多研究此門，教育部特種補助及洛氏基金團均有補助。植物方面，注重經濟植物研究。理科研究所學生亦有研究此門，洛氏基金團則補助研究費。本系教授多爲著名之專家，著作豐富，下年度擬增聘一動物學專家爲教授。

物理學系

現有教員七人，下年度有二人出國留學，擬補聘二人。本系特色爲無線電研究。無綫電研究設備相當完備，有某大學物理學教授稱爲國內所罕見。港大電機工程實驗室，本系亦可借用。

化學系

本系有教員八人，下年度系主任富倫博士假滿返校。富倫博士爲一理論化學專家，對於理論化學特別注重。本系對於有機化學及工業化學亦極其注意；工業化學一門，惜以在港設備關係，未能充份發展。

土木工程學系

本系得港大全部借用工科各種實驗，如材料測驗，水力試驗，電機工程及工廠等。建國事業，需用大量工程人材，本系畢業生有極好之出路。本校對於工科學生訓練，向重實際，每年暑假有四星期至大星期之時間作實地測量。下年度聘請桂銘敬先生爲教授兼系主任。桂先生畢業於交通大學，考取清華大學官費留美，得美國康奈爾大學土木工程科碩士。回國後歷任廣東大學中山大學任教，及任粵漢，湘桂，天成等鐵路工程師，建設廳公路處技正等職，學問經驗均甚宏富。

物理學實驗室之實驗工作

（四）農學院

本校自遷港後，農學院二三四年級爲便於實習起見，另在九龍新界租地辦理，一年級則與其他學院同借在港大課室上課。下年度爲改善農科教學及參加戰時農村建設，決將三四年級遷往學北樂昌縣砰石，開闢農場及推進農業教育，一二年級仍留香港，修習基本科目。

農藝園藝學系

本系特別注重柑橘研究，最近得潮陽鄭氏資助，下年度開設柑橘研究所，增聘黃昌賢博士爲副教授兼柑橘試驗場場長。鄭天熙博士爲副教授兼充柑橘研究所講座。黃先生爲美國米西根州立大學農科哲學博士，對園藝學有特殊研究，最近發明無核西瓜，譽滿全美。鄭先生爲美國奥埃河州立大學理科哲學博士，經濟昆虫學專家。現由本校資助在美國科利達省及加里寬省著名柑橘試驗場觀察與實習五個月，約九月返校，一學期在柑橘試驗場研究，一學期在農學院教學。本系所屬之柑橘試驗場設在潮陽，着重於柑橘品種之蕃殖昆虫病害之防除。最近接收前實業部果品檢驗監理處柑橘病害研究所儀器及人員，繼續研究，下年度幷擬擴充場地，作高地試驗。

畜牧獸醫學系

本系過去注意乳業製造，在廣州，本校乳產品頗負盛名。下年度爲擴充本系課程擬增聘獸醫教授一人。

（五）醫學院

一年級及二年級上學期學生，與理工學院學生一同上課。二年級下學期及三年級臨床前學科由本校教授任教。實驗室亦自行租地設立。四五年級學生隨港大醫科學生在瑪麗醫院上課，由港大教授任教。六年級學生在部關實習，由本校醫學院院長（即廣東省衛生處處長）指導，派往醫院及衛生機關實習。一方面在港得在最新式設備之醫院學習，同時又得回內地在我國實際社會狀况下作實習，爲本校醫學院學生求學最好之機會。

柑橘栽葯試驗（盆內概用化學葯液）

（六）留　學

本校爲中國人主權之私立大學，但有國際性質，與外國大學尤其是美國大學關係密切。本科畢業生赴美國留學，均可直接入研究院，無須補習。過去美國著名大學常派學生來本校各院系肄業，交換一年，將在本校修得學分換回原校畢業。此項交換生，戰前有三十餘人之多，現仍有一二人。

本校員生，往往取得外國獎學金。例如過去一年度美國賓省大學贈給本校女生學額，學費及膳宿費全免。下年度員生領受獎學金或受外國友人資助赴美留學者計有七人，畧述如下：（1）植物學教授麥克福博士，去年休假返美，著作「福建植物志」一書，下年度得美國葛根哈姆基金會給予研究獎學金，在美完成該書著作。該會研究獎學金，申請者均爲美國著名學者，共有一千七百人，被選者七十三人，在華服務者惟麥氏一人。（2）物理學系副教授馮秉銓先生，領受中華教育文化基金董事會留美獎學金美幣一千元，同時得美國哈佛大學研究院獎學金美幣四百元，入哈佛大學研究院，研究無綫電學。（3）生物學系副教授曾呈奎先生，本校理科研究所畢業。領受米西根大學研究院獎學金美幣八百元，入米西根大學研究院研，究海藻植物。（4）歷史政治學系副教授李兆强，本校文學士。領受哈佛福大學獎學金美幣六百元，同時得基督教大學在美聯合董事會獎學金美幣五百元，入哈佛福大學，研究歷史學。（5）物理學系講師高兆蘭女士，本校理科研究所理碩士。領受米西根大學巴波女子獎學金，每年美幣約一千元，專攻物理學。此獎學金爲指定給予東方國家女生，不易獲得。本校畢業女生黃翠鳳女士，廖奉靈女士，馮麗燊女士前均領受過此學額。（6）巫路德女士，本校一九三五年畢業，主修家政。由本校保荐領受美國家政學會獎學金，每年美幣五百元，由受獎人選擇一大學，經該會同意入校，專攻家政學。（7）王就安君，今年夏可在本

化學實驗室之實驗工作

校理科研究所畢業。得美國友人之資助，赴美留學專攻醫學。

（七）學生生活

本校設有學生會辦公室及學生休息室，同時借用港大學生會圖書室及茶室，以供學生上課下課休息之用。學生社團有學生會及各種學會，非常活動，常舉行學術演會或交際會，并出版刊物多種，課餘生活，以旅行名勝地方及參觀文化工商業爲多。愛國動運，學生踴躍參加，如籌募棉衣捐欵萬餘元，捐助戰時青年農藝院數千元，傷兵之友社數千元，及組織慰勞團囘國慰勞將士等。

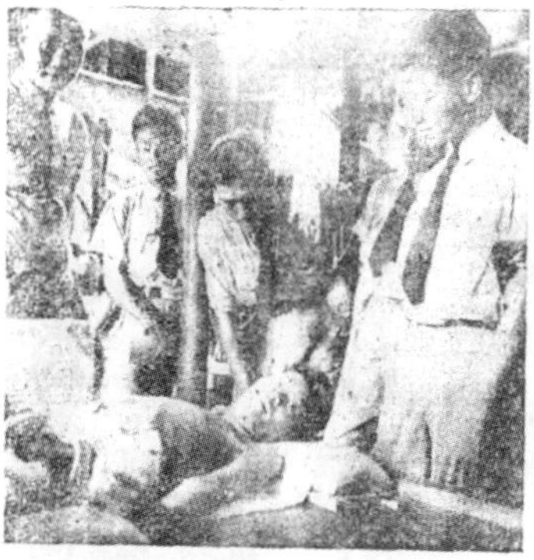

學生慰勞團慰勞傷兵

本校體育設備，雖不如在廣州原校之完善，惟仍借用加路連山南華運動塲及北角永安公司游泳塲，以供學生作各種體育活動之用。衞生設備，有校醫室，學生患病，可隨時到室受診。學生每年須檢驗體格一次，並舉行防疫運動。在港上課期內，暫不設宿舍，但學生如有要求，本校可助其組織自治宿舍。

（八）畢業生之出路及舊同學

本校同學，至能互助，畢業生出路甚佳。最近調查戰時畢業生多數能學以致用。下年度更設置校友組，專辦關于校友事宜，及介紹同學職業。

（九）學費與獎學

本校在港上課，所收學費，每人每學期約九十餘元，另代學生團體徵收數元亦不過百元左右，較諸香港一般中學尚低。爲獎勵學生向學及救濟清寒學生學業，設有各種獎學金。如欲領受獎學金，可於投考時申請，本校印有獎學金小冊子，歡迎索閱。

（十）招生及入學手續

本校下年度上學期招生擬分兩次舉行，第一次暫定七月八日至九日，第二次暫定九月一日至二日。各項手續詳載入學簡章。

（十一）華僑生

本校與海外華僑關係，特別深切，訂有優待華僑生辦法。凡華僑生投考，入學時免考國文，入學後特別開設國文班以資補習。另設有中國歷史中國文化等科目，以供華僑生及外國生選讀。

全校運動大會

（十二）原校址

本校創立，垂五十餘年，校址設於廣州市河南康樂，校園面積約三千畝，校舍設備頗爲完善。廿七年十月本校遷港後，原校址由西教職員保管，開辦難民區。初期收容難民達七千餘人，造福不少，最近難民區已告結束，校內各種理科研究工作繼續進行，校舍及設備均無損失，將來戰事停止，本校遷囘原址，即可恢復舊觀，將來發展，更未可限量也。

（5） 189

民國廿八年度

嶺南大學獎學金

190

嶺南大學獎學金（民國廿八年度）

本校為鼓勵品學兼優銳意向學，而財力有限之學生起見，本年度由學校經常費內撥港幣五千元，另由校友捐助永遠獎學基金生息港幣三千餘元，給予新舊學生全額獎學金六十餘名，以為資助。在港上課期內，獎學金之給予，俱暫以港幣支付。茲將設置獎學金條例，各種獎學基金，免費公費及榮譽獎學金，及獎學金暫行規程詳列於下：

（一）本校設置獎學金條例

(一)本校為獎勵優良學生起見，得自經常費撥款，或向國內外熱心人士及團體募款，設置各種獎學金。

(二)獎學金性質分兩種：一為榮譽獎學金，領獎者須體格健全，資禀穎異，品學優良，可堪造就者；一為普通獎學金，領獎者須品學優良而家境清貧者。

(三)獎學金如係捐贈本校者，得以捐者姓名或其指定之姓名，經本校同意者名之以留紀念。

(四)各獎學金金額由本校或捐款人規定之。

(五)獎學金款項來源分為兩種：一為有基金者，每年祇將其利息作獎學金用；二為有專款者，專款用罄，即行停止。

(六)獎學金之設置，如有基金者，須俟基金全數交到本校後，方設置該獎學金；如無基金而係專款者，每年度所需款項，須於上年度五月一日以前交到本校，以便將學額公佈，如於五月一日以後交款不及公佈時，得撥入下一年度獎學金學額辦理。

(七)獎學金名額，每年由本校免費暨公費學額委員會，依據學生人數酌定之，以期逐漸增設至免費學額達到學生總數百分之十，公費學額達到百分之二為標準。

（二）獎學金基金

190-1

・下列各項永久獎學金基金，皆係國內外熱心教育人士所贈者。除簡寅初獎學金及孟雅德書局紀念獎學金外，各獎學金基金之金額如下。

(1) 朱璧東獎學基金 國幣 三・〇〇〇元

廣州朱璧東先生所捐，該欵利息國幣一百五十元規定給農學院學生。

(2) 簡寅初獎學基金 每年利息約國幣 二・〇〇〇元

廣州簡寅初先生所捐，將基金若干之利息，爲資助本校學生十名之用。將利息分爲若干學額，由簡寅初基金委員會推薦，如不推薦，則由本校免費及公費學額委員會指派。

(3) 譚友芬獎學基金 美幣 一・〇〇〇元

一八九六年譚君之友所捐以爲譚氏紀念。

(4) 一九二三年級獎學基金 港幣 一・〇〇〇元

曾於一九二零年在本校領中學畢業及大學一年級肄業証書者所捐。

(5) 馬丁獎學基金 美幣 一・〇〇〇元

一九零七年 Henry Martin 夫人所捐以爲馬氏紀念

(6) 孟雅德紀念書局獎學基金 每年利息粵幣 四〇〇元

Jueia C. Knipp, Charles J. Knipp, Frank K. Knipp與Walter Knipp,所捐以爲孟雅德書局紀念。

(7) 孟雅德獎學基金 美幣 一・〇〇〇元

一九一一年Julia C. Knipp, Charles J. Knipp, Frank K. Knipp與Walter Knipp 所捐。

(8) S. G. B. Cook獎學基金 美幣 一・〇〇〇元

一九一零年S. G. B. Cook夫人所捐。

(9) C. T. Bagby獎學基金 美幣 一・〇〇〇元

191

一九一三年C. T. Bagby所捐。

(10) Wilson L. Smith獎學基金　美幣 一·〇〇〇元

一九一七年W. L. Smith夫人所捐以爲其夫紀念。

(11) 晏文士獎學基金(Edmunds)　美幣 一·〇〇〇元

一九一三年晏文士女士所捐以爲其夫紀念。

(12) 梁敬敦獎學基金(Laird)　美幣 一·〇〇〇元

一九二二年 Julian Millard 夫人 Warren P. Laird, Robert H. Laird, Frank J. Laird 與 Clinteon N Laird 捐贈。

(13) 胡廣衡及胡梅秋桃獎學基金　國幣 一·五〇〇元

一九三八年胡秀梅女士捐贈，以紀念其父母胡廣衡先生及胡梅秋桃夫人。

(三)免費，公費，及榮譽獎學金

(一)本年度文理工農各學院共計設置左列各項獎學金：

(1)免費獎學金　全額四十名　免繳修金，即每名每年約一百四十四元至一百六十元爲限

(2)公費獎學金　全額四名至五名

a. 普通公費獎學金兩名　全額者每名每年二百五十元

b. 鄭雨泉紀念園藝學獎學金兩名至三名全額者每名每年三百元至五百元（本獎學金係潮陽鄭氏捐助以紀念鄭雨泉先生者）

(3)榮譽獎學金　全額十五名　免繳修金，即每名每年約一百四十四元至一百六十元爲限。

(二)本年度醫學院設置醫學院獎學金全額五名，免繳修金，即每名每年約一百四十四元至

一百六十元爲限。

（四）獎學金暫行規程（民國廿八年度適用）

第一章　通則

（一）凡文理工農各學院新舊學生，請求免費或公費獎學金者，須向免費暨公費學額委員會申請，凡醫學院新舊學生，請求獎學金者，須向醫學院院長申請。榮譽獎學金之給予，由委員會審定公佈，毋須學生申請。

（二）凡請領各種獎學金之投考學生，須於每年度秋季第一次入學試驗（每年七月間舉行）前辦妥申請手續，因在第一次人學試驗時即盡量審定各項獎學金之給予，除經審定給予者外，如尚有餘額，始撥入第二次入學試驗或春季入學試驗時，再行發給。

（三）各種獎學金，均由本校酌量分配於各院系各年級新舊生。

（四）獎學金之給予以一年爲限，（分兩學期發給），第二年是否繼續資助，須視該生學業成績與操行之優劣而定，如學業成績不佳或行爲不檢者得於第二學期停止其資助。

（五）獎學金金額之多少，委員會得根據學生之成績或需要，給予全額或四分之三，或二分之一獎學金。

（六）聲請獎學金之學生，如超過定額時，本校得按照其家境清貧之程度及入學或在校試驗成績給予較貧較優之學生。

（七）凡經領受一種獎學金者，不得再受免費待遇或他種獎學金。

（八）凡經審定或核准領受獎學金之學生，如不於該年度秋季學期開始時來校註冊上課者，或經來註冊上課，但於學期中途停學者，即取消其獎學金。

（九）所有校友捐送之獎學金，均依捐送人之原意給予之，但以取錄之新生或在校學生，其操行純正，體格健全，入學試驗成績在及格以上或在校成績優良者爲限，凡須補習者均作不及格論。

(十)在校學生有一科不及格，或受試讀之處分，或品行不及乙等，或非全時正式學生，或因病假過多減讀學分，或經試讀滿八個學期仍未畢業者，俱不得領受各項獎學金。

(十一)投考學生之聲請獎學金者，由委員會或醫學院，於入學試驗放榜時，分別審定，在校學生之聲請獎學金者，由委員會或醫學院於學期結束後兩星期內或學期開始前，分別審定。經審定或核准後，即分別通知。

(十二)凡領受榮譽獎學金之學生，如屬家境寬裕毋需資助者，得將獎學金捐贈，由委員會改作免費獎學金，轉給家境清貧需要資助者，但榮譽獎學金領受者之名義，仍屬於原有學生，另由校長發給榮譽獎狀聲叙事由，以資獎勵。

(十三)凡學生家境清貧無力負担就學費用者，得覓具二人以上之切實保証書，向原籍縣市或居住在三年以上之縣市主管教育行政機關申請証明（申請書應照部定式樣）。

(十四)凡戰區淪陷學生或港澳學生在抗戰期內，無法取得教育當局家境清貧証明書者，應具備家庭狀况証明書，並覓具經本校同意二人以上之切實保証，以備查核。

(十五)凡領受獎學金之學生，如有冒充清貧或僞造証明文件等情事，經查明屬實者，除停止其獎學金待遇外，本校得向該生或其保証人追繳其已領受各費，並得停止發給成績証明書或畢業証書或着令退學。

(十六)凡因家境清貧領受獎學金之學生，如本校須調查其個人一切用費時，須據實報告。

(十七)凡領受醫學院獎金者，畢業後須在醫學院附設之農村公共衛生機關服務一年，服務期間照領薪俸。

(十八)凡戰區借讀學生需要資助者，得照教部規定條例，由本校向教部代爲申請貸金。

(十九)獎學金聲請書，家境清貧証明書，或家庭狀况証明書，及學業成績表格式，由本校印就備案。

第二章　各項獎學金名額領受資格及聲請手續

（一）本年度文理工農各學院設置獎學金種類及名額共計如左：

（1）免費獎學金四十名，全額者免繳修金，即每名每年約一百四十四元至一百六十元爲限。

（2）公費獎學金四名至五名。

a.普通公費獎學金兩名全額者每名每年二百五十元。

b.鄭雨泉紀念園藝學獎學金兩名至三名全額者每名每年三百元至五百元。

（3）榮譽獎學金十五名，全額者免繳修金，即每名每年約一百四十四元至一百六十元爲限。

（二）本年度醫學院設置醫學院獎學金五名，全額者免繳修金，即每名每年一百四十四元至一百六十元爲限。

（三）凡文理工農各學院學生領受各項獎學金者，須具備左列資格：

（1）免費獎學金領受此項獎學金之新舊學生，須確屬家境清貧，品行純正，體格健全，入學試驗成績及格或在校成績優良，平均在七十分以上者，凡須補習者均作不及格論。

（2）公費獎學金

a.普通公費獎學金　領受此項獎學金之新舊學生，須確屬家境清貧，品行純正，體格健全入學試驗成績優異或在校成績特優者。

b.鄭雨泉紀念園藝學獎學金　領受此項獎學金者須屬潮汕籍，能操潮汕方言，品行純正，體格健全，入學試驗成績優異，對於農業極有興趣，志願主修植物生產學，並特別注重園藝學科目，畢業後願在潮汕服務，家境清貧需要資助者。

（3）榮譽獎學金，領受此項獎學金者，如係新生，須品行純正，體格健全，入學試驗成績特優者，如係舊生亦須品行純正體格健全，在校成績連續兩學期俱屬優異平均在八十五分以上者。

（四）凡醫學院學生領受醫學院獎學金者，須具備左列資格之一：

（1）家境清貧，品行純正體格健全，入學試驗成績及格或在校成績優良。

（2）品行純正體格健全，入學試驗成績或在校成績特優。

（五）聲請各項獎學金手續如左：

（1）免費或公費獎學金

a.投考學生應於每年度秋季第一次入學試驗（每年七月間舉行）報名時呈繳獎學金聲請書，家境清貧証明書或家庭狀況証明書，原校最近三年之學業成績表，及原校校長或教員簽署之品行保薦書兩封。

b.在校學生應於每年六月三十日前或十二月卅日前呈繳獎學金聲請書及家境清貧証明書或家庭狀況証明書。

（2）榮譽獎學金　此項獎學金之給予，不須經過聲請手續，凡品行純正，體格健全，入學試驗成績特優，或在校肄業連續兩學期以上未屆畢業，最近兩學期成績特優，平均在八十五分以上者，即由委員會審定，其為榮譽獎學金領受者，凡榮譽學金領受者，須於註冊時填具獎學金領受書，以便存案。

（3）醫學院獎學金

a.投考學生應於每年度秋季第一次入學試驗（每年七月間舉行）報名時，呈繳獎學金聲請書家境清貧証明書或家庭狀況証明書，原校最近三年之學業成績表及原校校長或教職員簽署之品行保薦書兩封。

b.在校學生應於每年六月三十日前或十二月卅一日前，呈繳獎學金聲請書及家境清貧証明書或家庭狀況証明書。

1940年

私立岭南大学关于七七社备案的函（1940-02-29）

22

（函稿）私立嶺南大學文稿

歸卷 字第 號 会社

事由：函復七七社准予备案仍将组织大纲修正连同职员名单呈报备查由

校長

訓導長 谢扶雅 二.廿

書記室主任 刘□代

擬稿

繕校

廿九年二月一日發 字第349號

附件

来呈及七七社组织大纲均悉。查该社组织尚无不合，所请备案，应予照准。惟该社社名，应冠以「岭南大学」字样。组织大纲(二)宗旨一条，应加「本社遵从岭南大学[illegible]宗旨及学生社团规章」一条。即希依照修正，仍将修正组织大纲及职员名单呈报备查。

23

171

函復
七七社負責人陳維輝
鄭紹衍
校長李〇〇

中華民國廿九年二月廿九日第　頁

《岭南大学校报》港刊第三十六期报道：本校农学院内迁之进行、本校介绍农工科毕业生就业（1940-05-06）

校聞

本校農學院內遷之進行

本校遷港上課，文·理工，醫等學院各年級生及農學院一年級生借用香港大學校舍，農學院二三四年級則另租新界張園辦理。對於教學研究工作，尚能兩相兼顧。近日本校適應社會需要及發展農學院事業，擬將農學院遷回國內辦理。前曾由本校校董美基會代表香雅各博士及農學院院長古桂芬先生赴內地考察，選擇地點，結果認爲粤北最宜。本校旋於去月再派農學院院長古桂芬會同校董會幹事余瑞堯赴韶，與廣東省政府及教育廳接洽，並於曲江，連縣，仁化等處勘踏院地。省府李主席對於此事，極表歡迎，昨已致函李校長，表示願竭力贊助。同時教育部陳部長亦已電請李主席對於本校農學院內遷予以種種便利。現古院長已公畢返港，即向李校長及校董會報告赴韶按洽及選擇院址經過，余幹事則仍留韶辦理遷校籌備事宜。一俟院地確定，即於本年暑假進行遷移，聞擬先遷三四年級，其餘一二年級暫仍留港上課云。

本校廿九年暑期班

決定在香港大學校舍開設

七月十五日至八月十七日

本校爲便利學生暑期補習，每年均有暑期班開設。廿九年暑期班，定於七月十五日（星期一）開始，至八月十七日（星期六）結束。地點在香港大學校舍。經由李校長派定商學系教授譚組用博士爲暑期班主任，現已進行籌備開設科目，一俟籌備就緒，即可將辦法公佈。聞擬舉行提前註册，爲期約在六月初旬。並聞本年暑期班開設科目，除在港舉辦外，一部份科目擬於暑假期內，由教授率領學生入內地粤北一帶實地考察云。

校董會常委會昨會議

審查下年度預算

本校校董會常務委員會，於五月二日下午七時假座香港華商會所開第三十三次會議。出席校董金曾澄，林逸民，香雅各，簡鑑清。列席者李校長應林，朱教務長有光，古院長桂芬，謝主任昭杰。主席金曾澄，紀錄謝昭杰。古院長桂芬報告赴韶與省政府接洽農學院內遷事宜及選擇院地經過。報告畢，隨即審查下年度預算案。當經分別審查完竣，仍候本年六月校董會年會核定。

本校介紹 農工科畢業生就業

滇緬公路局，現擬徵用大學農科畢業生（須通英文），担任該路種樹及調查工作。月薪國幣一百二十元至一百五十元。又中央工業研究所木材研究部，招聘大學土木工程學系畢業生，研究木材力學。月薪由國幣六十元至二百元，視學力及經驗而定。凡本校農科或工科畢業生，願任上開職務者，可於五月十五日（星期三）以前到本校註册組報名，以憑介紹。

教職員座談會

請盧祺新先生參加談話

定十八日在六國飯店開會

本校教職員座談會，定於五月十八日（星期六）正午十二時在六國飯店開會，敦請中央通訊社香港分社主任盧祺新先生參加談話。盧先生月前曾赴川滇諸省攷察，對於戰時內地社會狀況認識極多。昨由座談會應屆主席朱有光先生，通告各教職員踴躍參加。

李校長昨邀

教師進修班學員茶會

本校李校長，於四月廿八日下午四時假座女青年會，邀集本校教師進修班學員茶會。到會者，除學員四十七人，及該班教授朱有光，莊澤宣，曾昭森，本校教職員黃翠鳳，謝昭杰，徐康寧諸先生外，真光中學校長何蔭棠，美華中學校長周振光，培道中學校長溫耀斌，華英女中校長余豔梅，廣東基督教協會教育會幹事阮康榜等亦應邀參加談敍。首由李校長致詞，次由莊澤宣教授演講，最後周振光校長代表廣東協會教育會致詞。各學員自由談話，盡歡而散。

《岭南大学校报》港刊第三十六期报道：母校本年度学生激增 各科教员亦增聘多人、农学院在坪石建筑院址（1940-05-06）

同學個訊

錢樹芬 去冬代表廣東省政府前赴美洲宣慰僑胞，就便訪問海外各同學。現已返港，八月三十日曾出席同學會第十八次董事會議，報告海外同學概況及訪問經過。

陸貽正 現任信宜縣第二區農業學校校長。本月八日曾電李校長及古院長請介紹三人担任該校教席。

劉煥文 現任交通部材料運輸隊龍川站站長。

陳斌 服務於廣州美國紅十字會，派在龍川老堵鄉工作。

余瑞堯 廿九年度辭去母校職，即將入內地服務。

鄧鴻樑 廿九年度辭去母校職，現在桂林服務。

陳元覺 患副腸熱病，已向母校請假，在家休養。

譚亮星 任職母校訓導處為訓導員。

陳元白 任職母校總務處代理會計組主任。

> **嶺南大學同學日：**
> (日期)：廿九年九月廿二日下午三時起
> (地點)：灣仔利園嶺英中學
> 歡迎嶺南大中小學及各分校暨廣州博濟醫院夏葛醫學院各同學偕同眷屬參加

母校要訊

母校本年度學生激增
各科教員亦增聘多人

母校廿九年度第一學期，業於九月十一日開學，截至現在止，已註冊學生計六百零一人。另農學院三四年級學生三十五人，須赴坪石農院新址註冊，合計學生六三六人。較諸廿八年度第一學期增加一百人。

又母校廿五年度新聘教員多人，同時有兩教員假滿返校復職。計(一)文學院中國文學系教授容肇祖，外國語文系講師D.W. Broun，歷史政治學系教授黃延毓(復任)，散任教員李徵慶，商學經濟學系散任教員徐滋星，教育學系教師進修班教員李寶榮。(二)理工學院化學系教授兼系主任兼院長H.S. Flenk(復任)，生物學系教授陳伯康，物理學系講師梁卓華，助教曹麥生，土木工程學系教授兼系主任桂銘敬。(三)農學院農藝園藝學系副授教兼柑橘經驗塲主任黃昌賢，農藝園藝學系副教授鄭天熙，助教陳贊林，畜牧獸醫學系副教授麥國珍。(四)農學院分泌科義務散任教員許世鏴等，多屬知名學者云。

農學院在坪石建築院址
課室宿舍等共八座下月竣工
圖書儀器已先運員生將起程

母校農學院三四年級自決定遷往粵北樂昌坪石辦理後，驟進行籌備一切。農學院長古桂芬同學及庶務主任謝昭杰同學於七月間由港乘機飛桂林，轉程至坪石，規劃建築院址及各項遷移事宜。擬定建築課室及實驗室三座，圖書館，飯堂，男生宿舍，女生宿舍，教職員宿舍各一座，刻已開工建築，全部工程約十月中旬完成，十月間即可上課，至於農院圖書儀器，業於去月九日由林賚洛押運北上，已抵達龍川，即行轉運赴韶。農院赴學員生，即由母校派定邵堯年教授為總領隊，將於本月內由港起程前往云。

母校本年度增設校友組

母校對於離校同學，素極關懷，歷年同學事業舉辦，得母校助力不少。現母校為充實同學事業起見，特向校董會提請於總務處下增設一校友組，當經校董會通過，由本年度起設置，辦理一切關於校友事宜。該組職員，現正在物色中云。

> **啟事**
> (一)本年度同學特刊，擬仍照上年辦法每月發刊一期，盼各地同學源源惠稿，俾得如期出版。
> (二)各同學欲得閱校報，務請將詳細名址告知，以便寄奉。

更正 校報港刊第七十一期載：廿九年度新任及復任教員一覽「黃延毓歷史政治學系副教授」，查係「歷史政治學系教授(Associate Professor)之誤。合更正。

广东省抗战以来所受损失调查表（私立岭南大学）（1940-05-10）

91

廣東省抗戰以來所受損失調查表

（辛）教育類損失

民國二十七年六月起至二十九年四月止

損失數 / 類別	校舍或教育機關公廨損失				儀器標本損失價值		圖書損失價值		用品及其他損失價值		因戰時影響失學人數估計		備考
	間數		價值										
	公立	私立	公立	私立	公立	私立	公立	私立	公立	私立	公立	私立	
私立嶺南大學		2		240.元						620.元		140人	廿七年六月間，本校（廣州原校）農場被敵機轟炸一次，計毀壞工人住舍一間養魚池一口，共值240元。又農產品多種：（一）檀香山菠蘿八百株，值400.元，（二）五年生美國桃十七株值170.元，（三）五年生鷹咀甜桃十一株值50.元，共值620.元。合共損失860元

民國二十九年五月　私立嶺南大學填報　　廣東省政府秘書處統計室製

私立嶺南大學要覽

民國廿九年五月編印

（一）名稱

本校爲私立嶺南大學校董會所設立，定名爲「私立嶺南大學」。

（二）沿革

公曆一八八八年，美國基督教熱心人士應廣州紳士請求，創立本校於廣州市沙基（即今之六二三路）名爲「格致書院」。一九〇〇年遷校於澳門，更名「嶺南學堂」。一九〇二年在廣州市河南康樂購地建築校舍，至一九〇四年由澳門遷回廣州康樂新址。民國五年創辦大學部文理學院，十年增設農學院，十六年教育主權收回國人辦理，校董會成立，本校乃改名爲「私立嶺南大學」。十九年增設工學院，廿四年成立理科研究所。廿五年開辦醫學院，爲紀念 總理學醫及革命策源地，名爲「孫逸仙博士醫學院」。同時接收夏葛醫學院學生及儀器設備，歸併孫逸仙博士醫學院辦理。博濟醫院則先于民國十八年移交本校接管，醫學院成立後，附屬于醫學院。廿七年度起，文科獨立成文學院，理科與工學院合併而成理工學院。民國廿六年七月抗戰軍興，敵機不斷向廣州市空襲，本校雖日處敵機空襲下，仍照常上課。廿七年度第一學期開學，大學部學生人數且激增至六百餘人，造成歷年學生人數最高紀錄。至廿七年十月，廣州撤退，本校乃遷港上課，校產則依約交回美國基金委員會管理。

本校遷港後，文、理工、醫各院各年級及農學院一年級生借用香港大學校舍上課，農學院二三四各年級則另在九龍新界租地辦理。學生回校復課者五百餘人，約佔原日學生數百份之九十。

（三）組織

本校自廿八年度起，遵照教育部令調整行政組織：現設教務，訓導，總務三處。教務處置註冊組；出版組；圖書館；博物館；自然博物採集所；植物館。訓導處置生活指導組；軍事訓練組；衛生體育組及附設證發院。總務處置文書組；會計組；庶務組。分掌全校教務，訓導，總務事宜。文學院附設社會科學研究室。理工學院附設斐文氣候觀察所。農學院附設農場及中山分場；經濟植物徵集所；柑橘試驗場。醫學院附設博濟醫院及高級產科職業學校。

本校附校及分校，計：附設中學（附設華僑班）現遷九龍新界青山道梁園。附設小學則暫行停辦。嶺分中學及附屬小學，原設廣州市荔枝灣，現遷澳門東望洋白頭馬路。上海嶺南中學及附屬小學，原設上海江灣高境廟，現暫遷南京路大新公司四樓。香港嶺南小學，設在香港司徒拔道。星洲嶺南小學，設在星嘉坡烏節律四十號。安南嶺南小學，設在堤岸亞孟勞蘇街一〇九號。

(四)校舍及設備

本校原校址在廣州市河南康樂，全校面積約三千畝（校外農場除外）。康樂位於廣州市之南，有公共汽車及電船可達市區，交通便利，環境幽靜，無市塵之煩囂，最宜於修學。

本校建築物，計有辦公處，教室，禮堂，學生宿舍，教職員住宅等二百五十餘座。設備方面：科學館，斐文氣候觀察所，植物館，農學館，工學館，圖書館，博物館，農場，醫院；與平道路，溝渠，警察，衛生，電燈，電話，電船，車輛，自來水，郵政，輸運，銀行，護養院，售書店，市場，大運動場（面積約二十畝），各種球場（四十二所），游泳池等，頗爲完善。

廿七年十月遷港以後，借用香港大學辦公室及貯物室各一間；大小課室共十八間。西文圖書館及大講堂，工科各種實驗室，生物學實驗室，學生會會所，女生休息室等，亦均借與本校使用。本校另借香港大學水力廠一部份地方，自行設置化學實驗室。並租得般含道寧養台五號六號大樓兩座，爲訓導處，校醫室，學生會，理科研究所，生物學及物理學實驗室，社會科學研究室。深道活倫台二號爲醫學院臨床前學科實驗室。加路連山南華體育會運動場爲體育場。圖書館則附設於香港大學馮平山中文圖書館二樓。農學院二三四年級另租九龍新界青山道藍地張園辦理，學生上課，實習，住宿均在於此。

（五）院系情形

本校現設文、理工、農、醫四學院，及理科研究所，社會科學研究室。文學院設中國文學系，外國語文系，歷史政治學系，社會學系，商學經濟學系；輔修學系則有教育學，家政學，哲學，宗教，音樂等。理工學院設生物學系，物理學系，化學系，土木工程學系；數學爲輔修學系。農學院設農藝園藝學系，畜牧獸醫學系。醫學院不分系。理科研究所設生物學部，化學部。社會科學研究室設教育學組，社會學組，商學經濟學組。

本學期（廿八年度第二學期）各院學生人數，計文學院二二四人，理工學院一三七人，農學院七七人，醫學院七二人，理科研究所七人，社會科學研究室四人，校員生及其他五人，合共五百二十六人。內女生佔一百五十四人。全校教職員共計九十八人，重要行政職員姓名履歷列左：

職別	姓名	履歷
校長	李應林	美國奥柏林大學文學士，法學博士。前廣州基督教青年會總幹事，上海市政府平民福利事業委員會總幹事，本校副校長。
教務長	朱有光	嶺南大學文學士，美國哥倫比亞大學文碩士，教育科哲學博士。前本校教育學系教授兼系主任，燕京大學教育學系教授，中華平民教育促進會育才書院導師，華北農村建設協進會教育組副主任。
訓導長	謝扶雅	日本東京同文書院畢業，立教大學畢業，美國芝加哥大學哈佛大學研究員。曾任中華書局編輯，中華基督教青年會全國協會總務幹事，本校哲學系教授兼系主任，中華平民教育促進會秘書處主任，廣東省縣長考試襄校委員，湖南省民訓指導處編審委員。

私立嶺南大學要覽

總務長　李應林（兼）　見前

文學院院長　莊澤宣　美國米任美大學理學士，哥倫比亞大學文碩士，哲學博士。前清華學校心學理副教授兼職業指導所主任兼大學專科籌備主任，廈門大學教育學教授，國立中山大學教育學系教授兼系主任兼教育研究所主任，國立浙江大學教育學系教授兼系主任。

理工學院院長　富倫　美國必士傑大學理學士，加利福尼亞省大學哲學博士。歷任本校化學系教授兼系主任。

農學院院長　古桂芬　嶺南大學農學士，夏哇夷大學研究院修業，美國加利福尼亞省大學農學碩士。前南美洲秘魯發隆農業公司理兼技師，夏哇夷糖廠技師，廣東省建設廳技正，廣東省農林局副局長兼技正，本校農藝學教授。

醫學院院長　黃　雯（在假）

英國劍橋大學文碩士，醫學士，御醫內外科學院會員，熱帶病學專科會員，倫敦熱帶病學院畢業。前倫敦聖多馬氏學醫院駐院醫師，廣州公醫醫科大學講師，夏葛醫學院教授及主任醫師，香港東華醫院院長，上海女子醫學院教授，聖心醫院醫師，粵民醫院院長。

醫學院代院長　林樹模

上海聖約翰大學醫學博士，美國賓西菲尼亞大學理科博士，英國愛丁堡大學生理學科研究員。前北平協和醫學院生理學系副教授，本校孫逸仙博士醫學院生理學科主任教授。

理科研究所主任　陳心陶

福建協和大學理學士，美國明尼蘇達大學理碩士，哈佛大學哲學博士。歷任本校生物學系教授兼系主任。

（六）各院系特殊設備

各院系特殊設備，計有：（一）社會科學研究室；（二）自然博採集所；（三）植物館；（四）斐文氣候觀察所；(五)經濟植物徵集所；(六)柑橘試驗場；(七)博濟醫院等。

社會科學研究室成立於廿八年秋，搜集關於教育經濟社會問題資料，以供研究。自然博物採集所設於廣州原校工學館內，另有育虫園一所，及在建築中之育虫室一座。本校遷港後，該所仍繼續辦理。近復添置各種標本器具甚多。動物及昆虫標本，從新編號，其未定名之動物標本，尤其是爬虫類，兩棲類，及鳥類，均經研究後决定名稱。該所工作，特別注意昆虫之研究。現該所技正嶺理思，正從事於食葉及鑽穴甲虫及其他昆虫之分類與生物上之研究。技士吳玉洲則作蛾虫研究，技佐周郁文從事於昆虫生活史之研究。植物館之植物標本室，設立已二十四年，原隷於自然博物採集所，至廿七年秋起獨立而成立植物館，分設植物標本室及經濟植物室兩部份。植物標本室現擁有已定名之臘葉標本約十萬張，其中不少爲模型標本。世界各國及我國各省之標本，幾乎無地無之。其中以廣東省及海南島產者最爲豐富。至於尚未寄出之副標本，則尚有數十萬個。該室收集關於我國種籽植物之圖書頗多，正足爲研究我國尤其是廣東省海南島及福建省植物之用。經濟植物室近年來致力於我國經濟植物之收集，不論爲野生或栽培，其爲我國一般人所利用者，莫不盡力搜羅之。除大量之經濟植物臘葉標本外，尚有一經濟植物園，種植各種國內外之有用植物，尤其是竹類者。纖維，製紙，油，木材，染料及葯用諸植物，該室亦均注意。圖書設備頗稱完備，足供我國一般經濟植物之研究。斐文氣候觀察所，設於廣州原校科學館之前，成立已有二十年之久，初期設備，多爲美國斐文(Mr. J. R. Freeman)氏所捐贈，因以爲名。所內設有各種室溫測量計，土壤溫度計，濕度計，風速計，日光計，雨量計，蒸發計，氣壓計，均有自動及非自動二種。另於校外河邊設有自動潮水計，爲A. F. Gurley氏所贈，爲廣東全省所僅有。全所設備費，約計值港幣五萬元。各種觀測，每日均有自動紀錄，二十年來，無日或缺。廣東建設廳及各學校研究機關來索紀錄以備參攷者，年有多起。廣州淪陷後，本校仍派員繼續每日紀錄，以冀無缺。所位於緯度北廿三度零六分，經度一一三度十九分。現所主任爲西教授磊雅德博士。經濟植物徵集所，由西教授高魯甫主持，注重研究外國經濟植物輸入及與我國風土氣候之相習。柑橘試驗場，設于廣東潮陽縣，着重於柑橘品種之蕃殖及昆虫病害之防除。最近接收前實業部國產檢驗委員會在潮安設立之菓品檢驗監理處柑橘病害研究所研究柑橘之根腐病病源及防治方法儀器等，連同該所原有人員，繼續研究工作。博濟醫院設在廣州長堤，有六層大樓兩座，病床一百五十餘架。所用儀器，均極新式，設備相當完善，收容病者，常在百餘人。

10

此外本校理科雜誌藏書凡千餘種，爲國內理科雜誌藏書之最富者。現雖在抗戰期中，但仍繼續定購。圖書館現藏圖書，共計一十八萬五千七百零七冊，內中文書一三三一八六冊、西文書五二五二一冊。另雜誌四千零五十種，日報一百八十二種。館藏善本書有一百七十七種。

（七）學　生

本校遷港期內，除農學院二三四年級學生均在院寄宿外，其餘各學院各年級學生，因借在香港大學課室上課，無宿舍設備，全屬通學。每日上課時間，由上午八時至晚上九時半。學生每人每年繳交學校款項，計：（一）學費約一四四元，（二）宿費六〇元（通學者免），（三）雜費四〇元，（四）醫費一〇元，（五）實驗消耗費約一五元。另個人生活費約需二百元，合計共約需四百餘元。

在校學生，每星期須出席大學週會，及分別參加學生自治會，青年會，女同學會，社會科學研究會，教育學會，商學會，生物學會，物理學會，化學會，工學會，農學會，醫學會等團體活動。學生課外生活，有名勝地方旅行，工商文化事業參觀攷察，社會調查，及協助學校推行社會教育，參加各種愛國運動，社會勞働服務等等。

本校歷年大學本科畢業生（計至廿七年度止），領學士學位者共七五五八人，理科研究所畢業生

11

佰碩士學位者十四人。畢業後之出路，或爲升學，或爲就業。升學者以赴美國留學爲多，就業者以經商爲多。其從事教育，農業，科學，政治，社會各種事業工作者，亦所在多有。

（八）獎　學

爲獎勵學生向學及救濟清寒學生起見，本校設有各種獎學金。（一）免費獎學金；（二）公費獎學金；（三）榮譽獎學金。

廿八年度文、理工、農各學院設置各項獎學金如下：（一）免費獎學金，全額四十名，免繳修金，即每名每年約一百四十四元至一百六十元爲限。（二）公費獎學金，全額四名至五名。（A）普通公費獎學金二名，全額者每名每年二百五十元。（B）鄭雨泉紀念園藝學獎學金二名至三名，全額者每名每年三百元至五百元。（三）榮譽獎學金，全額十五名，免繳修金，即每名每年約一百四十四元至一百六十元爲限。另醫學院設置醫學院獎學金，全額五名，免繳修金，即每名每年約一百四十四元至一百六十元爲限。

凡文、理工、農各學院新舊學生領受免費獎學金，須確屬家境清貧，品行純正，體格健全，入學試驗成績及格，或在校成績優良平均在七十分以上者（凡須補習者均作資格不適合論）。領受普通公費獎學金，須確屬家境清貧，品行純正，體格健全，入學試驗成績優良，或在校成績特優者。領受鄭雨泉紀念園藝學獎學金，須屬潮汕籍，能操潮汕方言，品行純正，體格健全，入學試驗成績優異，對於農業極有興趣，志願主修園藝學科目，畢業後願在潮汕服務，家境清貧需要資助者。領受榮譽獎學金，如屬新生，須品行純正，體格健全，入學試驗成績特優者；如屬舊生，亦須品行純正，體格健全，在校成績連續兩學期俱屬優異平均在八十分以上者。凡醫學院學生領受醫學院獎學金者，須具備下列資格之一：（1）家境清貧，品行純正，體格健全，入學試驗成績及格或在校成績優良。（2）品行純正，體格健全，入學試驗成績或在校成績特優。

（九）學術研究

本校各科教員，對於學術研究，素所注重。本校遷港後，設備雖不如昔日之完善，惟素有研究興趣之教員，仍不斷作研究工作。此種工作，不但有本身價值，且足以增加學術空氣，使教學內容更加充實。茲將各教員實際問題研究列表如左：

研究者	職別	問題
高舜甫	園藝農藝學系教授	外國經濟植物之輸入及其與我國風土氣候之相習

13

古奠梨　生物學系教授

趙恩賜　化學系教授

陳心陶　生物學系教授兼主任

莊澤宣　教育學教授

麥健曾　商學經濟學系教授

蔣　鵾　藥理學教授

古桂芬　農藝學教授

伍銳麟　社會學系教授

(一)工業用中國竹之力的研究

(二)華南竹的培植法

(三)荒山植竹的研究

化驗中國出產的食物

人體寄生虫之生活史及其防治法

社會組織與教育

海外華僑之實業

中國藥物總檢討

香港新界主要農產製造研究

(一)香港政治經濟及社會組織的調查

(二)海南島黎苗的研究

(三)西洋社會思想史—由柏拉圖至盧梭

(四)近代社會學說

14

私立嶺南大學要覽

李沛文	農藝園藝學系教授兼主任	廣東潮屬主要柑橘之品種改良
杜樹材	畜牧獸醫學系教授兼主任	土雞與力漢雞混種對於產卵之改進
蕭祖徵	畜牧獸醫學系講師	
李德銓	園藝學教授	萊菔品種之研究
邵堯年	農藝學教授	(一)荔枝生產豐凶與氣候關係 (二)白欖品種與收採時期對於含有單寧酸多少之關係
曾昭森	教育學教授	香港教育制度之研究
高維雅	社會學系教授	(一)香港新界蘇村社會結構調查 (二)廣東家族稱謂之研究
黃郁文	土木工程學系教授	煤屑與炭屑之利用
卞柏年	化學系教授	油脂類之高溫作用及內燃機之燃料研究
吳重翰	中國文學系教授	雜劇與傳奇之研究
馮秉銓	物理學副教授	無線電鎖連振盪之研究
陳玉符	歷史政治學系副教授	日本外交史

曾呈奎　生物學系副教授　(一)中國經濟海藻之調查及研究
(二)香港之鹹沼植物及海藻

黃翠鳳　社會學系副教授　戰時社會服務行政之研究

鄭慶端　生物學系副教授　(一)中國蚜虫之調查與研究
(二)家畜體外寄生虫及其防治之研究

譚春霖　政治學副教授　(一)中國戰時行政問題
(二)歷代中國行政制度
(三)歐戰與國際法

林金意　農藝園藝學系副教授　農作物營養實施方法

高永譽　土木工程學系副教授　戰時須迅速建築之臨時工程與迅速結洋灰

何格恩　中國文學系講師　蜑族史料研究

葉福安　土木工程學系講師　避水三合土與地下室牆壁

黃錫凌　中國文學系講師　一萬漢子字形的分析

至於教員重要著作，最近兩三年內有如下表：

16

私立嶺南大學要覽

著作者	書名或論文題目	出版處或時期
趙恩賜	化驗廣東之食品	中國醫學會
	無機化學實驗課本	（與黃文煒胡國豪合著）
朱有光	中日戰爭對於中國高等教育之影響	美國「學校與社會」雜誌第四七期
	大學的職能及時代的使命	本校校報第十五期
	社會科學研習法	嶺南週報第九期
	赴滇考察西南大學教育報告	教育季刊廿九年三月號
陳心陶	華南肺蛭虫之生活史	法國寄生學雜誌
	寄生絲虫之新種	嶺南科學季刊
	廣州屠場之寄生虫研究水牛消化管之線虫	嶺南科學季刊
	華南哺乳動物之寄生線虫	英國寄生學雜誌
	廣州鼠類之新種肺蛭虫	嶺南科學季刊十九卷二期
	怡樂村肺蛭虫之形態及發育史	嶺南科學季刊（將出版）

莊澤宣	民族性與教育	商務印書館
	鄉村建設與鄉村教育	中華書局
	當前的建教合一問題	教育通訊一卷八期
	改進師資的兩個基本問題	教育通訊一卷十一期
	中等教育改造問題	教育通訊一卷廿期
	高等教育、改造問題	教育通訊二卷十期
	利用抗戰時機推進華僑與邊疆教育	教育通訊二卷廿八期
	教育之社會的基礎	教育雜誌廿八卷七期
林樹模	對於動物由海中轉移陸地之幾點觀察	嶺南週報
	對於推行普及生理學教育之意見	醫育
林樹模、朱紀勛	正常人體生物學教材及教法之商榷	醫育
伍銳麟	廣州市六百人力車伕生活狀況之調查	資治二——三期
	中國人力車伕的研究	本校社會學系

私立嶺南大學要覽

18

曾昭森

廣州市河南島下渡村七十六家之調查	在編撰中
香港社會的研究	在編撰中
大學教育與非常時期	嶺南週報
戰爭與女子	嶺南週報
紛亂時代的學者	南風十四卷一期
鄉村服務團報告書前言	嶺南大學戰時鄉村服務團報告書
青年的精神	本校校報八期
鄉村務服的囘憶	嶺南週報五期
最近十年來美國學生進公私立大學肄業的趨勢	教育雜誌廿九卷四期
青年運動與運動青年	中國晚報（廿八年五月四日）
無父母的兒童與學業進步的關係	教育雜誌廿九卷六期
一九三八年的美國教育	南風十五卷一期

19

	英國戰時學童保護計劃	資治二期
	明日的中國	本校校報三十九期
	介紹美國的小學圖書館	教育雜誌三十卷四期
	香港學校收費的研究	教育雜誌三十卷五期（與李冬青君合寫）
	經驗與教育	商務印書館（全書譯竣行將出版）
高維雅	什麼是戰爭	資治二卷二期（陳雪品譯）
冼玉清	悲秋詩集	嶺南週報十一卷二期
	國難隨筆	嶺南週報十一卷六期
	讀宋史李綱傳	嶺南週報十一卷七期
	宋代大學生之士氣	嶺南週報十一卷八－九期
	民族女英雄冼夫人	嶺南週報十二卷一期

國難文學	嶺南週報十二卷二期
記陳輯五教授紀念會	嶺南週報十二卷五期
國難文學	嶺南週報十二卷十期
讀宋史岳飛家	南風
危城逃難記	大風雜誌廿四期
悼楊果庵先生	本校校報六期
祭楊果庵先生	本校校報九期
一個實踐教育家楊果庵	大風雜誌三十一期
由國語統一說到民族自强	本校校報三十七期
朱九江先生對外之正義感	大風雜誌
黃遵憲之中日戰爭史詩	大風雜誌
萬木草堂與灌根草堂	大風雜誌
廣東之鑑藏家	不日出版

21

吳重翰

廣東藝文志	不日出版
廣東女子藝文志	成書未出版
古禮與西禮之幾種比較	已脫稿
明代倭寇犯華史畧	商務印書館
清代戲曲之思想	南風十四卷一期
論紅樓夢	南風十五卷一期
明代倭寇犯華與今日日本侵華	中國晚報廿八年（十二月廿四日）
以水濟水豈是學問	本校校報四十四期
民國歷史應有漢奸傳	嶺南週報
明代倭寇犯華大事表	已脫稿
東坡詞箋	已脫稿
國殤（四幕劇）	已脫稿
歷代文選	撰著中

22

私立嶺南大學要覽

	文學批評	撰著中
盧子葵	日本維新後產業發展因素的總檢討	嶺南週報
曾呈奎	中國海藻誌要	嶺南科學季刊
	香港海藻之紀錄	香港水產研究所報告
鄭慶端	廈門食蚜虻之敘述與記載	福建協和大學科學雜誌
	中國食蚜虻科名錄附以福州常見種類之敘述與記載	協大生物學會報一卷一期
陳玉符	日本外交之前途	嶺南週報十一—十三期
	日本與歐洲各國初期關係	資治一期
	日本與朝鮮之初期關係	南風十五卷一期
譚春霖	各國行政研究概況	本校歷史政治學系
	列强遠東政策的檢討	廣州國華報（廿七年三月十一日）
	歐局與我國抗戰前途	嶺南週報
	外國人在各國之政治地位	資治

李兆強	歐局動盪中我國青年應有之認識	本校校報四十五期
	香港政制	香港
	文藝復興與宗教改革	南風・資治
	基督教與西洋文化	中國晚報
	多瑙河流域的糾葛	中國晚報
	一九三九年之聖誕節	本校校報四十七期
吳亮如	廣州麻雀之寄生蛭及其三新種	嶺南科學季刊十七卷三期
何格恩	研究蠻族的方法與材料	民族五卷八期
	蠻族史料研究初稿	南風十五卷一期
	虬髯客傳考證	在編撰中
	曲江年譜	在編撰中
黃錫凌	粵音韻類	中華書局
何多源	中文參攷書指南	商務印書館

戰時經濟參考書目	本校圖書館
館藏善本書目題識	本校圖書館
抗戰時期中國出版之文學史學期刊	南風十五卷一期
論目錄學及參攷書使用法應列爲大學一年級必修課程	教育雜誌廿九卷八期
抗戰時期之中國文化建設	在編撰中
中文參攷書指南續編	在編撰中
香港問題參攷書目	在編撰中

本校出版刊物，計有：（一）嶺南科學季刊（英文）；（二）嶺南學報（季刊，本校遷港後停刊，現籌備復刊）；（三）嶺南大學校報（週刊）。及學生自治總會出版之「嶺南週報」；學生自治會出版之「南風」（每學期刊行一期）；社會科學研究出會版之「資治」（半月刊）等。又本校印行「入學簡章」，「各學院學系課程表」，「獎學金」等小冊。

（十）學校風氣及特點

本校教育政策，以研究高深學術，培植專門人才爲目的，採取現代教學方法，各科試驗實習工作，特別注重。抗戰以來，爲適應需要，實施戰時教育，增設有關抗戰建國科目，尤其注重提高民族意識，養成學生强固之愛國觀念。廿七年十月廣州撤退，本校遷校來港，幷爲保存學校生機，維持數百學生學業，暫行在港上課，將來擬分期遷回國內辦理。現已籌劃先將農學院三四年級遷回粵北，派員選擇地址，及與省政府商洽一切。至廣州原校，則已交還本校美國基金委員會保管，幷無損失，異日廣州重光，本校遷回舊址，即可恢復舊觀。

本校風氣，以親愛互助及勇於服務爲最顯著之表現，社會人士稱之爲「嶺南精神」。在學校生，平時大中小各部千餘人，同一校園，團契生活，養成親愛如一家之習慣，離校以後，亦能相親相愛，團結互助。本校在港上課期內，雖以環境關係，各部學生未能同在一地生活，惟師生均能保持以往精神。除從事於學業埋頭苦幹外，對於親愛，互助，及勇於服務之風氣，不曾以環境轉變而中斷。

本校爲私立的，中國人主權的，國際的，基督教的大學，教育主權完全爲中國人操持，惟仍與美國基金委員會合作。美基會除平時將廣州校舍每年租銀一元租與本校外，幷資助西教職員來校服務，及捐助本校經費，故本校與美國人士關係，特別深切。又本校與美國各大學向有交換學生，對於中西文化之溝通，關係尤其重要。而本校畢業生赴歐美留學，成就爲深學術者亦多。凡此胥爲本校之特點也。

校歌

平原廣濶瞭近目前　江水流其間
羣邱遶繞恒爲障護　奮前莫畏難
母校屹立風波不搖　佳氣承遠方
地美人娛乃祖所賜　愛保兩勿忘

韶光幾度花娛鳥樂　飽受春風雨
使我樂輪黃金時刻　基你高聲序
當前百事待儂擔負　不怕半途廢
壯我胸懷得如昔在　母校光風裡

私立岭南大学财产间接损失报告表（表式26）

填送日期廿九年六月廿一日

分	数
共计	126,500元
迁移费	100,000元
防空设备费	5,000元
疏散费	15,000元
救济费	5,000元
抚邮费	1,500元

附　　表　张

报告者私立岭南大学校长李〇〇[1]

私立岭南大学民国二十九年暑期班简章（1940-07）

(117)

66.7

私立嶺南大學民國廿九年暑期班簡章（廿九年七月印）

一、校址：（1）本暑期班借用香港大學中文學院及港大教育學系義學課室上課，不設寄宿。
（2）本校暑期班圖書參考處設在港大中文學院二樓內。
（3）本校訓導處，校醫室，理科實驗室，學生自治會辦事處，及員生休息室等分設在般含道寧養台五號及六號（電話二一零六五三）
（4）本班辦事處附設在香港大學鐘樓三樓本校總辦事處（電話二一五二一七七）

二、校曆：

七月十五日　星期一　上午九時至下午一時繳費註册
七月十六日　星期二　開始上課
七月卅日至八月一日　星期弍至四　半期考試
八月十七日　星期六　全期考試，暑期班結束

附註：（1）廿九年度秋季第二次入學試驗截止報名：八月卅日（星期五）；入學試驗：九月二三兩日（星期一弍）；繳費：九月六日（星期五）至九日（星期一）；一年級生註册選課：九月九日（星期一）；二年級以上學生註册選課：九月十日（星期二）；各級學生開始上課：九月十一日（星期三）
（2）在校學生其入學資格未經教部核准者，須在暑期班上課期內照章參加本港國立院校統一招考（七月廿日星期六至廿四日星期三）；新生在暑期班修習者亦得援照辦理。

三、開設科目：每科目選修人數不足十人者，得停止開設，遇必要時，本班主任得臨時增設或取銷各科目或更改上課時間及地點(上課地點屆時宣佈)

科目號碼	科目名稱	每日上課時間(除聲明外俱在上午)	學分	教員
商學六一	廣告學	九時至十一時	三	馬熾壎
化學六四	食物營養	九時至十一時	三	趙恩賜
國文乙	補習國文(舊生)	十一時至一時	(三)	尹振雄
國文乙(特別組)	補習國文(新生)	九時至十一時	(三)	吳重翰
國文一乙	一年級國文(爲入內地之農科生而設)	十一時至一時	三	冼玉清
公民	補習公民	由八月十九日起至卅一日止每日上午九時至十一時	一·(五)	
經濟一	經濟學原理(農工科生)	九時至十一時	三	盧子葵
經濟廿五	合作經濟		三	
經濟八七	計劃經濟	十一時至一時	三	司徒森
教育五九	學習心理學	星期一四下午三時至五時	一	朱有光
教育九五丙	中等學校英語教學法	星期二五下午三時至五時	一	李寶榮
教育九五戊	生物學教學問題	星期三六下午三時至五時	一	陳心陶
英文甲或乙	補習英文	十一時至一時	(三)	葛德儒
工學一或二	工程畫或投影幾何	十一時至一時	二	黃郁文
工學廿二	平面測量(新界梁園)		三	韋金信
歷史九甲	中國通史(爲必須重讀之學生而設)	九時至十一時	三	何格恩
家政五三	烹飪實驗	十一時至一時	三	羅和平
工學六四	鐵路測量(新界梁園)		三	葉福安
工學八三	高級結構理論	九時至十一時	三	高永譽
數學F	補習代數	十一時至一時	(三)	王子輔
數學L	補習解析幾何	九時至十一時	(三)	鄺磯法
物理乙	補習物理	九時至十一時	(三)	李文江
社會七七	社會服務實習	十一時至一時。	三	黃鳳翠

四、選修科目：每生以選修三學分爲限，但選修補習科目者得同時選習兩科目（如選修公民者得同時選習三科目），修習體育者得同時另選修三學分，農科三四年級生如於九月後內遷者如經核准得同時修習兩科目共六學分，選修公民者其上課日期係由八月十九日（星期一）起至卅一日（星期六止）

五、學　費：

註册費	二元
修金（每學分）	四元
雜費（堂費）每學分	一元
醫費	一元
保証金	五元（舊生免繳）
實驗費	
化學六四	
家政五三	五元
工學廿二	五元
工學六四	五元
物理乙	七元五角

附註：以上所繳各費，除保証金一項照章辦理外，餘概不發還，學生膳宿自理。

六、註册手續：

一、新生先向註册組領取註册証
二、新舊生須塡寫註册文件向暑期班主任請求核准
三、經核准後向會計組繳費
四、憑繳費收條向暑期班主任請求發給學生証（須交相片一張）

七、註册規則：

一、學生註册須親自辦理
二、繳費註册須嚴守規定日期，逾期繳費或註册，每日罰欵一元，遞加至三元爲止
三、繳費註册及更改科目最後截止日期，七月十八日（星期四）。七月十九日起不准註册及更改科目
四、各生須注意各項佈告及學生規則

暑期班主任蕭祖用

66

广东省政府教育厅商请私立岭南大学推荐一名教育系优秀毕业生应聘教育厅义教视导员一职的函（1940-08-09）

廣東省政府教育廳用箋

24

總校長（簽） 第 頁

應林先生賜鑒前懇
介紹貴校教育系學生來廳相助曾荷
許諾至感稠情茲本廳義教視導員畧
有更替尚須一人補充該缺規定係委任五
級至一級月薪實支國幣八十五元至一百二十
元須視該員資歷經驗呈候銓敘部審查
核定如
貴校教育系畢業生其為人着實幹練將來

中華民國　年　月　日

-25-

廣東省政府教育廳用箋

第　頁

可提攜負荷重責者，敬祈
賜予介紹，務于本月底到廳，并先電復為
荷。專泐，奉懇，順頌
誨祺

弟黄麟書　敬啟

中華民國廿九年八月九日

私立嶺南大學文稿（函稿）

存卷

事由：函告校務近況[illegible]由

校長　（印：李應林）　八、十七

訓導長

教務長　[illegible]

總務長

主稿　[illegible]

文書組主任

繕校

送達機關　[illegible]

字第　號

廿九年八月十七日發

逕啟者：本校在港上課瞬經兩載，過去兩年來，雖在播遷之頃，而校務推行仍稱順利，堪深慶幸。茲者廿九年度將屆開始，爰將分別奉告各項列下：

（一）農學院三四年級自廿九年度起遷往粵北樂昌坪石，一二年級則仍留港辦理

3

二年级学生如已修毕本科目拟请三四年级入内地者请分别向教务长声请

（二）廿九年度上学期缴费注册程序两日办理缴费自九月四日至六日（星三至五）注册九月六七（星期五六）两日九月十一日（星期三）起在沪各年级同时上课本学期学费依照历年办法一次过征收

（三）请转知贵子弟依期回校办理缴费注册手续预备二寸半身小相两张于注册时缴交以便发给学生证

中華民國　年　月　日　第　頁

(四)本校遷回後經前[illegible]

期間僑務[illegible]支持，[illegible]不[illegible]增收學費

加重學生負擔

以上各事敬希

貴家長查照爲荷此致

家長先生

校長 李[illegible]

廿九、八、十七、

私立岭南大学关于拟介绍司徒义充任广东省教育厅义教视导员的笺函（1940-09-23）

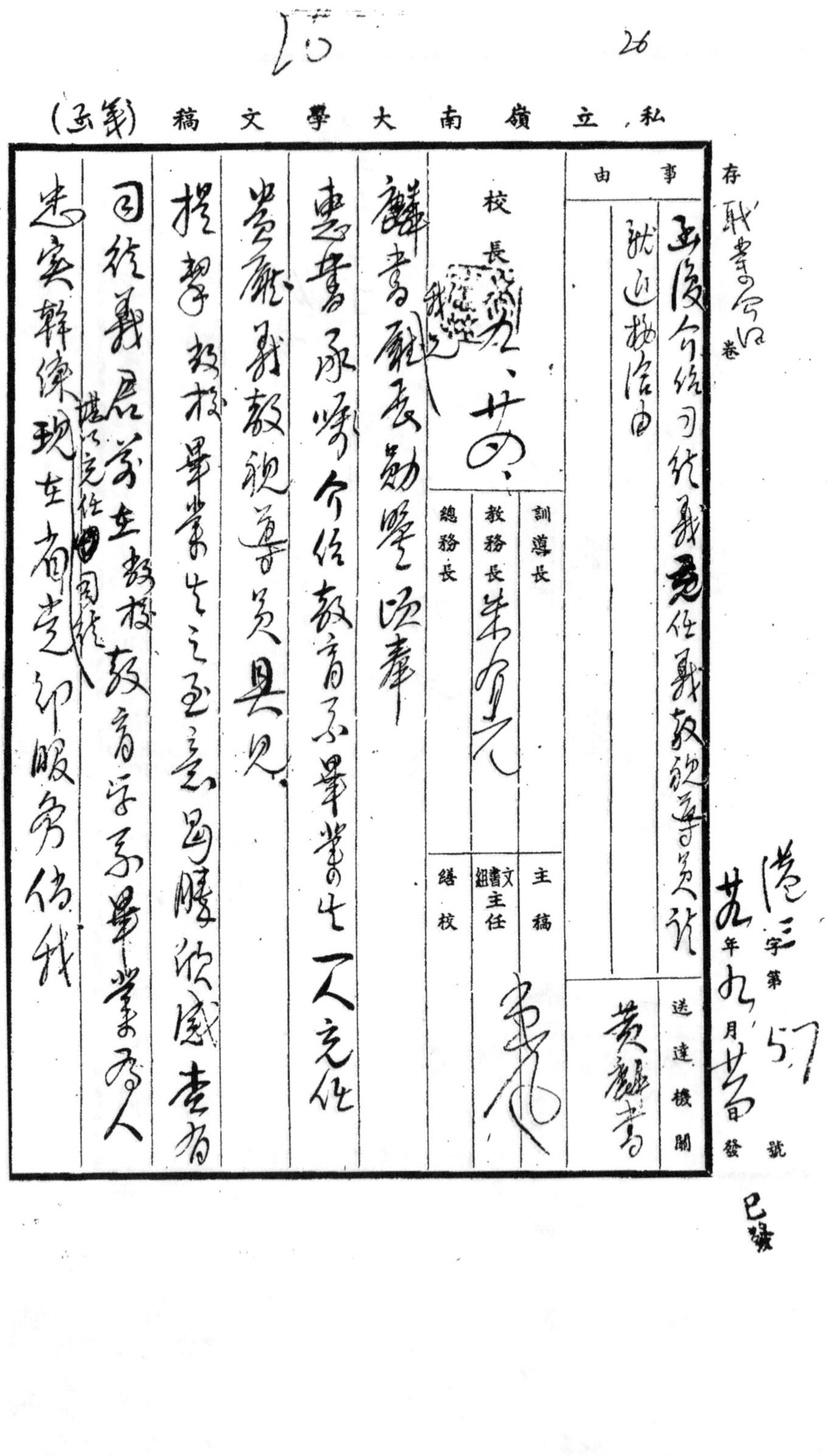

私立嶺南大學文稿（箋函）

事由：函復介紹司徒義充任義教視導員

附：詳述（？）校陳由

存 職業介紹 卷

校長 （印）

總務長

教務長

訓導長

繕校

文書組主任

主稿

送達機關：黃麟書

港三字第57號

廿九年九月廿三日發

麟書廳長勛鑒 逕肅者

惠書承囑介紹教育系畢業生一人充任

貴廳義教視導員 具見

提挈教校畢業生之至意 曷勝欣感 查有

司徒義君 業在敝校教育學系畢業 為人

忠實幹練 現在前述印服務 倍我（？）

27

之混為適宜，即請執事與司徒君接洽，想

司徒君必樂於為

貴報服務也。專此布復，并頌

公綏

弟李彥棻謹復

中華民國廿九年九月廿二日第全頁

《岭南大学校报》港刊第八十一期报道：本校民国二十八年度兼办社会教育工作报告、农院内迁完成　坪石新址开基礼纪略、农院内迁行程小记（1940-11-18）

中華民國二十九年十一月十八日(星期一)出版　第一版　593

嶺南大學校報

港刊第八十一期

私立嶺南大學編印

本校廿八年度兼辦社會教育工作報告

——廿九年十一月呈報教育部——

本校兼辦社會教育，歷有年所，廿八年度兼辦社會教育計劃，前經本校擬訂，呈部核准備案施行。茲將一年來工作概況報告如左：

(一)關於農業推廣者

一、檀香山華僑國難醫藥救濟委員會，捐贈本校美國加利福尼亞省種籽公司優良種籽九包，計甜粟米種籽三百磅，黃粟米種籽三百磅，矮瓜種籽一十磅，加省番瓜種籽五十磅。由本校以三包分發新界各難民營難民耕植，其餘六包轉運往粵北，會同廣東省銀行農貸部分發與農民，改良種籽，增加生產。

二、本校農學院 贈送廣東兒童訓練團 番茄種籽，使之廣為種植，以救治普遍之鷄盲疾病。

(二)關於流動教育者

、教育學教授兼教務長朱有光，一年來在校外演講有如下表：

日期	演講場合	講題
廿八年七月一日	真光中學畢業禮	如何繼續教育你自己
七月三日	南洋中學	學習方法
九月五日	聖保羅女書會院教員討論會	以完全人格為目標的教學應如何進行
十二月卅日	美華中學教員退修會	教學方法
廿九年一月十三日	嶺英中學家長聯歡會	學校與家庭合作
一月十五日	嶺南大學附中	遊濵觀感
一月廿二日	星期四閱書會	戰時西南高等教育概況
三月十三日	培英中學	升學與擇業
三月九日及十六日	香港師資訓練學院	現代心理學原理在教學上之應用
三月廿五日	知用中學	有效的學習方法
三月廿八日	華英女子中學	學習方法
三月卅一日	聖保羅禮拜堂說教	我們要警誡
四月十三日	基督徒學生春令會	認識現實信仰理想
四月廿二日	嶺英中學	遊濵觀感
四月廿五日	基督教教育會中學校長會議	教師輔導問題
四月廿七日	華英中學教員退修會	如何訓練理想的中學生
六月廿九日	培正分校畢業禮	如何教育你自己
七月一日	華英女子中學	如何繼續教育你自己
八月廿日至廿二日	基督徒學生夏令會	(1)宗教的心理學觀(2)學習與生活(3)香港青年基督徒學生應有的責任(4)遊濵觀感

原校址：廣州河南康樂　現遷香港辦事處：般含道香港大學鐘樓電話二五二七七

二、教育學教授兼文學院院長莊澤宣，一年來在校外演講有如下表：

日期	演講場合	講題
廿八年七月至八月	香港女青年會戰時服務人員訓練班	教育原理
十月十日	沙田崇基聖經學校	雙十節的意義
十一月	香港青年會大學擴張講座	大學擴張教育的起原
廿九年元旦	高中三基督徒退修會	升學與擇業
一月	南華大學	中華民國廿八歲了
二月	香港師範學院	我研究教育的經過
六月	中華及華南三育研究社二十屆畢業禮	中西社會組織比較觀

(三)社會實習及調查

一、社會學系教授兼系主任伍銳麟，調查香港歷史社會經濟狀況，內容如次：

1.香港歷史及地理
2.香港政治組織
3.香港人口
4.經濟組織—商業及工業
5.農業礦產及漁業
6.司法—警察及監獄
7.慈善救濟機關
8.犯罪
9.娛樂及他其

二、選讀社會學概論一科之學生，由教授伍銳麟指導調查香港二百個家庭。此等家庭之選查，注意人口及家庭預算，其間包括各級社會。研究結果足以明瞭香港居民之家庭組織，人口衛生，教育，生活程度，家族思想及目的。

三、教授伍銳麟調查香港勞工狀況，工作已完成，內容要點如次：

1.香港工業種類
2.資本及組織
3.工廠工人工作情形
4.工資
5.勞資關係
6.一百個工人家庭生活程度
7.勞工糾紛

四、社會學系副教授黃翠鳳，研究戰時難民救濟事業。

五、社會學系教授高維雅，從人類學觀點調查新界某鄉村，并得李季琰勸助，將王東惠著「花籃搖」一文譯爲英文。

六、社會學系四年級生之畢業論文，有與社會教育事業有關者。例如：陳雪晶之「香港婦女販賣」，及李季琰之「香港外人主辦之慈善事業」。

(四)關於協助社團事業者

一、新界戰時青年農藝院，係由廣東婦女慰勞會主辦，收容失學青年百餘人，施行生產教育，兩年畢業。由本校農學院及社會學系員生担任該院各種技術任務，并由學生自治總會捐助經費港幣三百元，第一屆學員結業，成績甚佳。現該院已遷往粵北樂昌縣坪石，繼續辦理。

二、中華基督教女青年會華南區代表大會，於廿九年春間在香港舉行，大會總題爲「女青年抗戰建國之使命」。本校社會學系副教授黃翠鳳担任演講，及領導一小組討論會。

三、香港救濟學生委員會，由男女青年會暨熱心學生事業人士所組織。內分(1)升學指導；(2)旅費津貼；(3)學額補助；(4)職業訓練及介紹等部。本校社會學系副教授黃翠鳳担任升學指導及旅費津貼部主任職。一年來受旅費津貼回國升學青年凡百餘人，領受學費補助者五十餘人，共用去國幣二萬元，另港幣五千餘元。該欵多係由中央振濟委員會及外國人士所捐贈者。

四、廣東省教育廳組設職業學校輔導委員會，本校派農學院院長古桂芬，醫學院院長黃雯担任委員，協助該會工作。

五、學生自治總會捐助廣州基督教青年會內地工作經費國幣三百元。

(五) 關於抗戰建國宣傳者

一、利用本校出版物，發表關於抗戰建國及提高民族意識之文字，激勵僑胞，同時作國際宣傳。茲將一年來在校報發表有關抗戰建國之論著列下：

李應林：(1)第二次歐戰的問題
　(2)抗戰中的基督教大學
朱有光：赴滇考察西南大學報告
謝扶雅：新中國建造中的大學生
莊澤宣：中華民國二十八歲了
麥健曾：(1)戰時幾個財政問題
　(2)中國戰後經濟復興之條件

曾昭森：明日的中國

冼玉清：由國語統一說到民族自強

盧子葵：（1）紀念總理誕辰的感想

（2）紀念總理逝世應有之認識

譚春霖：歐局動盪中我國青年應有之認識

鄧鴻操：（1）我所知道的抗戰國情

（2）國內青年的戰時生活．

俞鴻鈞：抗戰的新形勢

（六）關於愛國工作及捐款者

一、粵港基督教團體慰勞團，本校派社會學系副教授黃翠鳳參加籌備，及派庶務組主任謝昭杰代表在粵北慰勞抗戰將士。

二、員生一年來愛國捐款有下列各宗：

（1）戰士寒衣代金國幣一萬元，另棉衣一千件。

（2）粵港基督教團體慰勞團慰勞金國幣二千元。

（3）傷兵之友社社費國幣三千八百四十八元。

（4）建鼎鑄像經費國幣三百元。

（5）瓊崖那大市難民區糧費港幣九十二元

（七）關於推廣教育者

一、應香港九龍各基督教中小學之請求，於廿九年春季設立教師進修班，開設（1）教育原理；（2）學習心理學；（3）普通教學法三學程。分由教育學教授莊澤宣，朱有光，曾昭森三人任教，以供港九各中小學教師夜間業餘進修。第一期學員共五十七人。

二、農學會在九龍青山道藍地舉辦義學一所，經費及教職員均由農學院學生担任。分識字班及未識字班，每星期上課五天，每日授課一小時，由晚上八時至九時，學生共有三十餘人。平均每晚識字五個至十餘個。

校聞

農院內遷完成

坪石新址開基禮紀畧

李校長特撰開基紀念文

本校農學院三四年級遷往粵北坪石，員生於本月七日全體到達後，九日在坪石農院新址舉行開基典禮。參加者除李校長及全體員生外，并有國立中山大學校長許崇清，本校校董會代表林逸民，曲江同學分會會長楊仲理暨舊同學等多人。由李校長主禮致開會詞，畧謂本校因廣州淪陷，暫遷香港，得香港大學之幫忙，予以意想不到之便利，深以為幸。惟同人時以內地切需高等教育，及學生在戰時亟應受內地精神之陶冶，爰先將農學院內遷，將來在經濟與環境許可之時，其他各學院亦擬次第遷回。今日坪石新校建造較為完固，蓋不止為戰時之用，將來希望成為優美之農場，以供學術之研求云。繼請中山大學許校長演講，并多所鼓勵。對本校內遷精神，備致嘉許。隨由林逸民校董代表校董會，楊仲理會長代表曲江同學分會，相繼演說。禮成拍照乃散。查農院新址位於坪石車站對面，隔江相望，雖大可開，面臨金雞嶺，岩石奇特，樹林青翠，風景殊佳，地位及環境，最適宜於農業，將來前途發展，未可限量。農院已於十三日開始上課，至是農院內遷遂告完成。又農院新址於舉行開基典禮時，李校長特撰開基紀念文，由參與典禮者署名於卷末，用留紀念。茲將全文附錄于後：

（上）開基典禮　（下）坪石農院新址全景

私立嶺南大學，前歲因廣州淪陷，暫遷香港，繼續講學；承香港大學之慨助，借用校舍，予以種種便利，其盛意良足感謝！惟同人等深知我國內地需要最高教育，而熱血青年·亦多懷抱共赴國難之精神，更難予以機會，在此抗建大時代中，養成刻苦耐勞之人材，爰決定先遷農學院。深感故古院長桂芬不辭勞瘁，尋得坪石院址，復承政府當局之贊助，農學院遷此，遂慶觀成。今日舉行開基典禮，參加諸君，多係初次來臨，為農學院開闢草萊，將來迴溯農學院遷地歷史，諸君即是創業之人，其作始雖小，其發展無窮期。對國家社會有偉大之貢獻，當為今日參加諸君所同深祝禱也。茲請諸君題名於左，以永留紀念。

中華民國廿九年十一月九日私立嶺南大學農學院北遷坪石開基紀念日校長李應林謹誌

許崇清　楊仲理　謝昭杰　李應林　黃琢齋　何天生　李振威　雷澤埜　陳慕勉　陳國堯

王以敦　楊蓁貞　李僊帆　李德銓　區鈴徽　陳幼直　鄭長佑　鄧兆懷　余達生　老瑞麒

杜樹村　鄭天熙　凌鴻起　徐國卿　陳贊林　黃永恩　衛歐宇　黃錦沛　何丙檢　老瑞仁

林逸民　馬廷瑞　蕭祖徽　朱廣陶　阮　命　何兆民　黃鳳芳　麥仰端　鄺兆珊　朱卓垣

張宗彝　梁幡民　陳炳樞　邵堯年　朱志堅　林崇傑　丘安端　梁賜達　鄺漢石

189-1

1940年

農院內遷行程小記

行程順利

本校農學院內遷員生，一行卅餘人，自十月廿一日由港出發，在大埔拘搭上午十時啓碇之大鵬號輪船，約下午一時半抵沙魚涌。該地因頻遭空襲，海關每日下午二時方啓關，故出入旅客亦須於二時後方能通過，本校員生於開關時取得特許人情，得僱艇駛入海灣登岸，步行約五六里到葵涌，是晚即宿於該處。翌早六時出發前往淡水，行李每担七十斤需伕力國幣二十元（照定章原每百斤二十元，但僱伕時無人肯依章挑運）。步行廿五里至蕭坑，渡河後有單車搭客至淡水（三十里），每人規定國幣五元，員生多有乘搭者，後來漲價至每乘七八元。朱廣陶校醫以體胖故，出價十八元，始能搭至淡水。到淡宿於美達旅社，地方頗整潔，兩日旅程未聞警報，向視為畏途之沙魚涌等地，平安渡過，並未感如何困難也。

西湖警報

在淡水留宿一宵，即於廿三早天色微明起程，乘搭電船順流赴惠陽，於下午六時到步。惠陽每日（至多隔日）有電船往河源，本校員生為候搭直達龍川之淺水電船，故在惠逗留四日。惠陽年前因遭敵騎蹂躪，慘罹刦火，繁盛之水東路，盡成危牆頹垣，滿地瓦礫。今因東江為內地唯一孔道，故商業又趨繁榮，舖戶多已新加修建，而運輸業尤盛。徒以屢經災難（今夏大水災），終覺滿目瘡痍，生活高漲（白米每元可糴十四両），民生困苦，但有氣力者則生活甚易，因挑伕工值甚昂也。西湖已荒蕪不堪，但湖山無恙，在此適遇警報，同學皆泛舟其間以避焉。

同學於廿七晚七時離惠，乘搭一新裝淺水電船溯江而上，原期兩日餘抵龍川，終因新船航路不熟，且河流淺涸，時遭擱淺。在舟中，地狹人稠，膳食粗劣而價昂，初以為苦，後亦習而安之，至十一月一日始抵龍川，寓龍川旅社。

初意以為有專車兩輛，便可整隊赴韶，但因車輛缺乏，故決定分批乘搭運輸車入韶，乘坐車頭位比較舒適，即統計全部用費，亦較專車為靡也。沿途經過高山峻嶺，風景優美，但行車時危險萬狀，途中以忠信連平為最險阻。連平雲海，尤饒奇觀，惟必朝發忠信而天氣佳者乃能見之。同學抵韶時，先在青年會本校辦事處報到，即先後赴坪石集中。

小康樂村

農學院坪石新址跨樂昌乳源兩縣，北界湖南宜章。由樂昌縣城北行，鐵路蜿蜒，北江灣曲，河流澄碧，沿途為九峯山脈，杉松青翠欲滴。新校舍即建於車站之對河，江流迴抱，如一U形，校地岡巒起伏，恍若康樂，杜代院長呼為小康樂，將來擬即以「小康樂」名之。環觀新址，江流環繞，四面山青似黛，水碧如油，風景天然，有可墾闢之岡嶺，有可利用之水源，吾人於此不能不感佩古故院長之一番盡瘁，尋此美地以供後人之耕耘講學，其功洵足不朽也。更有一段饒有趣味之傳說，新院對面即為金雞嶺，奇峰怪石，玲瓏萬狀，有金雞一隻，伏於岩頂，形狀酷肖。當地故老相傳，此為廣東之風水，以金鷄咀向湖南食湘省之谷米，而生蛋溺糞於廣東，故粵省土地肥潤，而民生富庶云云。行見本校農院同學，可利用金鷄肥料，披荒赴棘，為粵北農業改進上放一異彩也。

校長歡宴

此次農學院內遷，李校長親赴粵北籌備一切，定期十一月九日舉行開基典禮。八日晚，李校長特在坪石墟怡利合酒樓，設讌款待全體教職員學生。席間校長致詞，大致謂此次遷院，員生不辭艱險入內地，教學就學，其精神良堪敬佩。內地在此戰時，難免許多不便，然亦未必盡如香港一般人所傳說之艱苦。諸君今日身臨其境，已自知道，故希望諸君將來與親友通信，亦當多言內地的好處，以鼓舞同學返內地的興趣。又本校農學院選地適當，許多人士皆說嶺南大學具有遠大眼光，此實感謝古故院長努力之賜。新校建築，在今日內地言，可稱堅固優美，因此又難免有人說嶺南大學為貴族化。但此種批評，無關重要，吾人所最重視者為所結之果子如何耳，倘因諸君之努力為學，將來有所成就有所貢獻於國家社會，則他日之建設，將不止此。杜代院長在此困難當中，願負責主持農院，尤為感激。今日新遷校址，諸多不便，望各人體諒，一致努力，庶不負人望。現中山大學亦遷于此，修業上更可得觀摩切磋之益也云。繼由農學會主席黃琢齊答詞，盡歡乃散。在寒風冷月中，聯袂偕行約五華里之路程而返校焉。

私立嶺南大學入學簡章

LINGNAN UNIVERSITY, HONGKONG.

HONG KONG OFFICE

HONG KONG UNIVERSITY MAIN BUILDING

HONG KONG.

BULLETIN OF ENTRANCE INFORMATION

1940 - 1941.

民國二十九年度適用

私立嶺南大學編印

◁本簡章取閱處▷

香港大學鐘樓三樓本校辦事處（可函索）

（電話：二五二七七）

上海南京路大新公司四樓嶺南分校（可函索）

澳門東望洋白頭馬路山頂嶺分中學（代派）

1940年

19-1

目錄

（一）校曆（民國廿九年度）

暑假期

二十九年	七月五日	星期五	秋季第一次入學試驗截止報名
	七月八日起	星期一	秋季第一次入學試驗
	七月十五日	星期一	暑期班開始
	八月十七日	星期六	暑期班結束
	八月三十日	星期五	秋季第二次入學試驗截止報名
	九月二日起	星期一	秋季第二次入學試驗

附註：(1)秋季第一次入學試驗及暑期班日期，俱係暫定，如須更改時，得先期登報週知。

(2)奉教部令凡廿八年度在校學生，其入學資格未經教部核准者，在暑期班期內，須參加廿九年度國立院校統一招生考試。新生如在暑期班補習，亦得照章參加。

秋季學期

二十九年	九月六日至九日	星期五至一	繳納學費
	九月九日	星期一	一年級學生註册選課
	九月十日	星期二	二年級以上學生註册選課
	九月十一日	星期三	各級學生開始上課
	十一月十一日	星期一	半學期考試開始
三十年	一月廿日至廿五日	星期一至六	學期考試

春季學期

三十年	二月一日	星期六	春季入學試驗截止報名
	二月三日起	星期一	春季入學試驗
	二月七日至十日	星期五至一	繳納學費
	二月十日	星期一	一年級學生註冊選課
	二月十一日	星期二	二年級以上學生註冊選課
	二月十二日	星期三	各級學生開始上課
	四月十四日	星期一	半學期考試開始
	六月十六日至廿一日	星期一至六	學期考試
	六月廿六日	星期四	畢業典禮

附註：廿九年度各種紀念日紀念辦法依照政府規定辦理

(二) 組織

民國廿七年十月廣州淪陷後，本校暫遷香港，除農學院二三四年級在港新界租地上課實習，學生必須寄宿外，其他各學院，俱借用香港大學校舍上課，不設寄宿。自廿九年度起擬將農學院高年級遷往粵北，現正在進行中。本校組織分大學，附校，分校各部如下：

大學 大學分四學院及一研究所。文，理工，農，三院皆四年畢業；醫學院修業五年，實習一年，方得畢業、各學院畢業生均授予學士學位。

(1) 文學院設主修學系五：輔修學系五。主修學系如下： 中國文學系 外國語文系(暫設英文組) 歷史政治學系(分歷史學，及政治學兩組) 社會學系 商學經濟學系(分商學組與經濟學組) 輔修學系如下： 教育學 家政學 哲學 宗教學 音樂

(2) 理工學院設主修學系四： 生物學系 化學系 物理學系 土木工程學系 輔修學系一：數學

(3) 農學院設主修學系二： 農藝園藝學系(內分農藝學及園藝學兩組) 畜牧獸醫學系(不分組)

(4) 孫逸仙博士紀念醫學院，不分系。

(5) 理科研究所，分生物學部，化學部。(另有章程)

附校 附設各校如下：

(1) 附設中學(附設華僑班)現暫遷香港新界青山道梁園。 (2) 附設小學(現暫停辦)

分校　各地分校如下：

（1）廣州嶺分中學并附屬小學　原址廣州矜枝灣　現暫遷澳門東望洋白鵬馬路山頂　（2）上海嶺南中學　原址上海江灣高境廟，現暫設於上海大新公司四樓　（3）香港嶺南小學　香港司徒拔道　（4）星洲嶺南小學，星架坡烏節律四十號　（5）安南嶺南小學　安南堤岸亞孟勞蘇街一〇九號

以上各附校分校均有詳細章程，投考生可逕函各該校索取。

（三）行政職員人名簡表（民國廿九年度）

校長	李應林	美國奥柏林大學文學士，法學博士。前廣州基督教青年會總幹事，上海市政府平民福利事業委員會總幹事，本校副校長。
教務長	朱有光	嶺南大學文學士，美國哥倫比亞大學文碩士，教育科哲學博士。前本校教育學系教授兼系主任，燕京大學教育學系教授，中華平民教育促進會育才院導師，華北農村建設協進會教育組副主任。
訓導長	謝扶雅	前本校哲學教授，中華平民教育促進會秘書處主任。
總務長	李應林	見前
文學院院長	莊澤宣	美國米任美大學理學士，哥倫比亞大學文碩士，哲學博士。前清華學校心理學副教授，兼職業指導主任，兼大學專科籌備主任，廈門大學教育學教授，國立中山大學教育學教授兼系主任，兼教育研究所主任，國立浙江大學教育學教授兼系主任。
理工學院院長	富倫	美國必士堡大學理學士，碩士，加利福尼亞省大學哲學博士。本校化學系教授兼系主任。
農學院院長	古桂芬	嶺南大學農學士，夏哇夷大學研究院修業。美國加利福尼亞省大學農學碩士。前南美洲秘魯發隆農業公司司理兼技師，夏哇夷糖廠技師。廣東省建設廳技正，廣東省建設廳農林局副局長兼技正。本校農藝學教授。

孫逸仙博士醫學院院長　黃　雯（在假）英國劍橋大學文學碩士，醫學士，（御醫內外科學院會員，熱帶病學專科會員）倫敦熱帶病學院畢業，前倫敦聖多馬氏醫學院駐院醫師，廣州公醫醫科大學講師，夏葛醫學院教授及主任醫師，香港東華醫院院長，上海女子醫學院教授，聖心醫院醫師，粵民醫院院長。

代院長　林樹模　上海聖約翰大學醫學博士，美國賓西非尼亞大學理科博士，英國愛丁堡大學生理學科研究員，前北平協和醫學院生理系副教授，現任本校孫逸仙博士醫學院生理學科主任教授。

理科研究所主任　陳心陶　福建協和大學理學士，美國明尼蘇達大學理碩士，哈佛大學哲學博士。歷任本校生物學系教授兼系主任。

註冊主任　盧子葵　嶺南大學商學士，廣東省黨部檢定訓育主任。本校商學系副教授。曾任廣東省政府建設廳審計員。黨務工作人員訓練所教授，本校商學院附設商科職業學校總務主任，本校男學監。

男生主任導師　謝扶雅　見前

女生主任導師　黃翠鳳　嶺南大學文學士，美國米西根大學文碩士。本校社會學副教授。前廣東省女界聯合會總幹事，國立中山大學教育學系副教授，眞光中學附小主任。

（四）入學規則

通訊

（1）民國二十七年十月廣州淪陷後，本校暫遷香港，關於投考詢問事項，須向香港大學鐘樓本校辦事處接洽（電話號數弍五二七七）英文地址爲：The Registrar, Lingnan University, Hong Kong.

（2）凡通訊須寫明本人姓名，並須填寫清楚，如以外國文通訊，仍以中英文姓名並舉爲要，代人函詢者，須寫明其姓名，切勿寫姓而不寫名或寫名而不寫姓。通訊地址亦須寫入信內，以免遺漏，如須電復或空郵，須先付足電費或郵費，否則恕不照辦。

報　名

（1）無論投考生轉學生或借讀生，均須塡具報名書，繳納報名費，方可投考或註冊。

（2）凡具下列資格之一者，得報名投考大學一年級：

一　曾在國立，省立，或已立案之私立高級中學畢業經會考及格者。

二　曾參加劍橋大學，牛津大學，之高級試（Senior Local）或香港大學之入學試（Matriculation Examination）合格者。

三　台灣，及外國公立，或在該地政府立案之私立學校，或在教育部立案之華僑學校中國畢業生。

四　香港學生曾任下列各類學校畢業者：（甲）華僑設立之學校經教部核准立案者。（乙）英國政府及香港地方設立之公立學校或經香港政府補助之學校而經教部承認者（須有香港教育司會考及格並肄業一年或香港大學入學試驗及格之証明文件）。（丙）已在香港政府立案之私立學校畢業生經廣東省教育廳甄別試驗及格者。

五　其他學生有高中畢業同等程度者，得以同等學力資格報名投考，但仍須繳交最近學校証明書及詳細履歷書。如考試成績優異，得酌予取錄，惟此項新生人數奉廿八年七月教育部電令不得超過取錄新生總數百份之五。

（3）投考生須親向或函問本校註冊主任取報名書塡寫清楚，于報名截止前，繳交註冊主任，所用姓名須與証明文件之姓名相同，其証明文件只書外國名者，須由原校校長另函証明其中文姓名，報名時先到本校辦事處交報名費二元，取回收條，憑收條向註冊主任報名幷繳交下列文件，報名後由註冊主任發給考試入塲証。憑考試入塲証應試。

（4）報名時除塡繳報名書外須繳左列各件：

一　報名費二元，（交本校辦事處，取回收條，交註冊主任換取考試入塲証）。

二　原校畢業証書，或畢業証明書，或修業証明書。所有証明書，不得以照片代替，以備呈報教育部核驗，核驗完畢，方可發還。

三 原校畢業成績表。

四 原校校長簽發之保薦書，對於該生之學力操行，須有詳細敘述。

五 本人二寸正面半身相片五張，(簽名於每張相片後面)

投考生如被取錄，以上各件除畢業証書或証明書須俟教部核驗完畢方可發還外，其餘概不發還。投考生如不取錄，祇發還其畢業証書或畢業証明書或修業証明書(須於投考後兩星期內親自取回，過期不負保管之責)。

(5) 報名時間每日下午二時至六時，最後截止時間在入學試驗前二日正午止。(若試驗前一日爲例假，則在例假前二日正午截止)

入學試驗

(1) 本校招生日期，秋季招考，第一次在每年七月第二次在九月。春季招考，在第二學期開始前。過期不再招生。考試日期登報週知。考試時間及地點，於報名時通知。投考生須携考試入場証依時蒞場應試。

(2) 試卷概由本校派給，完卷後須將試題試卷一併交回。投考生除自携筆墨外，不得携帶書籍紙張入試場。

(3) 投考生之取錄，由本校招生委員會，根據該生考試全部成績，及其在原校成績之高下評定之，考試後二三日間，在本校辦事處放榜。

(4) 投考生經本校取錄後，本校仍得向其原校查詢該生操行及學業成績。如認爲不滿意者，不准入學。

(5) 考試科目編配日期暫定如下：

第一日	國文	英文	
第二日	史地	物理學	數學(代數，幾何，三角，解析幾何)
第三日	公民	生物學	化學

體格檢驗時間地點臨時宣佈。

除國文公民用中文考題及英文用英文考題外，其餘各科考題，中英文俱備，投考生可任意用中文或英文答題。

(6) 投考學生應受試驗科目如左：

一 普通投考生　均須依其擬入學院或學系，分別參加入學試驗各科目考試。

154

二　華僑生　凡在外國中學畢業，回國兩年之內，投考本校者，得免受國文考試。本校另設華僑生國文科目，華僑學生必須照章修習。

三　前經取錄者　凡經取錄者，如未出兩年度。得免試入學。（詳新生入校須知第四條）

（7）投考學生如經取錄，必須依期到校繳費註冊，因新生指導，選課指導等事，均於開學時舉行。

轉學生

（1）凡曾在本校程度相等之大學修業者，得請求轉入本大學。但須先向本校註冊主任取轉學報名書塡妥，連同該生學業成績表及高中畢業証書，寄交註冊主任。如正式轉學成績一時未能領到，亦須將學業成績另函詳列，以便審查。轉學生報名手續與新生同。

（2）轉學生應先受新生入學試驗，及格後再受編級試驗。

（3）轉學書內，須詳列已修科目，所用課本，每學期授課週數，每週授課次數，每次時間長短，所得積分，學分與績點，該校及格標準分數，及該生操行品評。此項轉學書，須經原校相當負責人簽署，方生效力。

（4）審查轉學生之標準：

一　所修課程，其質量兩方面均須與本校課程程度相當。中英文程度須在中上。所修主修科之成績須達到本校所規定之標準。

二　其成績須在原校原級中等以上。

三　經原校證明操行純良。

（5）轉學生前校成績計算法：

一　原校成績接受與否，本校自由酌定並不以在原校及格爲標準。

二　某一學期成績如經全數接納，則當本校一學期成績計算。例如前校每學期准修二十一學分，而本校准修十八學分，則以十八學分計。

三　原校所讀科目，其內容程度均與本校學系某必修或選修科目相同時，如經接受，即可替代該必修科或選修科，

擬

不必重行修習。如再修習，則前校所得之學分無效。

四　原校尚未修完之科目，如經接納，得在本校繼續修完。如不修完。除特准外，前校所得之學分無效。

五　原校暑期學校所得之學分無效。

六　轉學生須依本校課程修讀。如未修習或已修習而本校不承認者。須修習完竣，始能升級畢業。

七　轉學生未修滿軍訓者，須補修軍訓。其已修過若干年者，須繳驗證明書並須經軍訓主任認可。

八　凡從與本大學程度相當之大學轉來之學生，其中等以上之學分均予承認。

（6）文理工農各學院第四年級及醫學院第五年級不收轉學生。

（7）轉學生如經收錄，應依照繳費註冊日期地點辦理繳費註冊手續。

借讀生

（1）國立省立或已立案之私立大學學生，其原校校址所在地已淪爲戰區者，得憑借讀證明書及原校成績表，請求借讀，其報名手續與新生同。

（2）借讀生入校年級與原校年級同，其選讀科目，須以本校該年級規定之科目爲標準。如某科目有先修科目者，非經先修科目修畢，不得選讀。

（3）借讀生修滿一學期，經請返回原校時得請求發給借讀生離校證明書及學業成績表。但學業成績表，須由本校逕寄原校

新生入學須知

（1）新生無論轉學借讀，或投考取錄者，須先向註冊主任報到，領取繳費單，方能繳費註冊。新生必須依期到校註冊上課。本校註冊及上課規則甚嚴，切勿自誤。

（2）被取錄者依照註冊手續，在指定之時間地點，謁見所屬註冊顧問，辦理註冊手續。

（3）須補交之入學文件，應於註冊前交到註冊主任，以便彙呈教育部核驗，遲則自誤：

（4）新生既經取錄，惟因故不能入學者，須函告註冊主任。如經核准，則該生入校之試驗成績，兩年度之內，作爲有效。

26

（7）每年度開學後，學生須依校醫規定時間檢驗身體一次。凡未經體格檢驗者，其入學手續尚未完畢。

（6）學生須依時上課，上課缺課規則另定之。

（5）學生入校後，不准改名。

編級標準

（1）學生級次之高低，乃按其所得學分之多寡，與肄業之年限核定之。

（2）凡經本校入學試驗及格取錄，依照手續入校肄業者，編爲第一年級生。

（3）曾在本校第一年級肄業滿一學年，得二十五學分以上者，編爲第二年級生，但醫科學生須修畢一年級科目後，乃編入第二年級。

（4）凡修滿初級課程，即第一二年級課程，得七十學分以上，且入學試驗各科目均無須補習，或補習完竣。而在各學院規定以內，准全數修習高級課程者，編爲第三年級生。

（5）凡修滿初級課程學分之全數及高級課程即三四年級課程三十學分以上（共得一百學分以上）者，編爲第四年級生。

（6）學生升級，於每學期註冊時定之。

選課

（1）學生於入校時如係一年級生須選定一學系，升入第二年級時，須選定主修學科，如可能時，應一並選定輔修學科，升入第三年級時，必須選定輔修學科。（醫學院不設輔修科）

（2）各生選課須依各主修科之課程表修習，並須注意各學系科目說明之前所列舉之一切學則。華僑學生則一律須補習國文F.G.K.L.M.N.P.Q.歷史十一甲乙等科目。

主修與輔修

（1）學生須選定主修學科與輔修學科，詳見上節。

（2）本校現設之主修與輔修學科如下：

玖

文學院　中國文學　英國語文學　歷史學　政治學　社會學　商學　經濟學　教育學(輔)
　　　　家政學(輔)　哲學(輔)　宗教學(輔)　音樂(輔)

理工學院　生物學　化學　物理學　土木工程學　數學(輔)

農學院　農藝學　園藝學　畜牧獸醫學

醫學院　醫學院各課程均爲必修科不分主修與輔修

(3) 學生在修業期內，其主修學科之必修科目須全部修習完畢外，輔修學科高級科目最少須修習十二學分。各院系另有規定者，均須依規定辦法辦理。

畢業，證書，及學位

(1) 除醫學院外各學院修業期限定爲四年。各院系學生須修畢各該院系規定課程，方得畢業。醫學院修業期限定爲六年，第一學年全年與第二學年上學期，在理工學院修習普通基本課程，第二學年下學期與第三學年在本院修習醫學基本課程，第四第五兩學年修習臨床課程，暫在香港大學上課，第六學年分發內地醫院實習另寫作關於醫學上論文一篇，經畢業考試並論文審查及格，方可畢業。

欲知各院系詳細課程者，可向註冊主任函索本大學各院系課程表（函索請付本港郵票二十分國內郵票五十分）

(2) 習文科，商科，理科，工科，農科，醫科畢業者，修業期滿，考查成績及格，由本校呈請教育部核准畢業後，分別頒受文學士，商學士，理學士，工學士，農學士，醫學士之學位。

理科研究所學科

(1) 凡欲來校修讀理科研究所科目者，須先期函詢註冊主任。

(五) 學費

(1) 本校各學院修金，均按學分多寡計算之。每學分收修金四元。華僑生修習國文，F，G，K，L，M，N，P，Q各科者，每科各繳修金三十元。

（2）本校在香港上課期間，所有學費俱以港幣爲本位。

（3）學生須依校曆所規定之日期繳費註册。

（一）學費表（有⊙符號者，係代學生團體征收）

（費用名稱）	（秋季學期）	（春季學期）	（全年）
修金	約 七二·〇〇	約 七二·〇〇	約 一四四·〇〇
宿費（通學者免）	三〇·〇〇	三〇。〇〇	六〇·〇〇
雜費（原名堂費）	二〇·〇〇	二〇·〇〇	四〇·〇〇
醫費	五·〇〇	五·〇〇	一〇·〇〇
學生自治總會費⊙	一·〇〇	一·〇〇	二·〇〇
大學學生自治會費⊙	三·〇〇	三·〇〇	六·〇〇
體育會費⊙	一·〇〇	一·〇〇	二·〇〇
以上共	（一三二·〇〇）	（一三二·〇〇）	（二六四·〇〇）

實驗消耗費，按科徵收，大概每科每學期由五元至七元五角。

保証金　二〇·〇〇　入校時一次過繳交，離校時，如無須賠償損失，則全數發還。

（二）學費細則節錄

（1）學生自行退學，或因犯校規而學校着令退學者，只發回保証金。

（2）學生因病而校醫勸令停學者，保証金及所餘之修金，及雜費，亦可發還。其已用去者，則須扣除，扣除辦法，修金及堂費均以月計。宿費則不予發還。

（六）獎學金

本校爲鼓勵品學兼優，銳意向學，而財力有限之學生起見，本年度由學校經常費內撥欵港幣五千元，另由校友捐助永遠獎

156

學基金生息約港幣三千餘元，給予新舊學生免費獎學金，公費獎學金，及棨譽獎學金，共六十六名。在港上課期內，獎學金之給予，俱暫以港幣支付。獎學金金額之多少，視學生之成績及需要而定。獎學金之資助，以一年爲限（分兩學期發給），第二年是否繼續發給，須視該生學業成績與操行之優劣而定，如學業成績不佳或行爲不檢者，得於第二個學期停止其資助。

凡投考學生品學兼優，可資造就，而經濟困乏者，得請求獎學金。凡請求免費或公費獎學金者，須於每年七月一日前，書面向免費及公費學額委員會請求，因逾期請求，恐無餘額也。

（一）獎學金基金

下列各項永久獎學金基金，皆係國內外熱心教育人士所贈者，除簡寅初獎學金及孖雅德書局紀念獎學金外，各獎學金基金之金額如下：

（1）	朱璧東獎學基金	國幣 三·〇〇〇元	廣州朱璧東先生所捐，該欵利息國幣一百五十元規定給農學院學生。
（2）	簡寅初獎學基金 每年利息約國幣 二·〇〇〇元 （本獎學基金之利息自廣州淪陷後暫無收入）		廣州簡寅初先生所捐，將基金之利息，資助本校學生約十名。凡領受此項學額者，俱由簡寅初基金委員會推薦之如不推薦，則由本校免費及公費學額委員會指派。
（3）	譚友芬獎學基金	美幣 一·〇〇〇元	一八九六年譚君之友所捐以爲譚氏紀念。
（4）	一九二三年級獎學基金	港幣 一·〇〇〇元	曾於一九二零年在本校領中學畢業及大學一年級肄業証書，學生所捐。
（5）	馬丁獎學基金	美幣 一·〇〇〇元	一九零七年 Henry Martin 夫人所捐以爲馬氏紀念
（6）	孖雅德紀念書局獎學基金每年利息約粵幣四〇〇元 （本獎學基金之利息自廣州淪陷後暫無收入）		Julia C.Knipp, Chartes J. Knipp, Frank K. Knipp, 與 Warlte Knipp,所捐以爲孖雅德書局紀念
（7）	孖雅德獎學基金	美幣 一·〇〇〇元	一九一一年 Julia C. Knipp, Charles J. Knipp, Frank K. Knipp 與 Walter Knipp所捐。

(8) S. G. B. Cook 奬學基金　美幣　一·〇〇〇元　一九一零年S. G. B. Cook 夫人所捐。
(9) C. T. Bagby 奬學基金　美幣　一·〇〇〇元　一九一三年C. T. Bagby 所捐。
(10) Wilson L. Smith奬學基金　美幣　一·〇〇〇元　一九一七年W. L. Smith夫人所捐以爲其夫紀念。
(11) 晏文士奬學基金(Edmunds)　美幣　一·〇〇〇元　一九一三年晏文士女士所捐以爲其夫紀念。
(12) 梁敬敦奬學基金(Laird)　美幣　一·〇〇〇元　一九二三年Julian Millard夫人Warren P. Laird. Robert H. Laird, Frank J. Laird Clinton N. Laird捐贈。
(13) 胡廣衡及胡梅秋桃奬學基金　國幣　一·五〇〇元　一九三八年胡秀梅女士捐贈，將基金之利息爲奬學及工讀之用，以紀念其父母胡廣衡先生及胡梅秋桃夫人。

(二) 免費，公費，及榮譽奬學金

(一) 本年度由學校經常費內撥欵港幣五千元，另由奬學金基金生息約港幣三千餘元，爲文理工農各學院設置左列各項奬學金：

(1)免費奬學金　全額四十名免繳修金，即每名每年約一百四十四元至一百六十元爲限。

(2)公費奬學金　全額五名至六名。

A.普通公費奬學金　兩名至三名　全額者每名每年二百五十元。

B.鄭雨泉紀念園藝學奬學金　兩名至三名　全額者每名每年三百元至五百元（本奬學金係潮陽鄭氏捐助以紀念鄭雨泉先生者。

(3)榮譽奬學金　全額十五名　免繳修金，即每名每年約一百四十四元至一百六十元爲限。

(二) 本年度醫學院設置醫學院奬學金全額五名，免繳修金，即每名每年約一百四十四元至一百六十元爲限。

(三)投考學生申請奬學金規則　（民國廿九年度適用）

(一) 凡投考本校文理工農各學院之學生，請求奬學金者，須向本校免費及公費學額委員會申請：投考本校醫學院學生請求奬學金者，須向醫學院院長申請。榮譽奬學金由委員會審定公佈，不須學生申請。

（二）每年度秋季入學試驗時，即審定各項獎學金之給予，除經審定給予者外，如尚有餘額，始撥入春季入學試驗時，再行發給，凡請領獎學金之投考學生，務須於每年七月一日前，辦妥申請手續，因逾期請求，恐無餘額也。

（三）凡投考本校文理工農各學院之學生，得領受左列各項獎學金：

（1）免費獎學金　（新舊學生共設全額四十名）免繳修金，即每名每年約一百四十四元至一百六十元為限。

（2）公費獎學金　（新舊學生共設全額五名至六名）

A 普通公費獎學金　二名至三名　全額者每名每年二百五十元

B. 鄭雨泉紀念園藝學獎學金　二名至三名　全額者每名每年三百元至五百元

（3）榮譽獎學金　（新舊生共設全額十五名）免繳修金，即每名每年約一百四十四元至一百六十元為限。

（四）凡投考本校醫學院之學生，得領受左列獎學金，

（1）醫學院獎學金　（新舊學生共設五名）免繳修金，即每名每年約一百四十四元至一百六十元為限。

（五）申請各項獎學金之手續如左：

（1）免費或公費獎學金或醫學院獎學金　聲請此項獎學金之學生，應於每年七月一日前，呈繳獎學金聲請書及家境清貧證明書或家庭狀況證明書，原校最近三年之學業成績表，及原校校長或教員簽署之品行保薦書兩封。

（2）榮譽獎學金　此項獎學金之給予，不須經過聲請手續。

（六）領受文理工農各學院，各項獎學金之學生，須具左列資格：

（1）免費獎學金　投考學生確屬家境清貧，品行純正，體格健全，入學試驗成績及格者，方得領受免費獎學金，凡須補習者均作不及格論。

（2）公費獎學金：

（a）普通公費獎學金　投考學生確屬家境清貧，品行純正體格健全，入學試驗成績優異者，方得領受公費獎學金

（b）鄭雨泉紀念園藝學獎學金　投考學生之屬潮汕籍能操潮汕方言，品行純良，體格健全，入學試驗成績優異，對於農業極有興趣，志願主修園藝學，畢業後願在潮汕服務，而家境清貧需要資助者，方得領受此項獎學金。

（3）榮譽獎學金　投考學生品行純正，體格健全，入學試驗成績特優者，方得領受榮譽獎學金。

1940年

（七）領受醫學院獎學金之學生，須具備左列資格之一：

（1）家境清貧，品行純正，體格健全，入學試驗成績及格。

（2）品行純正，體格健全，入學試驗成績特優。

（八）投考學生之聲請獎學金者，由委員會或醫學院於入學試驗放榜時，分別審定，經審定核准後，即分別通知。

（九）凡經審定或核准領受獎學金之學生，如不於該年度秋季學期開始時來校註冊上課者，或經來校註冊上課，但於學期中途停學者，即取消其獎學金。

（十）凡領受榮譽獎學金之學生，如屬家境寬裕毋需資助者，得將獎學金捐贈，由委員會改作免費獎學金，轉給家境清貧需要資助者，但榮譽獎學金領受者之名義，仍屬於原有學生，另由校長發給榮譽獎狀，聲叙事由，以資鼓勵。

（十一）凡學生家境清貧無力負担就學費用者，得覓具二人以上之切實保證書，向原籍縣市或居住在三年以上之縣市主管教育行政機關申請證明，（申請書應照部定式樣）。

（十二）凡戰區淪陷區學生或港澳學生，在抗戰期內無法取得教育當局家境清貧證明書者，應具備家庭狀況證明書，並覓具經本校同意二人以上之切實保證，以備查核。

（十三）凡領受獎學金之學生，如有冒充清貧或僞造證明文件等情事，經查明屬實者，除停止其獎學金待遇外，本校得向該生或其保証人追繳其已領受各費，並得停止發給成績證明書或畢業證書或着令退學。

（十四）凡因家境清貧領受獎學金之學生，如本校須調查其個人一切費用時，須據實報告。

（十五）凡領受醫學院獎學金者，畢業後須在醫學院附設之農村公共衛生機關服務一年，服務期間，照領薪俸。

（十六）凡戰區學生需要資助者，得照教部規定；由本校向教部代爲申請貸金。

（十七）獎學金聲請書及家境清貧證明書或家庭狀况證明書，及學業成績表之格式，由本校印就備索。

（十八）關於各項獎學金之詳細辦法，悉照本校獎學金暫行規程辦理。

（七）各學院教員名表（民國廿八年度）

一．文學院

（1）中國文學系

姓名	職別	籍貫	履歷
謝扶雅	教授兼系主任	浙江紹興	日本東京同文書院畢業，立教大學畢業，美國芝加哥大學及哈佛大學研究員。曾任中華書局編輯員，中華基督教青年會全國協會總務幹事，嶺南大學教授兼哲學系主任，中華平民教育促進會秘書處主任，廣東省縣長考試襄校委員，湖南省民訓指導處編審委員。
冼玉清	教授	廣東南海	嶺南大學文學士。曾任本校附中教員，大學中國文學講師及副教授，勷勤大學中國文學講師，中山大學廣東通志館廣東藝文志纂修。
吳重翰	教授	廣東新會	國立北京大學文學士。曾任勷勤大學講師，歷任本校副教授。
何格恩	講師	廣東番禺	嶺南大學文學士。燕京大學及清華大學文學碩士。曾任本校學報編輯幹事，附設華僑學校及中學國文教員，本校西南社會調查所研究員兼書記。
黃錫凌	講師	廣東增城	嶺南大學文學士。曾任嶺南附設華僑學校英文教員，廣西省立第四中學英文數學教員，新會女子中學英文教員。
尹振雄	散任教員	廣東東莞	嶺南大學文學士，北平研究院研究員。曾任中華平民教育促進會秘書，四川省立戲劇學校註冊課長兼導師。

（2）外國語文系

姓名	職別	籍貫	履歷
H. G. Rhoads	教授兼系主任	美國	美國濱省大學文學士，哈佛大學文學碩士，濱省大學哲學博士。曾任美國胡士打大學及理亥大學教授，濱省大學圖書館研究員。
E. J. Kelley	副教授	美國	美國斯丹福大學文學士。曾任中山大學教授。

1940年

D. M. Allen	講師	美國	美國愛奧華大學文學士及文學碩士。曾任美國聖任賓斯大學教員。
C. Castle	講師	美國	美國哥倫比亞大學文學士及文學碩士。
J. C. Guthrie	講師	美國	美國威廉氏大學文學士，哥倫比亞大學文學碩士。

（3）歷史政治學系

H. C. Brownell	教授兼系主任	美國	英國牛津大學文學士，美國哈佛大學文學碩士。歷任本校副教授，教授。
黃延毓	副教授（在假）	廣東梅縣	嶺南大學文學士，哈佛大學文學碩士。曾任本校男學監。（本年暑假領哈佛大學博士學位後回校服務）。
陳玉符	副教授（在假）	廣東澄海	燕京大學文學士，日本東京帝國大學法學院研究員。曾任教育部派駐留日學生監督處科長，星粵日報編輯主任，江蘇同興鑛局協理。
譚春霖	副教授	廣東新會	嶺南大學文學士，燕京大學法學碩士。曾任燕京大學講師。
李兆强	副教授	廣東新會	嶺南大學文學士，英國牛津大學劍橋大學研究員。曾任教育臨主辦師資訓練班講師。
連士升	散任教員		歷任天津法商學院教授，北平中法大學教授，北平研究院史學研究會研究員，中華文化基金會特約編輯，香港國際出版社編輯主任。

（4）社會學系

伍銳麟	教授	廣東台山	美國伊利諾大學文學士及碩士，紐約協和神道學院神道學士。歷任本校講師副教授。
C. D. Gower	教授	美國	美國斯密大學文學士，芝加哥大學文學碩士及哲學博士。曾任斯密大學助教，德薩斯大學研究員，威斯康辛大學副教授。
黃翠鳳	副教授	廣東台山	嶺南大學文學士，美國密斯根大學社會學碩士。曾任真光中學附小主任，中山大學教育系副教授，廣東省女界聯合會總幹事。
張維持	助教	廣東中山	嶺南大學文學士。

28-1

(5) 商學經濟學系

蕭祖用　教授　廣東台山　美國明尼蘇達大學文學士，芝加哥大學法律學博士，曾任中山大學教授。

麥健曾　教授　廣東順德　美國哈佛大學商業管理學碩士，哥倫比亞大學經濟學博士。曾任財政部顧問處專門委員，國立交通大學教授，清華燕京等大學講師，交通大學北平研究所主任研究員，軍事委員會委員長南昌行營少將組長，國民經濟建設運動總會專門委員，中央經濟計劃委員會專門委員，鐵道部專員，廣東財政廳顧問，廣州市財政局局長。

司徒森　教授　廣東開平　嶺南大學文學士。美國濱省大學經濟科哲學博士。

馬熾壎　副教授　廣東台山　嶺南大學商學士。歷任本校講師。

盧子葵　副教授　廣東南海　嶺南大學商學士。曾任廣東省建設廳審計員，廣東省黨部工作人員訓練所教授，嶺南大學商學院附設商科職業學校總務主任兼教員，培正中學教員，歷任本校經濟學講師兼核數專員，大學男學監。

黃棨虔　助教　廣東新會　嶺南大學文學士。曾任培正中學及廣東中學教員，本校附中教員。

(6) 教育學系

莊澤宣　教授兼系主任　浙江嘉興　美國米任美大學教育學士，哥倫比亞大學教育科碩士及教育科哲學博士。曾任清華大學副教授兼職業指導主任兼大學專科籌備主任，厦門大學教育學教授，中山大學教育學教授兼主任兼教育研究所主任、浙江大學教育學教授兼系主任，本校文學院院長。

朱有光　教授　廣東新會　嶺南大學文學士，美國哥倫比亞大學文學碩士及教育科哲學博士。曾任嶺南大學教育學系教授兼系主任，中華平民教育促進會育才院導師，燕京大學教育學系教授，華北農村建設協進會教育組副主任，現兼本校教務長。

160

[illegible]昭森　教　授　廣東番禺　嶺南大學文學士，美國哥倫比亞大學文學碩士及教育科哲學博士。曾任廣西省政府教育顧問，廣東省教育廳設計委員，廣州美華中學校長。

陳學恂　助　教　江蘇江陰　國立浙江大學教育學士。曾任浙江大學教育學助教。

（7）家政學，哲學，宗教學，音樂

羅和平　家政學講師　廣東開平　嶺南大學教育學士，美國柯利根大學家政科碩士。曾任廣州市師及市職教員，眞光中學教員。

謝扶雅　哲學教授　浙江紹興　見前

G. Baker　宗教學講師（在假）　英國　英國牛津大學文學士。

Mrs. W. E. MacD.　★音樂散任教員　美國　美國芝加哥大學文學士，音樂專科研究生。

二、理工學院

（1）生物學系

陳心陶　教授兼系主任　福建古田　福建協和大學文學士，美國明尼蘇達大學理學碩士，哈佛大學生物科哲學博士。歷任本校生物學副教授，理工學院代院長。

F. A. McClure　★教　授　美國　美國奧柏林大學文學士及理學碩士，奧亥奧省立大學哲學博士。歷任本校副教授，教授。

F. P. Metcalf　教　授（在假）　美國　美國奧柏林大學文學士，康乃爾大學哲學博士。歷任本校副教授，教授，福建協和大學植物學教授。

容啓東　教　授　廣東中山　清華大學理學士，美國芝加哥大學植物學科哲學博士。曾任清華大學生物學助教，西北聯合大學生物學教授。

福建厦門　曾呈奎　副教授　厦門大學理學士，嶺南大學理學碩士。曾任厦門大學植物學講師兼植物標本室及植物園主任，山東大學植物學副教授。

福建仙遊　鄭慶端　副教授　福建協和大學理學士，燕京大學理學碩士。曾任福建協和大學講師。

廣東惠來　吳亮如　講師　嶺南大學理學士及理學碩士。歷任本校助教。

廣東新會　陳光業　助教　美國巴師佛大學文學士。曾任廣州興華中學教員，本校醫學院助教。

（2）化學系

美國　H. S. Frank（在假）教授兼系主任　美國比斯堡大學化學士及理學碩士，加省大學哲學博士。歷任本校副教授，理工學院院長。廿九年度回校服務。

廣東番禺　孔憲保　教授兼代系主任　美國加省大學哲學博士。歷任本校副教授。

美國　C. N. Laird　★教授　美國濱省大學文學士及化學碩士，曾任本校文理學院院長，歷任本校副教授。

廣東新會　趙恩賜　教授　美國加省大學理學士。哥倫比亞大學文學碩士，康乃爾大學哲學博士。歷任本校教授。

江蘇儀徵　卞柏年　教授　滬江大學理學士，美國卞鏡恩大學理學士，布郎大學理學碩士及哲學博士。曾任武漢大學安徽大學稅務專門學校河北省立工業學院等校教授，漢沽渤海化學工業公司研究技師。

廣東番禺　何世光　★副教授　嶺南大學理學士。歷任本校講師。

廣東番禺　胡國豪　講師　燕京大學理學士。嶺南大學理學碩士。曾任協和女子中學理化教員。

廣東番禺　曹幸生　助教　嶺南大學理學士。曾任培正中學教員。

（3）物理學系

A. R. Knipp	★教授兼系主任	美國	美國約翰哈金斯大學文學士，麻省工程大學理學士，哈佛大學哲學博士。歷任本校副教授。
朱志滌	教授	廣東新會	美國麻省理工大學理學士，濱省大學碩士及哲學博士。曾任東吳大學厦門大學中山大學等教授。
馮秉銓	副教授	河北安新	清華大學理學士，燕京大學物理學碩士。
王子輔	講師	廣東揭陽	嶺南大學理學士及理學碩士。
高兆蘭	講師	河北通縣	嶺南大學理學士及理學碩士。
李文江	助教	廣東台山	嶺南大學理學士，燕京大學理科碩士。曾任嶺南附中教員，協和女子中學教員。
李枝榮	助教	廣東台山	嶺南大學理學士。

（4）土木工程學系

黃郁文	教授兼代系主任	廣東惠陽	美國亞麻工程大學理學士。曾任咪吔洋行字新機器製造廠謙信洋行香港亞洲煤球公司等工程師，廣州工業專門學校教授。
高永譽	副教授	廣東順德	嶺南大學土木工程學士，美國密斯根大學土木工程碩士。
葉福安	講師	廣東寶安	美國都乃時濱大學土木工程學士，普度大學研究生。

林鴻恩　講師　廣東台山　美國密斯根大學土木工程學士及碩士。曾任南京上海興業建築公司土木工程建設總務主任。

韋金信　助教　廣東羅定　嶺南大學工學士。曾任培英中學教員，曲江縣政府建設局技士兼代局長，國營金水流域農場技術員兼代理土地重劃隊隊長。

（5）數學

W. E. MacDonald★　教授　美國　美國田納西大學文學士，哈佛大學文學碩士。歷任本校副教授，教授。

鄺磯法　講師　廣東台山　美國加省大學數學士。曾任國立中山大學講師，廣東軍事政治學校教官。

三．農學院

（1）農藝園藝學系

李沛文　教授兼系主任　廣西蒼梧　美國康乃爾大學農學士及菓樹園藝科碩士。

G. W. Groff　★教授　美國　美國賓省省立大學農學士及農學碩士。曾任本校農學院院長。

古桂芬　教授　廣東中山　嶺南大學農學士，美國加省大學農學碩士。曾任南美洲秘魯發隆農業公司司理兼技師，夏威夷糖廠技師，廣東建設廳農林局副局長兼技正，本校農學院院長。

邵堯年　教授　廣東南海　廣東農業專門學校畢業。曾任廣東農林試驗場技術員兼農業調查員，東南大學農場技術員，歷任本校副教授。

李德銓　教授　廣東台山　美國伊利諾大學農學士。歷任本校副教授。

林金意　副教授　廣東中山　美國夏威夷大學農學士及農學碩士。曾任夏威夷美國政府農務局農藝技士，夏威夷生果公司司理，廣東建設廳農林局管理肥田料查驗師。

徐國興　講師　廣東中山　嶺南大學農學士。

李永祿　助教　廣東番禺　嶺南大學農學士。

曾樹梧　助教　廣東新會　嶺南大學農學士。

（2）畜牧獸醫學系

杜樹材	教授兼系主任	廣東南海	嶺南大學農學士。美國愛歐華省立大學農學碩士。曾任本校副教授兼畜牧系主任，實業部ㄅ津商品檢驗局技正兼富產檢驗組組長，武漢大學農學院教授兼代農藝系主任。
蕭祖徽	講師	廣東中山	嶺南大學農學士。曾任本校畜牧技佐及講師，廣東建設廳農林局畜牧技正，第一集團軍第三軍墾區畜牧科科長兼那九農場塲長。
關大衛	助教	廣東南海	嶺南大學農學士。

四．醫學院

黃雯	院長兼教授（假在）	廣東寶安	英國劍橋大學文學碩士，醫學士，御醫內外科學院會員、熱帶病學專科會員，倫敦熱帶病學院畢業，曾任敦聖多馬氏醫學院駐院醫師，廣州公醫醫科大學講師，夏葛醫學院教授及主任醫師，香港東華醫院院長，上海女子醫學院教授，聖心醫院醫師，粵民醫院院長。
林樹模	教授兼代院長	湖北鄂城	上海聖約翰大學醫學博士，美國賓西菲尼亞大學理科博士，英國愛丁堡大學生理學科研究員，曾任北平協和醫學院生理系副教授。
W. W. Cadbury	★教授	美國	美國飛霍大學碩士，便尹傘大學醫學博士，美國內科醫學會會員。
J.O. Thomson	★教授	美國	加拿大墨爾大學醫學博士，美國外科醫學會會員。
Frank Oldt	★教授	美國	美國敖德大學文學士，奧亥奧省立大學醫學博士，約翰哈金斯大學公共衛生學博士
王懷樂	★教授	廣東台山	加拿大皇后大學醫學博士。歷任夏葛醫學院院長兼教授。
J. F. Karcher	★教授	美國	美國別朱卜大學醫學博士。
王貴恒	★教授		英國倫敦大學醫學士。曾任佳士醫院解剖學教員。
梁毅文	★教授	廣東	夏葛醫學院醫學士，美國專修婦科。
蔣鴎	教授	浙江金華	浙江省立醫藥專門學校醫學士，美國芝加哥大學理學士，密納蘇泰大學醫學碩士及博士。曾任湘雅醫學院細菌及藥理教授。
胡啓勳	教授	廣東順德	香港大學醫學士，英國倫敦大學醫學院頒取臨床病理證書，愛丁堡皇家內科學院會員。歷任香港國家醫院東華醫院東華東院醫師。

廿叁

朱紀勛　副教授　安徽涇縣　金陵大學理學士，燕京大學理碩士，北平協和醫學院研究員。曾任金陵大學動物學講師，中央軍醫學校動物學教官，教育部進修解剖學研究員。

T. D. Stevenson ★講師　美國　美國徧士得大學學士，約翰哈金斯大學醫學博士。

張天民　講師　福建　香港大學醫學士，曾任香港大學醫學院駐院醫生，廣東軍醫院眼耳鼻科主任，江村醫院院長。

羅友仁　講師　廣東順德　英國愛登堡大學醫學士及化學士。利福保大學熱帶病學博士。曾任巴拿馬醫院醫師，北平協和醫學院研究員。

黃大衛　散任教員　廣東　美國意年华大學理學士，醫學博士，賓西菲尼亞大學外科碩士。

黃錫滔　散任教員　廣東　英國御醫院內外科會員，倫敦大學眼科學士。曾任東華廣華醫院眼科主任醫生。

梁錫光　助教　廣東鶴山　國立中山大學醫學士。

陳郁林　助教　廣東台山　嶺南大學理學士。

黃兆開　助教　廣東順德　嶺南大學理學士。

五．體育

徐康寧　指導員　廣東花縣　香港華英書院畢業，美國麻省春田大學肄業。歷任廣州香港青年會體育會指導。

郭潤根　助理員　廣東番禺　山東齊魯大學文學士，廣東省立體育專門學校畢業。

六．軍訓

王克翔　主任教官　湖南　中央軍校高級班畢業，曾充營團員參謀主任。

李中源　教官

巫　傑　教官　番禺　廣州培正中學畢業，陸軍軍官學校畢業，曾任陸軍第十一師副官，少中尉連附，第二路前敵總指揮部上尉連長，國民軍訓處政治部教官。

附註：有★符號者，在本校廣州原校址服務。

私立岭南大学七七社组织大纲（1940）

七七社組織大綱

(甲)組織緣起：

民國廿七年春嶺南大學組織學生戰時鄉村服務團分為若干隊服務於河南鄉村彬社東隊由伍銳麟教授指揮服務于黃埔琶洲長洲三村甚時員生真誠合作感情融洽意志純正但該組織隨學期結束

30

53

第　號

而結束彬社東隊同學以為有繼續團結組織之價值與必要遂建立一社團定名為七七社

(乙)宗旨：

(一)純依同學之友情與互助精神而團結

(二)聯絡感情砥礪學行

(三)爭取嶺南在社會上之地位

(四)促進抗戰建國事業

民國　年　月　日

31

54

第　號

（丙）社員資格：

（一）彬社東隊隊员為基本社員

（二）在校或離校同學經基本社员介紹經大會通過者得加入本社為普通社員

（三）普通社员入社滿半年便成基本社员即可介紹其他本校同學入社

（丁）社员義務

民國　年　月　日

32

55

第　號

㈠承認本社的社綱及社則
㈡服從本社一切決議
㈢經常繳納社費
㈣積極參加本社工作

㈤組織：
㈠本社設社長副社長兼文書司庫顧問各一人另設生活組研究組若干人各職員經大會選出任期一年連選得連

民國　年　月　日

33

58

第　號

任一次惟顧問即以彬社東隊指揮為當然顧問如經大会通過得增聘顧問

(二)職務：

(1)社長：計劃本社全般工作召集開會及執行大会一切決議。

(2)副社長：助理社長執行職務

(3)文書：管理本社一切來往文件及大會紀錄

民國　年　月　日

第　號

(4) 司庫：管理本社財政之收支事項

(5) 生活組：策劃及決定本社集團生活

(6) 研究組：計劃學術研究及出版事宜

(7) 顧問：督促及指導本社全般工作

(己) 經費：

(一) 每年每社員繳納社費港幣四元分兩期繳交（以本社所在地點通用之貨幣為標準）

(二) 如遇特別徵收費用時須經大會通過

民國　年　月　日

35

58

第　號

後始得徵收

（庚）社訓：

智仁忠勇

（辛）附則：

（一）本大綱如有未盡善處得經大會議決修改之

（二）本大綱自得學校准予立案之日發生效力

民國　年　月　日

1941年

《岭南大学校报》港刊第八十九期报道：自坪石归来（1941-01-20）

155

中華民國三十年一月二十日（星期一）出版　　第一版　663

嶺南大學校報
港刊第八十九期
私立嶺南大學編印

自坪石歸來

謝扶雅

自本校農院三四年級生遷入坪石開課以來，關於坪石的文章，已陸續發表了不少篇了。本人這次在坪石，不過一個很短的時期，沒有多做調查研究，所以這篇短文，感想多而敘述少。同時我又到了湘桂若干地方，因此併將觀察所感，撮記如次。

第一，我不能不驚呆地感到現在內地的物價實在太高了！比之一年多以前我在內地的時候，平均要高到五倍。內地同胞的生活確實太苦了。然而無論苦到怎樣，對抗戰終無怨言。我國民族受苦的堅韌力與對於抗戰到底的意志，如此強固，更叫我驚呆到無話可說。現在生活比較最便宜的城市，第一要算長沙，衡陽次之，坪石又次之，桂林又次之，柳州又次之。以下大概可說，貴陽，昆明，而至重慶、不過坪石最近的趨勢，恐將超軼桂柳以上，非想辦法補救不可。

第二，我感到變化實在太大了。中國本是世界的一環，現世界既變化到這樣激急，中國當然更不能例外。素稱歐陸霸權而執國聯牛耳之一等強國法蘭西，竟可於旬日內頹然倒地！美國大總統羅斯福竟可三次當選，破歷史的前例！中國今日西南各省之開發，文化之移動與同化，省界心理之排除，種族（苗傜儸僮……）之融化，社會階層之變動，軍政長官之平民化，勞工入息遠超教授文人，……這些變象，我國歷史上恐只有春秋戰國時代差可比擬。這種激劇的演化，當然是趨向進步的。證據很多，不能縷述。最使人感到的是一般的朝氣。機關學校，一例早晨七時辦公，生活節約，戒除煙酒賭博。勤儉是成功之母。還有那種埋頭建設不怕敵人毀壞的精神，尤不可及，一邊被炸，一邊立刻修復，二十四小時內，又可草草建築完成，重做生意。新興事業，不斷發生，工業，農業，水利，交通，都是蓬勃發展。青年人在今日，不患無用武之地，凡有創造才能者，必更有大成功。

第三，我愈來愈感到抗戰意義之重大，不「抗戰」是不會「建國」的。中國過去二三十年來，未嘗不談建設；中山先生很早已著建國方畧，建國大綱，但在抗戰以前，畢竟建不成國。直到抗戰發生，中國民族才開始激發國家觀念，才開始組織國家，建立國家，才發奮作種種建設。如果沒有碰到抗戰的破壞和刺激，恐怕永不會逼上建設之路。今日後方各種政治，經濟文化建設，實皆由抗戰逼成。孟子所謂生於憂患而死於安樂。因此在香港地方讀書，我很懷疑對「建國」有何造就及貢獻，因為香港不是我們的「抗戰」環境；在這裡我們沒有激刺，沒有憂患。這是教育家所應嚴重考慮的一點。

最後，收束到我們的坪石來。坪石農院地址之佳，建築之清麗，讀書及生活其中之舒適，使我不能不感激開拓者及奠定初基者之勤勞。尤其是故院長古桂芬先生的辛勤忠耿——他實在是十字架的死！當起始建築院舍時，他並不包工，包料，一切皆自己動手，指揮工人，在病發時，還獨在荒山的茅棚旁監工，發籤籌，計工數，直到病不能支。這種情景，現在只有受僱之工人能像故事般帶淚地講出來。古院長太孤單了！農院內遷的代價，付得不算不大。這是嶺南所應永念勿忘底一頁哀史！

前人種果後人收，現在坪石教職員學生的生活，終算很不錯。不過我覺到嶺南始終是在天堂裡，始終自成一角，始終沒有衝入到真正中國社會裡去。今日的坪石，正如昔日之康樂，遠隔凡塵，超乎流俗。從坪石鄉人的眼光看來，嶺南農院是巍巍然的天堂，農院中人都是仙子天使。有人對我說：這是嶺南「前定」的命運。這究竟是好是歹，妥當不妥當，似乎值得重再評估。我是希望趁這抗戰的機會，痛痛快快地來改革一下的。尤其是坪石方在發韌，方在孕育新生命，大可一變傳統的作風，試驗一種新的嶺南教育。這是一般嶺南校友都有關係都有責任的一件大事。

民卅，一，十八，香江

原校址：廣州河南康樂　　現遷香港辦事處：般含道香港大學鐘樓電話二五二七七

私立岭南大学校长李应林关于改订征收学费办法的提案（1941–03–26）

1

本大學現行征收學費，修金部份，係按照學生修讀學分數額征收，每學分四元，雜費則規定每學期二十元。查本大學自遷校來港，國幣收入部份，因匯率關係，日形短縮，而征收學費，較諸香港一般中等學校差不多，因是日感困絀。茲為補助學校經濟，擬俟三十年度起，酌量提高學費數額，并改訂征收學費辦法如下：

（一）凡本科學生修讀學分在十四個或十四個以上者，每學期收修金九十元，雜費三十元；如修讀學分在十四個以下者，每學分收修金七元，每學分每學期收雜費二元；暑期班及研究生收費，以學分計算，數額與本科生同。

（二）征收學費以學校上課所在地幣制為本位。

以上辦法，是否可行？敬候

公決！

提案人校長李應林

卅年三月廿六日

2

私立岭南大学校长李应林关于学校各地分校应保持密切联系等的提案（1941-03-26）

本大學各地分校，各設有校董會，各自為政，對於大學未能保持密切連繫。查各分校既為大學附屬機關，自宜明定其關係，以資領導。茲就此問題最扼要兩点先行拟定办法如下：

（一）分校校董，無論係初次組織校董會抑分期部份改選，均由大學校長提請大學校董會通過聘任之；所有任期及改選等項，均照大學校董會規定辦理。

（二）分校々長，由大學校長任免之。其餘關於大學與分校關係之其他問題，俟有適當機會時再行擬定办法提出討論。

是否有當？理合提請

公決！

提案人校長李應林

卅年三月廿六日

207

嶺南大學校董會校董任期表

民三十年三月

姓名	起任	滿任	備攷
林逸民	廿七年七月	三十年六月	連任
舒活	仝上	仝上	連任
王懷樂	仝上	仝上	連任
簡鑑清	仝上	仝上	連任
潘聚東	廿九年七月	仝上	繼龔約翰任
孫科	廿八年七月	三十一年六月	連任
譚禮庭	仝上	仝上	連任
錢樹芬	仝上	仝上	連任
香雅各	仝上	仝上	連任
林子豐	廿八年九月	仝上	繼黄啟明任
金曾澄	廿九年七月	三十二年六月	連任
鍾榮光	仝上	仝上	連任
羅文錦	仝上	仝上	連任
甘乃光	仝上	仝上	新任
金佛	仝上	仝上	連任

私立岭南大学下年度预算调整委员会报告（1941-04-17）

39

下年度預算調整委員會報告

40

私立嶺南大學用牋

香港辦事處：般含道香港大學鐘樓三樓　電話：[illegible]五二七七

敬啟者：本委員會自得校務會議指派後，即行成立，分別將上年度預決算、本年度預算，加以研究；并得調取全部賬目，分工研閱；且曾與各部份主管人員詳細研討。雖因時間短促，未能盡其細密，然得逐次商討，并有若干結論足供編造下年度預算之參考，謹將其條列如下：

中華民國　年　月　日　字第　號　第一頁

41

私立嶺南大學用箋

(甲) 關于節省用費

(一) 本校各部份之用費，多經歷年撙節，皆已減至甚低程度，再加減縮，將不免對于其效能，有不良之影響，故非收入短絀，難于應付，似不宜必再加節省。但恐下年度收入減少，照舊開支，無法維持，故雖明知每種裁減，對于有關部份之效能，稍有妨礙，仍須在

香港辦事處：般含道香港大學鐘樓三樓　電話：二五二六七

中華民國　年　月　日　字第　號　第一頁

無大妨碍中，力謀撙節，以求整個預算收支之適合。

（二）本校用費，大部份為教員職員工人之薪俸工資，以及各種租項。現有之職教員，各有專職，皆為推動本校職教務所必需，似難于裁減。但同時為預算之平衡計，本年度之人員除非因學生人數增加而須增加外，似毋庸再增。至教職

43

私立嶺南大學用箋

香港辦事處：般含道香港大學鐘樓三樓
電話：二五二七七

員之薪俸，照香港現在物價之騰貴，增加若干之趨勢，本屬微薄，如蒙允許，尚宜增加，故即不增加，亦不宜減削。至租項一層，因無現租用之地方，已暫擱，亦無從收縮。至交付香港大學之各項用費，因係合作關係，亦無由變更。舉是以觀，則其他用費，即使盡量減削，所可減削之數，當屬有限，則課

中華民國　年　月　日　字第　號　第四頁

49

私立嶺南大學用箋

香港辦事處：般含道香港大學鐘樓三樓 電話：二〇五二〇七

收支之相抵，似非從開源方面不可為。

（三）教学用費（Educational Expense）之撙減。此項用費，年中支出約为一萬二千元，如收入不能應付支出，則似可一律撙減一成或二成。

（四）如收入情況未能改善，則下年度一切新儀器与標本，皆不宜添購，但如舊有者已不能用，非換新不可，或因学生人數增加，非添購不可，則不在此限。

中華民國　年　月　日　字第　號　第五頁

15

私立嶺南大學用牋

(五)各教授指導學生之指導津貼費似可取消。

(六)總辦事處及其他各部份之印刷用費，合共每年當在二千圓以上，如能將紙數減少，紙質降低，使用節省，則用費當可得一部份之減少。

(七)內部雜項用費如各委員會開會時之膳費等，似可節省。

中華民國　年　月　日　字第　號　第六頁

香港辦事處：般含道香港大學鐘樓三樓　電話：二五二七七

46

私立嶺南大學用牋

香港辦事處：般含道香港大學鐘樓三樓，電話：二○五二七七

(八)校刊如改為每兩星期出一次，則內容似可較現在有精彩，而印費亦可減去數百元。

(九)獎學用費似亦有可核減之可能。歷來獎學額(Scholarship)之給予，多以學業成績為根據，而不論學生之是否清貧。下年度如改取給清貧學生方針，對于學業優良而非清貧者，則只給名義

47

私立嶺南大學用箋

香港辦事處：般含道香港大學鐘樓三樓　電話：二〇五二七

則農學之設未成，而節用之款可收。至于用以吸收各縣極優秀學生之獎金學額，則似宜設法維持。本項之節省，一年之內亦可有三四千元。

(乙)開源增加收入

(一)除已經實行之增加學費外，農學科之實驗費亦宜增收。查現在各學科實驗時之各項開銷，數目頗大，為學生之納

中華民國　年　月　日　字第　號　第八頁

48

香港辦事處：般含道香港大學鍾樓三樓　電話：二五二七七

費甚微，大學賠貼之數頗巨，雖不能按年徵費亦宜酌量增加。每年中增收數千元亦非難事。

(2)其他雜項收入亦可分別斟酌增加，如醫費每人每學期增收壹元之，郵務費增至五元，畢業証書費增至五元之類可增加相當收入。

(3)如將考取新生標準略為放寬，不難每年增收學生五十人至壹佰人。考取後之

49

私立嶺南大學用牋

香港辦事處：般含道香港大學鐘樓三樓　電話：二[illegible]五二[illegible]

暑期，及在第一年級時，認真予以補習機會，其入學時稍遜之程度，或可補救。在第一年完畢時，又加選擇淘汰其不及格者，則現有學生學業之水準，仍可維持。且第一年級人數增加後，以後之各年級學生人數，亦有因此增加之可能。既給予較多學生升學之機會，且又增加收入，似應可行。

中華民國　年　月　日　字第　號　第十頁

（四）今年暑假，擬辦兩個暑期學校。暑期學校，向有盈餘。但如一暑期而辦兩個，則其入學資格似宜修改，如除本校學生及已考取而未來入學之學生可入暑期學校補習外，倘高中畢業者亦可許其入學，則學生當可增加不少。既給予一般學生較多之讀書機會，又可使考取之學生提前補習其較弱

51

私立嶺南大學用牋

香港辦事處：般含道香港大學鐘樓三樓　電話：二兩二七七

之辦月，一舉兩得，似可試行。

（五）至于係辦預科性質之先修班，高級職業班，初級職業班，中學，小學，雖對于學校之財政皆有補益之可能，但因其須另租房屋，另請教員，另置設備，則須先派員作具體之研究，然後另議決定其適否開辦。

（六）本校基金之募集，提議多年，辦來

中華民國　年　月　日　字第　號　第十二頁

私立嶺南大學用牋

香港辦事處：般含道香港大學鐘樓三樓 電話：二四五二七七

是我說且目前亦非發動最理想之時期，惟募集基金究屬學校百年之大計，且目前亦不能說絕不宜於籌設，亦宜由畢業同學會同本校當局切實計劃，以期早日實行。在募集基金未實行之前，運用各地畢業同學之力量向海外僑商團體殷富募集捐款，以免停費在美

中華民國 年 月 日 字第 號 第十二頁

私立嶺南大學用箋

香港辦事處：般含道香港大學鍾樓三樓　電話：二五二七七

其餘未能接濟之時，亦不得已

節。

兩頭預算之執行

(一)自本校一切收支應皆一律包括在預

算之內，似宜調查有無預算外之收

支，以圖清理。

(二)各項預算皆有定額，數額既定，不宜

逾越，並須禁絕預算之移用。似宜由

中華民國　年　月　日　字第　號　第十四頁

54

私立嶺南大學用牋

香港辦事處：般含道香港大學鍾樓三樓 電話：二八五二

本校會計主持人，隨時統計，如有逾越，即行制止，或提出校務會議討論。

以上所陳，乃本委員會認為開源節流可用之辦法，至如何配合，以達收支相抵之目的，仍須經校務會議決定。專此敬致

李校長應林

下年度預算調整委員 黄延毓 楊銘如 司徒森 蕭祖甲 李健譽

中華民國卅年四月十七日 字第 號 第十五頁

（附註）黃、楊、蕭、司徒四委員由李委員代簽名

广东省地政局关于租用土地一案应依法声请登记一事给私立岭南大学校董会的公函（1941-06-30）

34

廣東省地政局公函

民國三十年六月三十日發　字第九七六號

事由：為函復關於租用土地一案應依法聲請登記請查照办

理由

現准

貴會本年六月六日地字第四號公函開：

查本會前由樂昌縣第二區畈上鄉公所介

給永遠租受坪石大車站對河坐落乳源縣第三區

青洞鄉及樂昌縣第二區畈上鄉間之山坡地為農

學院院址及農場，經各業權所有人、各姓代表鄉

保長等同意，由本會一次過給與每市畝國幣壹
元伍角地價，永租該地應用。當由各業權所有人
簽回永租契約交回本會收執，并由畈上鄉公所
蓋印證明，自後該地由本會永遠管業及自由使
用。相應備函連同院址平面圖一幅送請查照，希予
備案，實紉公誼。

等由，附送平面圖一幅。准此查土地權利之取得或設定，依
照土地法第三十三條之規定，應依法向當地主管地政機關
聲請登記。本案請
貴會將坐落乳源縣屬之土地逕向乳源縣地政處第二分

036

處（梅花街）聲清登記，至坐落於樂昌縣屬者則請俟該縣舉辦土地登記之時再行辦理，准函前由，相應函復

查照辦理爲荷。

此致

私立嶺南大學校董會

局長高信

副局長黃公安代

監印周益魏

拟送

校本部利登记核利内将悟

草稿呈

阅

应增加若干句语，表示同一学生并不同时请领多种贷金，以免虚领浪费救济机关款项

口头直述救济金贷金事

林华十廿六

〔?〕十廿六

25-1

查自香港战事发生之后，本院港澳侨生以汇兑不通，经济来源遂告断绝，饔飧莫继，囊橐俱空，典押衣物以[illegible]日用之资者，求援以维两餐之半，本院有见[illegible]此情形，势难缄默，接办救济办法，俾能继续修[illegible]毕业，并保持本院学生体[illegible]，不[illegible]述[illegible]。

一、办理学籍战区学生贷金，由广东教育厅核定[illegible]每月发给国币十六元，自三十年八月份至十二月止五个月，共计贰千四百元之经如数发领新嘉会粤籍难民生收领在案。

（二）办理港澳回国海外侨生请领救济费，经查来者约有丁代广东省琼崖急救侨会核定本院侨生七十一名，每名发给救济费国币二百元，共壹万四千贰百元，已如数拨发备查。侨生陈瑞勤等收领在案。

（三）澳门海外侨生请领曲江升学救济会经费，经该会核定本院侨生三罗每名每月发费三千元，两个月共六千

026

之，係由收款貸給本部擔我等在案。

（四）辦理教育部戰區膳食貸金經費

教育部核准自廿年十一月份起依以本部主管辦理戰區學生貸金暫行規則給予膳食貸金總額定三十年度戰區學生膳食貸金名額為六十三名，工種三人，每月付貸金數目為：

本年七八月份侨生贷金呈请核发在案

(3)办理请颁侨务贷金特种救济金查本

院侨生侨贷生侨务奖学金核准

为已贷侨生者有卅七名须补缴

027

侨生身份证书者有廿五名，原证件呈会，
复据书者十八名，除呈请侨务委员会核发侨生
核准发给特种救济金外，并
分别办理补缴及原证件呈缴
备案
（六）办理三十一年度教育部战区学生膳
食贷金及特种贷金，任
保贷金申请书呈缴，并核发
业务未复，审核存案
（七）办理广东省粤籍战区生贷金，查

三十一年度、廣東省新會廠維持
室本校學生貸金名額為
廿名每名每月給發貸金二
十元照經辦本年一月份至
八月份貸金發給至十
以上七項均遵照年刊本理除等呈省教廳
本校以上學校舉辦之學生貸金暫行規則修
第四二六年遵照教育部第六條至第二十三條辦理
呈送參考資料：補助實備以呈准核數
已舉辦以上貸金之事項第二十年同辦理

028

外並逕呈中央僑務委員會備案，在
國內中等以上學校就學僑生申請救濟
審查核准發給證書查[illegible]學生並須遵[illegible]
各類證件護照證明等件[illegible]以資辨別
爲維持紀律各項特別擬述此上

1942年

《大光报》报道：教部补助三大学内迁费（1942-02-19）

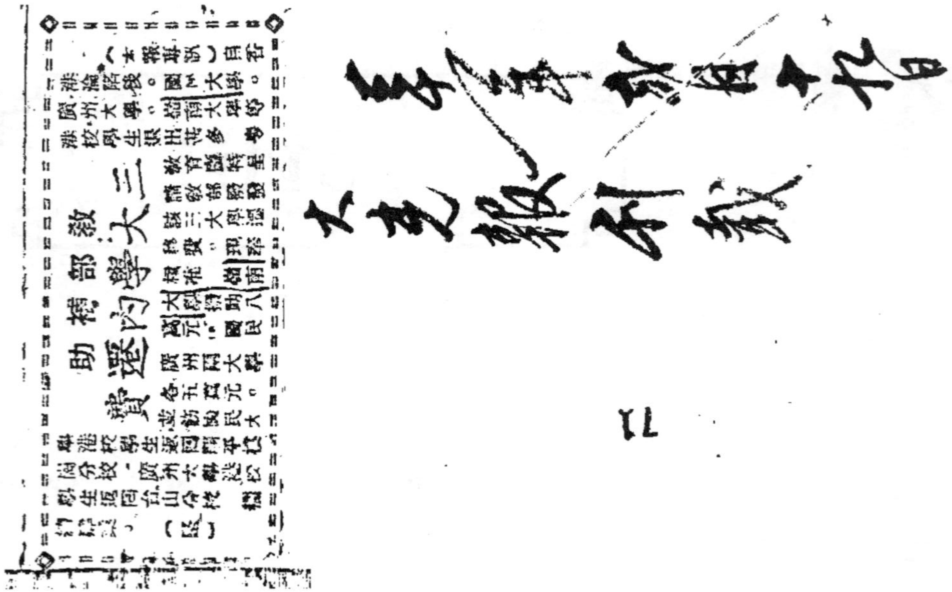

教部補助三大學內遷費

（本報專訊）自香港淪陷後，國民大學、廣州大學、嶺南大學的港校學生退出甚多，粵教育廳特呈請教部撥發該三大學遷移費，現奉核准，嶺南大學撥助八萬元，國民、廣州兩大學各五萬元，並飭國民大學港校學生返回開平樓岡分校，廣州大學港校學生返回台山分校，藉資歸還。（陸）

三十一年二月十九日
大光報刊載

77

私立嶺南大學公函　韶字第四十三號　中華民國三十一年二月廿七日

現奉

教育部丑侵高字第五五五九號電開：

「該校文理工醫三學院遷粵情形如何如尚難開課各

該院學生准入中山大學借讀除電中山大學儘量收容外

仰即就接洽并將詳情隨時報部」

等因；奉此。查本校文、理工、醫三學院，現已由港遷回粵北，惟一

時尚難開課，各該院學生自應遵　令轉飭借讀

貴校。茲派本校農學院院長李沛文前來洽商一是，關於借

讀應辦手續，敬希

惠予指示辦理。至紉公誼！！

此致

國立中山大學

校長 李應林

覆文請交韶關風度中路

青年會內本校辦事處收

卅年度訓導報告

霍葆強

本院訓導事宜，概由訓導委員會主持，以院長訓導主任暨各宿舍舍監為當然委員。本年度工作可分述如后：—

(一)頒發學生規則：本年度開始時即根據港校所發出之學生規則畧加修改，附入宿舍規則，使應用於本院環境。各生遵守規則，並無記大過事件發生，記小過者僅一人。

(二)導生編配：從前導生編配由港校主理，本年度由農院自行將各農學生從新編配，增加導師補助費，使導生與導師接觸機會較多，頗收品學上輔導之效果。

三課外活動：本年度農院軍訓教官屢有更調，第二学期因蔣教官續緒調重慶受訓，故軍訓停頓多時，学生體育運動，以經濟缺乏，不能添置球類及其他體育用具，各生課餘每到田間工作、圖書館除農科書籍外，極少其他文藝雜誌等為各生課暇閱讀，下年度似應增撥經濟以補救之。國民月會自第二学期起每月按期舉行，学生聯歡會，音樂會曾在每学期舉行多次，去年冬本院高級生往樂昌縣協助督導冬耕頗得外界好評。

(四)宿舍整理：第二学期自香港淪陷後，農院学生人數多，宿舍床位僅可敷用，為求宿舍衛生起見，已添置寢室及修改通風板障，第一宿舍現住三十人。

宿舍四十八人，女生宿舍廿一人，另将校员生住宅改第二宿舍可容纳四人。

（五）免费暨公费学额：本年度秋季学生申请给予奖学金者共十六人，计给予公费奖学金者廿人，给予古桂芬纪念奖学金者三人，给予郑雨泉纪念奖学金者一人，第二学期增加公费奖学金二名。

（六）卫生医药设备：本年度膳堂，初由学生自办，继由院方招商承办，于学生营养问题特别注重，奈以物价飞涨，膳食费用提高，虽教厅与学生救济会有膳食贷金，唯数目有限，更不知能否继续贷放，故学生膳食尚需筹划。本院医药设备，上学期尚可应付，下学期以经济困难，未有添購药品，幸而各生健康，因平日院方處理得宜，所無意外發生。本院各生以患瘧病最為多，經校醫針治悉數痊愈，以現時瘧病針之渴，市價高，院方所存無幾，願學校当局能及早購貯，即其他药品亦應設法採購，使本院醫药設備更趨完善。

謹呈

院長办公室彙存

卅一、七、四

《岭南大学校报》曲江版第一期报道：香港沦陷后之本校——应变、迁校及筹划复课经过报告（1942-08-01）

中華民國三十一年八月一日（星期六）出版　　第一版　1

嶺南大學校報

曲江版第一期

私立嶺南大學編印

香港淪陷後之本校

——應變・遷校・及籌劃復課經過報告——

李應林

自從去年十二月香港淪陷，本校全部遷回粵北，現在員生陸續返校，準備於今秋復課；校報爲着傳達消息，在未開學之前先行編印曲江版第一期。從香港發生戰事到今天，將及八個月頭，我爲保持本校生機，維繫本校事業，苦心孤詣，籌劃進行，艱險備嘗，困難遍歷，此中經過，有足述者；爰藉校報繼續發刊之會，用將八個月來在港應變，遷校，及籌劃復課經過各情縷述，爲我同事同學校友暨邦人君子告：

（一）在港應變之經過

去年十一月下旬，美日談話陷入殭局，一般人深慮由美日談話決裂引起太平洋戰爭，同時香港當局亦作戰時準備，當時我亦作如是想，因此連日分頭訪晤美領事、港督、和華人代表羅文錦律師——他是本校校董——探聽消息。各方面回答都是好的，認爲不會就此發生戰事，某方面還告訴我說，太平洋戰事爆發當在六個月以後，此時大可放心。我得到了各方面消息，雖則人皆樂觀，但我爲着責任重大，終於放心不下，提請校董會召開特別會議，決定萬一戰事發生應付辦法。校董會於十二月四日在華商會所開特別會議，留港中西校董（七人）全體出席，學校行政人員被邀列席的連我一共四人。首先互相交換對時局意見，大家都認爲確實嚴重，戰事終恐不免，但無人判斷得戰事發生在明天抑或明年。其次談到遷校問題，僉以如果戰事即時爆發，倉卒間無法遷校，倘能延長到相當時期，再行攷慮全部或逐部內遷。最後討論萬一戰事突然爆發，對於員生處置問題，當即決議倘若戰事爆發，學校即時停課，學生分別回家，教職員則發薪兩月暫行解聘。此外羅文錦校董發表意見，認爲戰事倘不會發生而香港或會受日軍嚴密封鎖，糧食很成問題；又假如戰事發生而是長期的，則政府自必統制糧食，那時糧食亦成問題，惟有參加政府戰時服務可以獲得糧食。因此他主張員生踴躍參加各種服務隊工作。至十二月六日，本校舉行校務會議全體委員會議，我把校董會特別會議經過和決議提出報告，各人再經過一番討論，少數人以爲太平洋戰爭終必發生，多數人以爲不會發生，但認爲終必發生的人終不能決其在何時發生的。當是時，同學正在發動籌募百萬基金，在校學生響應，擬定在十二月十三日舉行嶺南日，動員大中小學全體同學出發籌募。時局雖云嚴重，但社會安定如恆，學生們咸聚精會神於籌募百萬基金運動之成功，對着司空見慣的「時局嚴重」更漫不爲意，我亦不免受其影響，極其鎮靜，且在香港大學裏面更不

原校址：廣州河南康樂　　現遷校址：粵北曲江仙人廟大嶺村

144

願意示人以弱。十二月七日那天，仍照常和三數同事到沙田旅行，是晚並在六國飯店設餐招待那些爲籌募基金的學生領袖們，直至晚上十一時纔回到九龍塘寓所。

十二月八日晨，日軍進犯香港，日機轟炸啓德機場，太平洋戰事終於爆發了！我從九龍塘寓所出來，在彌敦酒店關一房間，用以接待附中員生。一方面以電話通知校本部出布告停課，同時提前支發教職員薪金。一方面就近協同附中同事從青山運送員生出來，打發回家，其家居香港方面者，則爲設法領取通過証過海。事情弄妥以後，我於九日纔得僱電船過海，因爲香港大學接近要塞，爲日軍炮擊轟炸目標，我祗得到大道中陸佑行假用中國文化協進會設置臨時辦事處，通知幾位負責行政人員來商議應變辦法，當日即分電教育部及廣東省政府教育廳報告，大意說香港戰事爆發，本校八日起停課，設法內遷。

在陸佑行住了幾天，因無床鋪設備，棲宿不便，乃遷到史塔士道香港分校，但日常仍冒着炮火到陸佑行和各同事臨時商量校務。當時戰事雖然失利，但香港政府中人仍表示可持久戰，我於是勸勉員生參加戰時服務，免得長期坐食，結果有十多位員生參加，被派在中環街市担任派飯售米工作，各人得到膳食和每天兩元的工錢。英軍撤離九龍後，日軍隨着在香港東區登陸，戰爭日益劇烈，史塔士道一帶，已在火綫內，分校[illegible]閣落彈很多，在校居住的人都是險死還生，認爲不可再居，我於是在廿三日那天又遷居到必列啫士街青年會，但仍到陸佑行辦公，直到香港淪陷之日止。有一百多員生在戰事發生後避居專養台（是本校一部份辦事地方），我在青年會居住時得有機會到去和他們相見，同是患難中人，不免惺惺相惜，可惜那些居住九龍和較遠地區的員生們，直至我離港前未得一見，殊爲惦念！廿五日香港淪陷，一切希望已斷，那時我仍居在青年會，我想：今後的命運聽候敵人裁判了。倘若敵人認我爲抗日份子，恨我，仇我，把我一刀兩斷，則我樂得死個乾淨，我已盡了應盡的責任，那我雖死何憾呢!?但一想及敵人殘酷毒辣的手段，它不會即時把你殺死，它要施用無奇不有的私刑，對你凌辱，使你活受罪，那眞可怕了，然而還不打緊，受刑受辱仍不過一時痛苦，到頭來至多不過慘死，還可保存清白之心。後來再想，敵人謀我，處心積累，它正在施行以華制華的政策，誘迫華人爲它鷹犬，倘若它把我拘捕後強迫担任僞職，或強迫嶺南復課，施行它的奴化教育，那眞求生不得，求死不能了。良心上所受的痛苦，要比身死還甚，而此不白之冤，人們還是不能原諒的，想到此，不禁心驚肉慄，震慄不已。到了卅日，某方面知道我住在青年會，遣人來探問我，說道：「某人對我安全很關心，假如我同意的話，某人可派電船汽車來接我到他公館居住，并保証我得安全」。我於是知道果然不出我所料，我祗得對來人「謙辭」不敢領受。那人去後，我即想及逃避問題，「難道坐以待斃嗎？還是逃出這魔手罷！」我想：「我不能留在香港聽它壓迫，聽它驅使，應該是設法離去，爲着保存個人生命，爲着保持嶺南生機，爲着教育事業，爲着國家民族利益，我都得脫離了香港，回到自由國土纔有話可說，纔有辦法可想」。我於是決定設法逃出了牢籠，從新建造新生命。那天下午，適值同事盧惠風君來訪，我把此意告訴他，他絕對贊同，他說：「我本來也打算走的」。於是我們相約，俟機而走。事後根據忠實的報告，謂敵人在我出走後仍派人四出覓我，我能夠脫險實在僥倖。

（二）脫離了香港

我決定了逃出香港之後，跟着攷慮到路綫問題，當時想像中祇有東江一條，而那條路又可分爲博羅綫和東莞綫。因爲盧惠風君是東莞人，走東莞綫沿途情形熟悉，萬一遇着意外時也易得找人援救，於是決定隨着盧君走東莞那一條路綫。十二月卅一日，我四出打探過海的情狀，因爲無論走東江那一路綫必得先到九龍。海傍站着一些日兵，據說是警戒着海岸，不准船艇來往，碼頭貼着「不准過海，違者射殺」的文告，情形很是嚴重。聞道連日來有些小艇偷渡，遭日兵射殺和擊沉的不少。我見到如此情形，覺得渡過九龍着實不易，不禁爲之氣餒。當天晚上是民國卅年的除夕，我因爲盤算着出走問題，更不知甚麼除夕和新年了。到了元旦那天，我着早起來，走上青年會天台，瞭望海面動態，見到小艇絡繹來往，和昨天所見的海面完全不同，心想今天或可准渡海了。於是即時跑到海傍打探，已不見日兵站崗了，途人也正在議論着，今天元旦，日軍放假，沒有日兵站崗，小艇可以來往無阻。我立即回到青年會，遣人通知盧惠風君來商議渡海。盧君來到後，大家認爲千載一時機會，不可放過。盧君爲着愼重將事，親自到海傍各碼頭調查小艇渡海情形，回來後認爲可行，隨即回家執拾簡單行李，再到青年會來，於黃昏時候，會同我到上環海傍碼頭，僱一小艇渡海。艇資每人港幣五元，另給碼頭保護費每人三元。下艇時，舟子聲明，在海中或到彼岸時說不定爲日兵槍擊，如有意外，各安天命。我們一心要走，自然打算冒險犯難，對於舟子的聲明，亦不爲驚異，慨然答應。那小艇小的可以，三人駕駛，儎着三位搭客（我和盧君外另有一商人），儎重已超過那艇應儎的重量，但大家都不顧危險，急忙向前進發。行進間，發覺艇底破裂，海水湘湘而入，風浪又大，沉沒堪虞。我和盧君不得已輪流爲之清除艇內積水。小艇冒着驚濤駭浪前進，舟子也很努力，同舟共濟，得以渡過重重險阻。舟子們縱談他日來冒險偷渡遭遇日兵槍擊的事情，令人咋舌。他們并警告我們，身上不得懷藏利器，雖則一小刀之微，也得棄去，否則在半途遇有日兵乘電船來檢查，搜出了利器，全艇人殺頭無赦。我說：「別的利器可沒有，但有小刀一把，諒不妨事。」他們說：「不行！必得擲諸海中」。我說：「這把小刀隨身攜帶已好幾時，隨便棄了殊可惜，莫若我拏在手裡，眞倘有日兵來檢查時即拋落海中，也是使的」。他們認爲還可以，後來遇到兩駛日兵乘着的電船，幸而沒有受檢查和留難，得以安然通過，我那把小刀也得保存。小艇終於到達彼岸，時已萬家燈火矣。是晚我們到一個朋友家裡暫住，談起渡海時的危險情況，友人也爲我們揑一把汗。我想當渡海時有三種危險：第一、那天海傍雖然日兵站崗，但還屬偷渡的。倘若爲日兵發覺或中途遇到了日兵，有被槍擊或被捕之虞。第二、小艇艇小載重，更兼艇裂底破，風浪又大，在海中有舟覆人翻爲波臣召去之險。第三、舟子們似爲獐頭鼠目之流，殊非善類，我們雖則只各有包袱一個，但他們知我們是逃難的，很容易誤認我們囊有鉅金，在海中起不良之念，來一個謀財害命，也有可能的。上述三種情形，任何一種都有性命危險，而我們竟得平安渡過，眞個叨天之福了。

一月三日，我和盧君回到九龍塘寓所檢點衣物，知道某方會數度派人到來找我，我益感留在香港的危險，希望能早些脫離虎口。盧君當日四出打聽路途情況，知道有兩路可走，一是循着廣九鐵路正面經沙田深圳而入東莞，一是取道元朗經過深圳而入東莞；第一條路是日軍民政部指定的疏散路綫，是明走的，但須向民政部領取歸鄉証。第二條路是日軍禁止通行的，必須偷渡。我們攷慮着走那一路，覺得第一條路要領歸鄉証恐怕有所不便，但第二條路偷渡着實危險！我們正籌議間，舊友林君來訪，原來他知道我們要離港，趕來和我們同行。我們把此問題提出來，他沒有什麼意見，爲的他壓根兒不熟識那兩條路情況。在此時，傳說紛紜，有謂雖領有歸鄉証，但過沙田時日兵檢查甚爲嚴苛，稍有疑點，即遭扣留，行裝好的東西亦輒遭掠奪。有謂在淪陷區與自由交界地方，土匪橫行，殺人越貨，難民經過，難免被洗劫一空。更有謂前兩天，大埔土匪行刼，與日軍激戰，難民未出香港，即被刼個精光，有一批難民半途折回。種種不好消息從各方面傳來，我們眞感覺困難，有些朋友勸我們不可太冒險，多留天幾再說。然而我們此行是打算冒險犯難的，自然不因此而退縮不前。況且我們沒有帶着很多的錢，祇有國幣一千元，是臨走前向舊同事李景新君借來的；至於行裝呢，那更少之又少，我們一來怕搶，不敢多帶，二來要改換裝束，不便多帶。縱使在途中遭匪搶刼，損失亦很有限，只要能回到自由區，財物損失算不了什麼，就是挨餓挨冷一兩天也不算什麼，我們還是決定走，只在選擇走那一條路罷了。

一月三日盧君竟日打探前途消息，終於決定了走第一條路，據其探聽結果，一切不如所傳之壞。於是我們決定了四日晨起行，并約定林君於四日在亞皆老街一家商店相會。當天我得間往訪林逸民校董，他恰被匪刼，日軍又要佔駐他的樓房，我見他時正在搬家往別處；我把要走出香港的意思告訴他，他雖然爲我前途艱險担心，但他極贊同我的行動。是夜我和盧君籌備行裝，每人還是只有一個包袱，儎着粗舊的冬衣幾件，另有一個熱水樽和一罐餅干，預備中途充飢渴的。雖然我們祇有很少的國幣一千元，但終恐中途遇劫，不得不想辦法密密收藏，我分給盧君五百元，他把二百元藏入用來挑行李的竹竿內，其餘的東藏一些，西藏一

146

些，希望萬一這個被劫也不致全數精光。

一月四日晨，我們挑着行李偕同林君到太平道口警察學堂操場集合（那是「民政部」指定的），託人領得歸鄉証，聽候出發。與三友好來送行，相顧黯然惜別。九時半整隊起程，經過一位日軍官檢查歸鄉証後，由幾名所謂自警團和印兵押送而行。我們三人均作工人裝束，連眼鏡也不敢戴。那一批難民五百多人，除了很少數的小商人和家眷外，大都是赤貧的勞工（當時第一期疏散無業無住所的貧民和乞丐），我們混在一起走，幸虧無人注意到。我們沿彌敦道轉大埔道抵沙田，那條路我星期日和朋友旅行過好幾次，但那天行經的滋味和旅行時顯然不同了。到了沙田，憑歸鄉証領米半斤，一位日軍官高踞上座驗証蓋章，幾名僞員頤使氣指地在下發米，尷尬情形，難看極了。我們雖不是乞丐，但也恥食敵粟，沒有領它的米。沙田以後，「自警團」和印兵不再押送，由我等自行。經過大埔墟時，有小隊日兵正在修築破壞的橋梁，見我等來，攔截不予通過，並搜檢各人行李，好的東西予取予携。我們的行李幸得林君押運先行，沒有被搜，否則恐怕不免損失。行李搜過後，先把婦孺放行，男的仍困滯在路上，我和盧君各持一竹竿，日兵喝令我們不准動。有些欲乘日兵不覺逃去，但卒爲其發覺，奪取盧君的竹竿，對那欲逃的人鞭撻。隨後一日兵跟我們筆談，大意是要我等作工一小時乃放行；我等雖不願爲其役使，但在暴力劫持下亦無可如何。正在準備動手時，一位大概是隊長之流的日軍官，揮手放行，我等連忙離去，盧君向那日兵交涉要討回那竹竿，結果有如秀才對着老虎吟詩，終於無效，藏在竹竿內的二百元亦一併失去，殊屬不值。是日傍晚行抵上水，我們四人（連一名挑夫）進入一家酒店住宿，店裡並無別客，只有我們四人。晚飯後我感覺寒冷，檢出長棉衣穿上，並戴上眼鏡，後來日兵到房檢查，見我衣裝齊整，疑我不是難民，諸多盤問，及我出示歸鄉証時始告無事。是晚日兵數度來酒店要花姑娘，幷入我們房間來，幸而我們都是男子漢，假如有女的，眞個不堪設想了。

五日凌晨起行，將到深圳時經日軍一次正式檢查，身上和行李均須搜檢，幸得順利通過，沒有損失。到深圳墟時又可憑歸鄉証領米半斤，但我們仍沒有領取。出了深圳城，問題來了，我因昨天一行六十餘里，雙足創傷，蹣跚而行，又無車馬肩輿可代步，趕不上大隊，勢將落伍。盧君緩步陪行，但那天預算要走七十里乃得到自由區，如何辦到？倘若留落在淪陷區和自由區交界的地方（即所謂無人區），殊屬危險！盧君在無辦法之中想辦法，走向鐵路旁小鄉村僱得一乘轎來，抬轎的是兩個中年女人，我很担心她不能勝任，後來纔知她能力之强不亞男性，至此我始認識東江婦女的勞力。日軍前綫只及布吉，平湖方面則爲我游擊隊駐守，介於布吉與平湖之間的李朗地方，即所謂無人區，是土匪世界，行人到此，無不提心吊胆，隨時準備土匪來光顧。可是那天我等經過李朗地區，并無一匪半匪出來騷擾，安然而過，可見事實每每不如傳說和想像之壞。在平湖換乘滑竿到塘厦，進入了自由區，心境感覺非常快慰。當夜宿於塘厦墟，盧君到區署打電話通知東莞縣府李鶴齡縣長，李縣長交帶區長好好地保護我們。從香港發生戰事之日起，沒有安睡過，到那天纔得以呼吸自由空氣，精神興奮，忘却了兩天走路的疲勞，是晚雖宿在簡舊的小客棧中，而得到甜蜜的安睡。六日晨區長派兵護送我們到樟木頭，李縣長親自出來接我們回縣府，款以盛筵，我乘便託李縣長拍電省府李主席，報告我由港脫險抵達東莞，即將來韶，幷通知曲江同學會和坪石農學院。

（三）到了粵北

在東莞，我和林君同居盧惠風君家中，我因雙足創傷未愈，遂得多留幾天。我個人雖則回到自由中國，但對於香港的同事同學和親友深致懸念。偶有感觸，成俚句一首，題爲「落難東坑有感」。詩云：

盧氏村旁李謝家，
村南村北荔枝花；
落難親朋同一念，
莫教胡馬亂中華！

我們於一月十三日由東莞赴惠州，帶來的旅費已使用過半，不足用至韶關，於是由盧君籌借國幣一千元。行兩日而抵惠州，承陳驥專員和舊同學詹德欽君招待，盛情足感！在惠州候電船，居留三日，聞鍾名譽校長榮光先生一月七日在港逝世噩耗，悲痛無似！鍾先生畢生盡瘁嶺南，不幸在此變亂時期逝世，我不獲親承遺訓，今後前途茫茫，任重道遠，老成遽喪，我

147

將安歸？不禁淒然！我們十六日由惠啓程，紛行四天而抵龍川，廿一日在龍川換車，於廿二日抵達韶關。

到了韶關，我即時去電重慶教育部及孫院長（校董會主席）和美國本校基金委員會報告，同時分向余司令長官，李主席，黃廳長等長官報告及請示，得到他們慰勉和鼓勵。粵北同學更於廿五日開會歡迎，對於母校復校問題，一致主張全部在粵北辦理，尤其主張從速復課，免爲敵僞利用名義。我覺得救濟員生和籌劃復課，均爲當前的重要工作，於是先行假用青年會一部份地方設立駐韶辦事處，登報通告各離港員生，向辦事處登記，俾好籌劃救濟和復課。農學院總算僥倖，在廿九年秋遷到坪石來，得免在港受難；但在香港淪陷後，農院員生因爲得不到港方絲毫消息，很是焦慮彷徨！我爲謀安定他們的焦慮，在韶略事部署後即與盧惠風君到坪石，向農院員生報告學校在港應變和我個人逃難經過，承各員生開會熱烈歡迎，使我無限感奮！一月廿八日曲江翠同學會行特別敍會，對於母校復課問題，詳加研究，即席推選同學十九人，組織委員會，協助進行。一月三十日我對中央社記者發表談話（見一月卅一日韶關各報）大意謂：嶺南大學爲私立的，基督教的，國際的，中國人主權的大學，教育方針，悉照國民政府所頒布者辦理，無論環境若何困難，不容或變。前者廣州淪陷暫遷香港，此次香港淪陷，本校在港校舍被佔，財物被劫一空，損失慘重，尚幸能遷回自由中國。敵僞倘若盜用本校名義在香港或廣州開辦，本校當然不予承認。因本校具有國際性之大學，關係國際人士觀聽，特此發表聲明，以正觀聽云云。此消息發出後，員生知悉本校決定在粵北繼續辦理，陸續到粵北來，向本校駐韶辦事處登記，或來函詢問消息。本校此時雖則窮困不堪，但仍設法張羅。對於到韶教職員先行招待膳宿，學生則分別發給證明書，幫助到別校借讀，我於各事布置停當，籌集到旅費後，隨於二月七日離韶赴桂，轉機到重慶向中央報告及請示一切。

（四）赴渝接洽結果

二月九日我到了桂林，住在旅店裡候機赴渝。留桂同學開會歡迎，他們也和粵北同學一樣主張要復課，軍政長官亦以爲本校有如此歷史和地位，務須維持。由桂林搭機赴重慶，確是一件大事，原因是機少人多，供求相差太遠，倘非有得力的人幫忙，簡直無從購得機位。我分頭請託在桂的得力長官幫忙，結果仍未有辦法。當時正是舊曆殘冬臘月，天氣嚴寒，我因由港逃出，行裝蕭條，寒衣未備，竟以此受寒致病，客邸孤病，情景淒然！後來得到友人救助，纔得添置寒衣，渡過寒天。在桂林候機將及兩星期，至廿二日纔得機飛渝。

從桂林飛渝途中，我心情非常緊張；心想：嶺南今後的命運繫於此行了。假如到渝接洽結果圓滿，嶺南復課計劃得以實行，倘若得不到相當結果，那就糟了。到了重慶，隨即分別晉謁孫院長，陳部長，吳秘書長等報告一切和請示辦理；同時訪晤美國朋友和留渝同學。在重慶見人之難，凡是到過重慶的人都是承認的，因爲要和各方面的人接洽，費了不少時間。留渝同學也一樣開會歡迎我，一樣主張母校務須恢復，服官陪都的粵省同鄉，也非常關懷，表示極力贊助。此時最大的問題厥爲款款，政府雖則答允維持，但款項仍未能領到。美國對華聯合救濟駐重慶顧問委員會亦雖允爲救濟，而數目無多，未能達到預期目的，及至接到駐韶辦事處報告，知道美基會有款滙到，總比較安心。在重慶，我曾託中央廣播電台播電給美基會，傳達本校消息，後來知道此電訊在美國，韶關，廣州，香港，澳門各地均有朋友從收音機聽到，附中教員關人俊先生據說是在港聽到此廣播消息纔決定到粵北來的。在渝逗留了一個月，曾遭遇到小小的不幸，旅邸失竊，行裝盡失，同時患過幾天病。幸而此行接洽結果尚算圓滿，只要嶺南有辦法，個人的小小不幸又算得什麼呢？我在渝任務大致完畢，隨於三月廿一日飛桂轉程返韶，趕及參加廿八日韶關各界追悼鍾榮光先生的大會。

（五）校址的選擇

我由渝返韶後，再度拜訪余司令長官，李主席，黃廳長等報告向中央接洽經過，隨按照復課計劃，進行選擇校址。經過與在韶各同事會商研究，決定了選擇校址三原則：第一、地方比較安定，交通便利，不隔絕粵省政治重心；第二、給養容易，生活程度較低；第三、利用現成建築物，減輕負担。當時余司令長官指撥兩個地方給我選擇，一個是南雄修仁，一個

1942年

148

是曲江六村。兩個地方都有現成建築物可利用，經我和在韶同事親到視察和詳細調查比較，結果認為大村那個地方和我們選擇的三個原則相符，最是適宜，於是決定以大村為校址。大村這個地方，在粵漢鐵路仙人廟站附近，仙人廟站離韶關只有二十九公里的路程，大村距離仙人廟站不過一公里，往來韶關和坪石，有粵漢鐵路火車可乘，交通甚為便利。曲江自從成為戰時省會，地方亦算安定，給養容易，生活程度亦比較為低。從前戰區司令長官部在大村及橫崗建造棚屋四十餘座，現在因為沒有使用必要，余長官為着贊助本校，特把大村橫崗兩處棚屋場地全部轉讓與本校，我們得到這個地方和些那現成建築物，校舍問題獲得了解決。恰巧司徒衛先生於一個月前由香港退出返鄉，我因此即延請他們來韶幫忙籌備復課，特別是擔任經濟布置大村新校址工作。

我們的校址是在大村村後的仙人撒網山下，佔地約三百畝，我們把這個區域名為「嶺大村」，那是嶺南大學的新村，表示和原來的大村有別。我們接收長官部移交的棚屋大小一共四十八座（大村三十四座橫崗十四座），把舊的加以修葺，不合用的分別改建，同時計劃增建禮堂圖書館宿舍飯堂實驗室住宅浴室廁亭等好幾座新的房屋。我們慘淡經營了兩個多月，現在已規模粗具，新建的禮堂於六月廿一日開工，現在已告落成，我們名為「懷士堂」。其他建築物一律以康樂原校房屋舊有名稱分別名之，如格蘭堂、馬丁堂、爪哇堂、陸佑堂、哲生堂、榮光堂、十友堂、讓禮庭同學屋，馬應彪招待室……等等，應有盡有，示不忘舊。嶺大村的風景，較諸康樂可以說有過之無不及，最難得的參天古木，把全個嶺大村蔭蔽起來，在濃蔭下，雖是盛夏時節，並不見炎熱。從格蘭堂瞭望，但見遠山浥翠，阡陌縱橫，大有「平原廣闊，瞭近目前，江水流其間」的景色，在這裡，可以見到純粹農村風景的優美。古人詠農村四時景物詩有云：「春聞鳥語，夏聽蟬鳴，秋時隴畝之黃雲；冬賞山中之白雪」。我們嶺大村的風景，大概也是如此。我們得政府和美基會的捐助，在這裡動用好幾十萬元，建設這嶺大村新校，雖則竹籬茅舍，但難得風景美麗，環境幽靜，為不可多得修學勝地。除農學院仍舊設在坪石原址外，其餘大學校本部及各學院研究所，附設中學等均設在嶺大村新址。

（六）籌劃復課進行

從我和盧惠風君來到韶關，設立駐韶辦事處那天起，即進行着籌劃復課。卅年度第二學期，除農學院在港上課的一二年級學生到粵北來即撥入坪石農學院復課，及附中有一部份在澳門復課外，其餘文、理工、醫各學院學生奉教育部頒令分別在國立中山大學，國立廣西大學及國立貴陽醫學院借讀，附中學生則由教育廳分發到各省立中學借讀；但醫學院四五年級學生後來在河西萬國紅十字會醫院復課。截至七月中旬止，退出香港學生已向駐韶辦事處登記者，計大學一七九人，附中六一人，除了那些到粵北過遲未能入學外，其餘大都在教育部或教育廳指定的學校借讀，但也有一些因特殊情形，自行在別的學校借讀的。

卅年度在校學生復課辦法，大致擬定大學文學院各學系各年級，及理工學院四年級，理科研究所舊生其可能開班的一律在嶺大村本校復課，農學院一二年級舊生在坪石農學院復課，理工學院各學系一二三年級及醫學院一二三年級均因設備關係未能開設，理工學院一二三年級舊生分別轉學別校，醫學院一二三年級舊生則暫在國立中正醫學院上課，醫學院四五六年級舊生由黃院長分配在粵北各醫院復課或實習。附中初中三年級及高中一二三各年級舊生一律在嶺大村本校復課，初中一二年級暫行停辦，該兩級學生分別轉學別校。凡屬卅年度在校學生，由港退出來粵，準備回校復課者，得先行入嶺大村本校居住，免收宿費，但以居住至本年八月底為限，九月一日起依照學生宿舍規則辦理。卅一年度秋季學期，大學文、農、醫學院各學系招考一年級新生，文學院及農學院各學系兼招二三年級轉學生，理工學院及理科研究所則暫不招生。附中高中招考一年級男女生及二三年級插班生。，并於八月間開辦暑期班。

（七）特別聲述的幾件事

我寫完了上面的報告，最後我要特別聲述的：第一，此次香港事變，正所謂變得快，變得壞。當時局嚴重我們正在作萬一之打算時，戰事突然爆發，而開戰後三天九龍撤守，再十五天而香港陷落；這樣快，這樣壞的變化，使我們無從說起，在戰前我們既來不及遷校，在戰時又無路可逃避，在戰後更不能從容撤退。因此本校和員生都裂着重大的損害與困苦，而那些都不是人事所能濟的。此不但在港的同事同學所共承認，就是在內地的人也都相信的。第二、教職員十二月份薪金提前在八日起支發，只以當時在銀行提的全是五百元面額的大票，而那時市面對於五十元一百元面額的鈔票已歧視，五百元的更不能行使，因此人人都不願領取大票，但零票又找不到，而且教職員月薪絕無一人及五百元的，縱使有人願領取五百元大票，亦不能支發。有着種種困難，故十二月份薪金只有發出一部份，至於那些寓居九龍的因不能過海更無從支領。後來本校在無辦法掉換零票的時候，把提出來的幾千元大票入回交通銀行，料不到香港跟着完了，而本校所有存款亦受凍結。我對於各同事在港因領不到薪金而生活更加困難，表示十分歉憾！現在本校經濟困難，雖則未能把那十二月份和一月份欠薪清發，但本校始終是負責的，將來自當設法清發。第三、我必須離去香港的理由已在上面述及，但聞有同事對我離港未能諒解的，大抵在變亂後人們心緒不寧，未能認清事理，我對于那些同事不但不怪他，相反地為他表同情。我因格於情勢不能留在香港辦善後，和各同事共甘苦，殊屬抱歉。不過我為着嶺南前途不得不離去，而決定離去的時間很短促——只有兩小時，不容許對各同事宣布，此點應為各同事所共諒的。至於我單單與盧惠風君一人偕行，并不是我認盧君為全校最重要的人員，只顧他一人而遺棄其他同事。其實我只能與盧君一人偕行的原因，一則因為盧君熟識東江情形沿途有什麼問題時有辦法解決（實在是他帶我逃走的）；二則因為盧君能和我一起冒險犯難離去香港回到自由中國繼續為嶺南而奮鬥。第四、我雖然脫離香港，但無時不以滯留港澳的同事同學為念。我到東莞時即遣人帶書與朱有光先生，道達我離港的原因；到韶關後又曾託人帶信到港與朱有光謝昭杰兩先生，道達擬在粵北復課，請轉知各員生；其後又數函澳門莊澤宣揚重光兩先生，請轉知朱有光謝昭杰先生及各員生本校進行在粵北復課各情，盼各人早日來粵北；并派學生自治總會會長李織宏君（當時教職員在韶人少無人可抽身）赴澳，傳達一切，李君至今尚未回來。第五、教職員到韶登記後一律招待住宿及月給膳費一百元，並酌量補助旅費，其有担任工作者另支給津貼費。滯留港澳之同事，有請先滙旅費至澳然後起程者，實因滙欵困難，未能辦到，但若能達到三埠，本校則可滙欵接濟，本校甚望各同事能體諒事實困難，勉為籌措，早日到來。第六、離港後朱有光司徒衛謝昭杰諸先生為辦理善後在港以本校及我名義向人揭借各欵，本校已全部償還，不使本校及經借人信義損傷毫末。

我是本校的負責人，無論經濟上，人事上的措施，我都得負其責任。以上特別聲述的幾件事，并不是用以掩過卸責，而是把事實為我同事同學校友坦率直告。在患難時，惟有同心協力才能排除患難，在困難中，亦惟有同心協力才能克復困難；我嶺南現正處危難之境，排除克復，有待於我同事同學同心協力，於此我期望各同事同學為今日的嶺南而繼續努力！

——卅一年七月十八日於嶺大村——

校聞

卅一年度秋季招生
八月七日及八日分區舉行

本校自去年十二月香港淪陷後，全部遷回粵北辦理，已擇定曲江縣屬嶺大村（粵漢鐵路仙人廟車站附近）為校址，新建校舍四十餘座，除農學院仍設坪石原址外，校本部及其他各學院研究所均設在嶺大村新址。卅一年度秋季學期分在1.韶關2.坪石3.桂林4.贛州5.梅縣6.台山六區招生，經派定陳心陶，李沛文，黃雯，譚春霖，李景新五先生為招生委員，并指定陳心陶先生為主席兼韶關區主任，及聘請李德銓先生為坪石區主任，溫耀斌先生為桂林區主任，蔡智傳先生為贛州區主任，洪高煌先生為梅縣區主任，徐洪然先生為台山區主任。報名日期由七月廿七日至卅一日，入學試驗則定於八月七日及八日分在各招生區舉行。文學院各學系招致一年級生每系三十名，農學院各學系招致一年級生每系四十名；醫學院招致一年級生六十名；文學院及農學院兼招二三年級轉學生。理工學院及理科研究所暫不招生。將來文學院新生在嶺大村本校上課，農學院新生在坪石農學上課，醫學院新生則隨同二三年級醫生暫在國立中正醫學院上課，附錄入學試驗科目時間表於後：

《岭南大学校报》曲江版第一期报道：校本部移设岭大村办公（1942-08-01）

澤永留千載業」。「藍塘哀此日，心傷不見九洲同」。同學會輓聯云：「嶺南乃大學前驅，我公以海內名流，與彼邦爭回教育權，知音罔尚有人，校長肇推，遂毅然居獨首」。「[illegible]北爲先生追悼，此日歎山頹木壞，痛悽奴遇賊兇殘性，陷中邦於異域，殲良莫贖，竟淪爲前驅」。禮堂佈置一新，正中懸鍾先生遺像，作以聯額像贊花圈，案上置銀燭兩排，鮮花一碟，極其莊嚴肅穆。是日下午三時開會，各界代表及本校員生舊同學等依時到會，凡三百餘人。公推省政府，省黨部，青年團，教育廳，戰區政治部，文化運動委員會，青年會，本校，及本校同學會等九機關團體代表爲主席團，省府李主席爲主席團主席。行禮如儀，戰區司令長官部樂隊奏哀樂，李主席致悼詞，并獻花，同學會會長宣揚仲理讀大會祭文及同學會祭文，李校長報告鍾先生事略，青年會會長黃雯，省黨部書記長袁晴暉相繼演說，最後青年會及循道會聖樂團唱詩，禮成而散。

★…鍾先生事略…★

李校長報告鍾先生事略，其詞如下：「鍾榮光先生，廣東中山縣人，生於民國紀元前四十九（公元一八六六年）九月七日，前清甲午年舉孝廉，隨在廣州設帳講學，生徒甚衆。一八九九年應格致書院（嶺南大學前身）聘爲漢文總教習，同時在校修讀英文數學，并改依基督，革除一切惡習，出妾放婢，父死不准人跪拜，焚香燭。其後加入興中會追隨國父從事革命工作，主張民族革命。光緒晚年，鍾先生入北京，爲清廷逮捕，後由粵省教育界保釋。民國紀元前三年，鍾先生發起創立廣州基督教青年會，被推爲第一任會長。民國五年，鍾先生任廣州教育司司長，政績卓著，後龍濟光叛變，鍾先生被逐，事後赴美留學及攷察教育，同時爲嶺南大學募款建校，并在美與鍾芬庭女士結婚，十六年任國民政府教育行政委員會主任委員，將嶺南大學教育主權收回國人自辦，當被舉爲嶺南大學校長，爲中國基督徒任中國基督教大學校長之第一人。同年赴上海任外交部僑務局局長，十九年上海聖約翰大學以鍾先生德高學博，特贈予榮譽法學博士學位。

廿六年「七七」事起，鍾先生應　蔣委員長邀赴廬山談話，對國事多所貢獻，在山上居留一年，從事著作。及國民參政會成立，鍾先生被任爲參政員；廿七年七月參政會在漢口開第一次會議，鍾先生由九江赴漢出席，旋返廣州，九月正式交代嶺南大學校長職務，後移寓海防，雖七十高齡，仍數度往返昆明重慶，出席參政會會議。至卅年九月移居香港養痾，對國事仍多建議，并主持嶺南大學籌募百萬基金運動。同年十二月八日，太平洋戰起，倭寇進犯香港，時鍾先生方臥病於臨時避寓所，十二月廿二日有倭兵數名闖進，對鍾先生橫施凌辱，鍾先生不勝悲憤，至卅一年一月七日在養和醫院逝世，享壽七十六歲，由嶺南大學留港同學料理喪事，遺體權葬於香港，將來再行移葬於廣州康樂嶺南大學校園。

鍾先生畢生致力於革命文化教育社會事業，在嶺南大學連續服務垂四十年，作育青年逾萬人：嶺南大學爲國際的，基督教的，私立的之大學，而教育主權純粹屬諸國人，此皆鍾先生多年來致力之效果。鍾先生入教後篤信教義，讀經祈禱極其虔誠，身邊常帶有聖經，至死未嘗離手。鍾先生本諸基督救世精神，服務社會，誘掖後進，數十年如一日，洵不愧爲一代師宗，今以變亂逝世，誠屬國家之損失云。

校本部移設嶺大村辦公
駐韶辦事處將改爲通訊處

本校自香港淪陷遷回粵北，校本部暫設在坪石農學院內，同時爲籌劃復課便利計，於本年一月廿六日起，並在韶關任用青年會一部份地方設立駐韶辦事處。盧惠風劉君校王少虎諸先生常川駐處辦公，李校長則往來韶關坪石各地策劃一切。現本校已擇定嶺大村爲校址，校本部由八月一日起移設嶺大村新校，將來各部份工作人員均集中在校本部辦公，駐韶辦事處則擬於九月開學後改爲本校韶關通訊處，以便與各方通訊云。

附中暑期班今日註冊
秋季招生二十日攷試

本校附設中學，自香港淪陷後隨同大學遷回北曲江縣嶺大村辦理，卅一年度初中一二兩年暫不開設，初中三及高中各級照常辦理。秋季招致高中一年級生及二三年級插班生，定於八月二十日分在嶺大村本校及韶關青年會，桂林青年會三處舉行。同時爲便利學生升學起見，在嶺大村本校開辦補習班，分升高中一二及初中三等級，八月一日註冊，三日上課，廿九日結業。暑期班并提倡工讀，凡學生願勞作者，由校酌給回工資云。

私立岭南大学农学院致曲江广东省政府关于收用坪山头及天堂岭岗地扩充校舍及农场的函（1942-09-09）

曲江·广东省政府　　救收用坪山头及天堂山岭岗地扩充校舍及农场请核准及饬地政局派员测量由

迳启者：本院前年由港迁来坪石，当承

钧府批准在坪石火车站对河之坡地建筑校舍及农场。

惟本年度学生名额增加，原有校地不敷应用，兹查乳源

县青洞乡第三保所属坪山头及天堂山岭（俗名米寺山头）山岗地，

与本院毗连，且皆系荒山未经垦辟，最合本院扩充之用。该

地东北至河，南至秦公山为界，西北与本院接壤，极西达坪石大路，

面积共计约百余亩，理合备文呈请

察核，准予收用该地，并饬地政局派员来院测量，实为公便。

谨呈

广东省主席李

私立岭南大学农学院院长李

九月九日

《岭南大学校报》曲江版第二期报道：民国三十一年度开学典礼（1942-11-01）

134

S1 第一版　　中華民國三十一年十一月一日出版

嶺南大學校報

曲江版第二期

私立嶺南大學編印

卅一年度開學典禮

——九月廿一日隆重舉行——

本校卅一年度開學典禮，經於九月廿一日上午九時在曲江仙人廟嶺大村本校懷士堂隆重舉行。是日開會秩序行禮如儀，繼由林樹模主席致開會詞及李應林校長訓話，勗勉員生共同努力建設，復請私立東吳大學校長沈體蘭，協和神道學院院長龔約翰等相繼演說，備致讚許本校全人頂天立地繼往開來之精神雖幾經播遷仍能繼續復課等詞。是日參加此典禮者，計本校教職員生，本校舊同學及來賓等共數百人濟濟一堂，極爲隆重。

本校復課首次紀念週

——十月二十八日舉行——

本校於本月廿八日（星期一）日上午九時在本校懷士堂舉行卅一年度第一次 國父紀念週，全校員生數百人均依時出席參加紀念週散會後，各年級開始上課。

本年度新生入學指導

九月廿三四兩日舉行

本校卅一年度新生入學指導已於九月廿三四兩日在本校懷士堂舉行，並請本校教職員及社會名流担任講述，茲將講者姓名列后：

日期	時間	題目	講述者
廿三日	上午九時	總理遺教	招觀海牧師
	十時	嶺南歷史	司徒衛
	十一時	課程概要	司徒漢賢
廿四日	上午九時	中國文化系內容	吳重翰
	十時	怎樣利用大學圖書館	李景新
	十一時	大學教育的認識	譚卿霖

校董分處各地集會困難 校董會業已依法改組

——并經選聘新校董六人——

本校自香港淪陷，全部遷粵北，今秋在曲江復課，學校大計，有待於董事會核定施行者正多，而本校校董中已出缺者一人，尚留港者五人，其餘分處各地及海外，致未能與會解決目前急務，爲適應當前需要計，當經由本校校董會副主席金曾澄及校董林逸民，錢樹芬，譚禮庭四人聯名提議擬將校董會改組因其已故校董鍾榮光病故出缺，校董林子豐，潘纘東，羅文錦，簡鑑湍，舒活等在港未能返回中國內地、執行職務，分別聘人代替，當經依法正式通過

原校址：廣州河南康樂　　現在校址：粵北曲江仙人廟嶺大村

《岭南大学校报》曲江版第二期报道：今年医学院复课情形、本校农院增设研究所——从事研究茶树病理（1942-11-01）

135

嶺南大學校報　第二版　第一卷 2

，并推選李濟深先生，鄧壽芝先生，胡繼賢先生，俞鴻鈞先生，駱愛華先生（美國人）顧克牧師（英國人）等六人為本校校董，業經由校董會依案分別函聘李先生等六人自本年十二月起任本校校董，各新任校董均係海內知名之士，對於教育事業向具熱心，而與本校關係亦甚密切，本校創辦迄今垂五十年，素抱育材世用主旨，際此時艱，需國重才，此次承李先生等慨然出任本校校董，共策劃校務，不特本校之幸，抑亦國家社會之福也。茲謹將各人職位及與本校之關係分別略為介紹如下：

李濟深將軍——前廣東省政府主席，現任軍事委員會桂林辦公廳主任，其長公子沛文在本校指任教席有年，現任農學院院長，次公子沛金亦在本校畢業，李將軍對本校素極關懷並多所贊助

鄧壽芝先生——為潮州鉅商，熱心教育，對於本校捐助尤多，曾捐設鄧剛泉果樹園獎學金及捐助本校設立柑橘試驗場。

胡繼賢先生——為本校舊同學，曾任本校教授，商學院院長，代理校長，及廣東省建設廳長，現任中央審計部廣西省審計處處長。

俞鴻鈞先生——前上海市市長，現任財政部政務次長，對於本校贊助良多，其兩女公子均在本校肄業。

駱愛華先生——現任廣州基督教青年會代總幹事，在華服務廿餘年，與本校關係甚為密切。

顧克牧師——為循道會華南區主席，現駐湖南將來對本校亦多贊助。

本校現任校董名單

主　席：孫　科

副主席：金曾澄

校　董：林逸民　甘乃光　鍾樹芬　譚禮庭

香雅各　金　錦　薛　嶽　李任潮

胡繼賢　鄧壽芝　俞鴻鈞　駱愛華

顧　克

今年醫學院復課情形

本校自由淪全部遷回粵北，今秋在仙人廟嶺大村建校復課，曾於本年七月間在韶關，坪石，桂林，贛州，梅縣，台山六區舉行招考，文學院，農學院各學系及醫學院一年級新生。文農學院錄收二三年級轉學生。理工學院及研究所則暫不招收新生。文農學院各年級學生，均在仙人廟嶺大村新址復課，農學院一二年級學生則入坪石本校農學院上課。醫學院則因圖書儀器關係，一二三年級學生，經教育部核准在江西中正醫學院借讀；並得中正醫學院同意。除將一二三年級學生，分批送往外，同時並派本校陳心陶教授，[illegible]常川駐中正醫學院[illegible]同授課。再四年級學生因需要醫院實習至最近始商得河西循道醫院長同意暫借該院病房實習，已于本年十一月十六日正式上課，五年級學生今春來韶時經分派在粵北各醫院亦以實習後，乃送往內地各醫院實習，茲本校卅一年度醫學生借讀江西國立中正醫學院各年級者計共六十二人（內港大學生一年級四名，二年級六名，三年級五名）在韶關循道醫院授課者計十七人（內港大十一名），在內地各醫院實習者十人。名單如後：

一年級：招拔新　歐振遠　鄧少徵　顏之白

沈智仁　黃日珍　勞冠放　香鶴群

郭大滋　簡竹森　潘舜華　陳小駒

陳佩賢　劉衍芳　李容燦　張靜娟

招杰容　鄧偉南　陳志剛　劉培桓

梁叶鈿　饒述鏘　黎紹中　何遠輝

梁耀蕊　趙佩貞　林瑞萍　陳玉蘋

葉兆潤　呂滋圻　萬德星　吳瑞球

趙惟友　甄柏基　方鎮標　梁瑞星

林明財

二年級：區賢祥　陳森銘　羅鈞樂　陳瑞珠

何鎮煌　李滾漢　謝不德　伍漢邦

黃仍超　陳淑慈　周時謙　葉成林

尤玉珠　李志恒　王志勤　劉恩慰

黃長治

三年級：李鉅泉　李少韶　鍾燦霖　陳沛霖

楊煥林　莫慶堯　王廣良　江海傑

四年級：梁敘羽　周晃焱　陳二南　何永皓

杜與琴　鄔洪烏　胡木泉　唐國基

梁碩純　楊允圖　何鴻堅　林樹基

王紹武　余韶安　陳宗棚　黃穆富

陳啟麟

六年級：朱志彤　周錫唐　鍾祖文　鄺天與

李耀龍　林侮驤　林傅驥　謝日棟

曾貫宜　王大年

本校農院增設研究所

——從事研究茶樹病理——

茲中國茶葉公司鑒於培植茶葉專門人才

《岭南大学校报》曲江版第二期报道：农院柑桔试验场现况、本校提倡学生工读——组设委员会专责办理、陈学谈先生捐助工读学额救济金、工读审查委员会简章、工读生统计表（1942-11-01）

改進國產茶種品質之需要，特委託本校農學院辦理華南土壤肥料，及茶樹病理之研究，以期發展國茶，挽回利權外溢，當經本校在坪石農院特設一研究所並派本校農學院邵堯年教授為該所主任兼教授，黃蓍荃為該所教授，林孔湘教授為該所技正，陳其礎為該所代理技正，吳紹彝，陳文山君為助理。現正從事研究及進行調查工作，又該所之實驗茶場亦積極籌發中。

農院柑桔試驗場現況

本校農學院柑桔試驗場，前為汕頭產銷合作社廿八年春捐資創辦于潮陽溪頭鄉，繼由該縣紳士鄭壽芝先生熱誠贊助（鄭氏先後捐助本校柑桔研究及試驗場經費不下廿餘萬元），行政院農產促進會及農林部之愛護獎掖以奠試驗之基礎，卅年秋再在普寧十三鄉增設試驗站，着手研究當地育苗及防除病虫推廣工作。

試驗場成立未久，潮汕淪陷，該場雖淪陷區而員工然仍苦幹，研究，故年來對黃龍病之研究經初步證定其病原為毒素性（Uirus），為害最猖獗之飛性葉虫，亦完成室內生活史之世代研究，其他如飛性葉虫，天牛，紅蜘蛛介盎虫數刺粉，蚜虫，剝衣，潰瘍病，瘡痂病，黑點病等之防除效果頗為顯著，故數年來與中國柑桔研究會中國農藥廠暨實施防除病虫害，推廣工作代柑農防除病虫害之柑樹，分佈各縣數逾廿萬株，漸有普及各地柑區之勢，除柑樹，對其他果樹亦作技術之研究，如潮陽周海生君之廿餘畝荔枝樹栽培廿餘年，每年迄無收成，經該場指導疏伐施肥與代防除病虫害後漸有收穫，後因戰事及黃龍病為害之影響柑業地位日趨末落，現存柑樹不及戰前之一二成，但噴藥工作仍照常推廣。

育種栽培方面工作，因原實施之大部試驗因柑樹受黃龍病及廿九，卅年四次颶風之侵襲，故一部試驗結果中斷，但經在各育種區選得優良母株四百餘株，搜羅中外品種卅等種，優種苗木繁殖數千株，綠肥試驗認為狗爪豆，猪屎豆，黎豆等在當地頗有提倡栽培之價值，其他如雜交試驗種子貯藏，試驗果實貯藏，與酸度固形率檢定皆能如期完畢。

該場成立歷史雖短，但已具雛形，潮柑業之復興，尚須待此項之研究改良也。

教育部嘉許本校農院

本校農學院於年前遷設坪石，經李沛文院長多年之努力頗具成績，在本年八月間教育部派員蒞坪到本校農學院視察後，本校現奉教育部訓令：略以該院事務多由教授兼理，工作精神頗為振作；學術研究空氣亦極濃厚云云；本校奉令後已轉飭本校農學院知照。

本校提倡學生工讀

——組設委員會專責辦理——

香港淪陷後本校全部內遷，經于本年九月廿一日在曲江仙人廟嶺大村建校復課。在本校學生多屬華僑子弟，其家長多係謀生海外，自太平洋戰起，香港告陷，由是接濟困難，影響學業殊鉅。本校為維持學生學業計，除設助學委員會以資獎助優秀貧苦學生及代向教部申請膳食貸金外，茲為養成學生勞勵習慣之精神及俾學生得有機會救濟以免影響學業起見，特設學生工讀委員會提倡學生利用課外工作，限每人每日工作二小時，按時給付津貼，俾藉維持學業，在申請工讀男女學生頗為踴躍，數達二百餘人，已開始分別派遣工作。

陳學談先生
捐助工讀學額救濟金

廣州鄉紳陳學談先生興辦教育向具熱心，而對本校尤多贊助，茲以本校內遷辦理，學生接濟困難，本校提倡學生工讀，此舉極表同情，慨予撥捐鉅款指定專為本校卅一年工讀學額金，專救濟一般貧苦學生，春風雨露，嘉惠學子良多，為國育材端賴熱心仁人之助，當經由校去函致謝。

工讀審查委員會簡章

（甲）宗旨

一、本會之設為求救濟經濟困難之貧苦學生俾得利用課餘時間作工，按照時數給予津貼俾藉維持學業為宗旨。

（乙）組織

二、本會由各該學院及附設中學自推三人組成成立審查委員會分別審查各該院申請學生家庭狀況，應否給予工作，審查委員會之下設幹事部，由校中揀派有辦事能幹之學生三人，一人爲幹事，二人爲副幹事，辦理日常工讀學生工作事宜。

（丙）申請手續

三、凡屬嶺南大學及附設中學學生志願申請工讀者，得於規定期限到審查委員會幹事部領取申請書依式塡寫清楚後，繳交審查委員會予以審查，經審查委員會核定後發交幹事部分配工作。

四、每同學每日工作時間最多不能超過二小時如有特別情形經審查委員會特准者不在此限。

五、各工讀同學工作除已有指定工作範圍者交由各該部主管人派定之

六、凡以月計之工作其津貼在每月尾支給散任工作每星期一核發上星期之津貼。

七、開始工作前先在本會幹事部領取工作通知書持向該項工作主管人報到工作完俟工作完畢得主管人簽押後復持之到幹事部領取津貼

八、開始工作前先在本會幹事部領取工作通知書持向該項工作主管人報到工作俟工作完畢得主管人簽押後復持之到幹事部領取津貼。

九、凡担任工作者皆應努力工作如該部主管人認爲該同學不適宜於該項工作時得通知本委員會隨時停職解僱之。

十、凡担任專任工作之同學如註冊主任認爲有防碍其本人學業進步時得隨時通知審查委員會轉幹事部停止其工作另覓其他同學補充。

十一、如願担任散工之同學可先行報名俾得有工作時卽行指派工作。

（丁）工作之種類

工作分專任工作及散任工作兩種專任工作按月計散任工作則按工作時間計散任工作再分輕工作及重工作兩種

（戊）工資計算方法

一、專任工作　看該工作之輕重及所需時間之長短而定每月應發津貼若干若中途停職則按已工作時間計算之。

二、散任工作

大學：重工每小時三元

輕工每小時二元

中學：重工每小時二元半

輕工每小時一元半

總預算表

本預算表以月作單位第一學期有四個月第二學期有五個月故本年度共有九個月

文學院每月四千元九個月	（見附表一）	三六，〇〇〇
農學院每月三千元九個月	（見附表二）	二七，〇〇〇
附中每月二千五百元九個月	（見附表三）	二二，五〇〇
寒假工作十五天		二，〇〇〇
暑期工作		二，六〇〇
購置工具		三，〇〇〇
總計		一〇〇，六〇〇

工讀生統計表

院別		申請學生	核准工讀
文學院	男	九三	三八
	女	三四	一一
農學院	男	六七	三六
	女	二一	四
設附中學	男	八六	四八
	女	一一	四
另核准散工讀生			八四
合計		三一二	二二五

譚禮庭先生捐資築校

富國煤礦公司譚禮庭先生，自吾國抗戰軍興，對礦產實業更致努力，增加煤斤產量，供應本省及隣省之需求，此誠對國家社會之一大貢獻，除致力實業而外，教育方面尤具熱心，現仍任本校校董，對本校學業贊襄良多，茲以本校播遷，復課伊始，在在需財，特予慨捐國幣一萬五千元爲本校校舍建築費，本校員生得資託庇，俱深銘感，經由學校函謝。

本年度上海銀行事業補助

（本校學額三一名）

上海商業儲蓄銀行社會事業補助委員會，社會補助事業本年（卅一）度繼續舉辦，在本年補助全國各大學清寒優生名額現定爲二百名，每名年補助金額增至八百元，受補助之學生以現在肄業於公私立大學或各學院已滿一年，確係家道清寒，學行優異者爲限，本年度本校受

《岭南大学校报》曲江版第二期报道：本校图书馆近况（1942-11-01）

該會補助之清貧學生額定為三名，本校業經如限選取送會辦理，在該會歷年辦理此項事業，對於無力求學之優秀青年受益不少。

長官部派兵協築球場

＝譚禮庭先生惠贈鋤鏟＝

此次本校遷來曲江辦理，承七戰區余長官之贊助，劃撥將仙人廟嶺大村及稱崗兩鄉現成建築物四十餘座全部讓與本校之用，查該處樟木參天，環境幽美，交通便利，誠適為本校講學之所。本校接收後，即將原建築物畧加修理，同時增建課室，宿舍禮堂辦公廳等等數十座，以資應用，工程大部業已完成，經數月之經營籌備，粗具規模，已於去月下旬復課，本校此次幸賴政府之濟助，並蒙各機關暨中外社會人士之同情，得以進行順利，學校生機得以保持，文化教育事業不致中斷，至所感幸，余長官對本校尤極關懷，曾於日前親臨視察時以本校學生眾多，亟需運動場一所，旋予飭派運輸兵卅餘名來校協築校路及球場跑道，俾本校員生藉資運動，誠嘉惠不淺。同時承本校校董譚禮庭先生惠贈洋鋤及洋鏟各二柄為築路之用，得此良具定能早觀厥成。

學業操行體育特優生

廿九年度學生施于民等獲獎

廿九年度專科以上學校學業操行體育成績特優學生，前經本校甄選送部，業經教育部審核圖定，在本校文學院商學經濟學系學生施于民，理工學院化學系劉瑞彬，理工學院生物學系李皓等三人，業經教部核定為廿九年度專科以上學校學業操行體育成績特優學生，並給發榮譽獎狀以昭激勵云。

保送畢業生赴英實習

區錫齡陳振泰二人報部甄選

英國工業協會歷年會資助我國工程學員赴英工廠實習，後因我國抗戰發生乃暫行中止，在本年內該會繼續資送我國大學工學院電機機械，土木工程學系畢業生一十二名入英國工廠實習，期限一年，如成績優良可酌予延長一年，在實習期內每名每週由該會津貼生活費英金四磅，并由教部補給每名每月生活費十二磅合為每月廿八磅，另給出國旅費每名二百四十磅，治裝費卅磅，教育部於本年九月間令飭本校以最近三年電機機械，土木工程學系畢業生中每系選拔成績最優良者二名，於九月底以前送部甄選，本校奉令後已遵照保送本校土木工程學系畢業生區錫齡，陳振泰兩人報部候選。

本校圖書館近況

本校圖書館藏書，原頗充實，中西文書籍計廿萬冊。廣州失陷既遭損失，而遷往香港作為參攷之小部份，又因香港淪陷，不及運出。本校今秋在曲江復課，對於圖書亟應充實，業已積極採購，以供員生參攷閱讀。上月復派圖書館主任李景新前往湘桂各處，採購大批圖書，均已陸續運校，正在分別編目整理中。

圖書館新建於全校中央之山嶺風景優美，地方之清幽雅無囂煩擾，極宜於究研進修。建築宏壯，為全校各建築物中之最宏偉者。館內分設書庫，辦公室，學生閱覽室。教員究研室，雜誌報紙陳列室及中山室等。

又東吳大學，此次遷來粵北復課與本校合作，特捐出國幣伍千元，作為購置書籍以供彼此員生共同參閱之需。又協和神學院亦借用中英文圖書一批，其中如 Nelson's Encyclopedia，Harvard Classics 等偉著，均屬珍異之參攷書。對於員生之究研，極有幫助云。

學生學力計算方法及施細則

（一）學分：每科目學分之多少，根據語科目上課時間之多少定之，一學期中每科目每週授課一小時或實習二小時至三小時者為一學分。

（二）積分：積分表示學生修習科目之成績各科目俱以六十分為及格。

（三）積點：積點表示成績之等級，每科目所得之積分根據下表，以積點表示其等級之高下。

積點表：

積分	積點	積分	積點
九五以上	一〇	九〇—九四	九
八五—八九	八	八〇—八四	七
七五—七九	六	七〇—七四	五
六五—六九	四	六〇—六四	三
五五—五九	二	五〇—五四	一
五〇以下	〇		

140

一次作缺課二次計算。

三、因事不能上課者，須先期親向學監請假，未經准假而缺席者以曠課論，不得事後補假。

四、因病不能上課者，須得醫生發而之証明，送交學監核准，方給病假

五、直系尊親屬之喪而請假者，以一星期爲限。

六、每學期每科，其缺課次數，如超過該科每週授課次數之二倍時，不切參與該科學期考試。

七、每學期因病或公假不能上課者，其次數如達每週上課次數之四倍時，即須停讀本學期所修學科一年，至何者應停何者應讀，仍須註册主任與該課教授之同意，其缺課次數達每週上課次數之五倍時，本學期即須停學。

八、學生于學期內，無論缺課曠課，病假，公假，喪假，其總數超過該科每週授課次數之五倍時，不准參與該科之學期考試。

九、學生上課遲到十分鐘者以缺課論。

十、無故而不參與學期考試者，不得補考。

十一、學生因病不能應學期考試者，須得醫生先期之書面之証明與教務長及註册主任之核准，始得補考。

十二、學生因要事，在學期考試時間請假者，須經教務長及註册主任先期核准，始得補考。

十三、學生均須出席週會及其他集會，經學校佈告學生必須到者，其請假之手續及辦法與功課同。

十四、每學期對於週會缺課次數不得多過四次，逾限每缺席一次記小過一次（三次小過作大過一次，三次大過着令退學）。

東吳還粤與本校合作

友校蘇州東吳大學辦理素著成績，年前上海發生戰事，原擬遷閩復辦，嗣又因浙贛戰事影响，故再遷移，查該校除經濟法學院在滬復課外，文理兩學院則擬遷來曲江嶺大村與本校合作，本校表示歡迎，該校校長沈體蘭日前出閩偕同教務長潘愼明及教授等數人來留籌備，關於合作辦法業經與本校當局商定，現經由本校撥出橫崗鄉一部份地方暫借與該東吳大學自建築校舍，招生復課，所收文學院學生現暫在本校上課。

又廣州協和神道學院，年前遷雲南大理，現感交通不便，乃於今秋遷來粤北，經徵得本校當局同意暫行撥本校橫崗鄉一部份地方校舍爲該校之用，該院院長龔約翰已率同學生數十人由滇來曲江現已開始上復課。

本校本年度各委員會

校務委員會

主席：李應林

委員：林樹模　朱勉躬　謝昭杰　李沛文　孔憲保　陳心陶　鍾香舉　吳亮如　司徒漢賢　李景新　盧惠風　劉君樸　盧觀潤　司徒衛　吳重翰　麥約翰地人　黃延毓　伍銳麟　蕭祖用　李德銓　邵堯年　麥國珍

主席：李應林

委員：朱勉躬　林樹模　黎葆强　鍾香舉　吳亮如　王慈容　李沛文　吳重翰　黃延毓　邵堯年　胡啓勳　林孔湘　蔣緒德　陳其傷

文學院訓導委員會

主席：朱勉躬

委員：黃延毓　吳重翰　鍾香舉　吳亮如

農學院訓導委員會

主席：黎葆强

委員：李沛文　邵堯年　林孔湘　王慈蓉　蔣緒德　陳其傷

人事委員會

主席：李應林

委員：林樹模　謝昭杰　李沛文　司徒衛

助學委員會

主席：李應林

委員：林樹模　李沛文　司徒漢賢　黃延毓　李德銓　吳亮如

文學院助學委員會

主師：黃延毓

委員：蕭祖用　伍銳麟　吳重翰　司徒漢賢　鍾香舉　吳亮如

《岭南大学校报》曲江版第二期报道：本校响应文化劳军（1942-11-01）

第九版　嶺南大學校報　9

澳分校舉行開學禮

澳門分校，於九月四日舉行三十一年度上學期開學典禮，本年度仍設高中各一班，共有生七學十四人（三十一年八月終旬香港政府宣布港幣貶值，全澳各校均受影響，學生減少十分之二三）是日上午九時全體教職員及學生集合於臨時禮堂行禮完畢，繼由楊主任致訓詞；謂澳校本年度初擬遷韶上課，嗣以因環境關係不能各入內地之學生得以繼續學業計遂決在澳續辦，並勖勉生努力研求學問，發展有良好之基礎將來服務國家社會云云。繼由蔡教導主任報告教導事項任禮成散會。

本校響應文化勞軍

第七戰區司令長官司令部本年發動文化勞軍學生一人一書運動，現爲擴大效果起見，經奉令組織廣東各界文化勞軍運動委員會統籌辦理，本校爲響應該會文化勞軍之運動，現經由本校大學部及中學部全體學生熱烈分隊進行，茲查本校全校舉行文化勞軍勸募所得計大學部及附設中學共約千餘元另書刊數十本已由校彙送該會核收云。

本校學生會爲募「嶺南號」滑翔機籌欵

＝定期舉行音樂歌詠大會＝

本省募機運動，開展以來，極得各界人士熱烈響應，本校此次播遷粵北，雖籌備復課之忙，而對於國家社會有意義之運動向不後人，無不努力以赴，茲本校學生會爲響應本省機運動起見，特定於十二月十八及十九兩日每日下午七時半在曲江復興劇場舉行籌募「嶺南號」機籌欵音樂歌詠大會，該會係由本校學生自治總會主辦，該大會是晚音樂歌詠內容：有嶺南大學歌詠團黃益文君小提琴獨奏，龐德明夫人鋼琴獨奏，容啓東夫人獨唱及鋼琴合奏，女聲合唱，由馮顯聰君指揮，及其他項目極爲豐富，成績預想可觀，各項音樂秩序純由本校同學担任，定售劵價，分名譽劵，廿元，十元，五元四種。

友訊

潮各界籌備追悼鍾前校長

前本校校長鍾榮光博士養痾香港，去年十二月因香港淪陷，敵人闖進居所横施毆辱，悲憤之下竟於本年一月七日在港寓逝世，各地同學均有舉行追悼會，茲查同學李郁焜等數十人現亦發起聯合潮州各界於本年十月廿五日假柳揭陽縣黨部先行成立鍾榮光先生追悼會籌備處進行籌備追悼事宜

柳州成立同學分會

本校留柳州同學現有三十餘人，業經成立座州嶺南大學同學分會，並經推定余瑞璟同學爲該會會長，現暫擇定廣西柳培新路十六號爲該會會址云。

趙恩賜博士接長培正

趙恩賜博士，服務本校垂廿餘年除中間曾一度因假赴美留學考取獲得博士榮銜而外，未嘗或輟，諄諄善誘，受其教澤者，不知幾許。趙博士每於課餘之暇並潛心著作，此種樂育好學之精神至所欽佩。杏去歲香港戰事本校因碍於環境全部內遷入大後方復課；友校澳門培正中學校長辭職，乏人料理，乃徵得趙博士之同意，致聘出任該校校長，主持校務。該校歷史悠久，聲譽卓著。此次得趙博士之主持定更宏遠猷。

新同學曾斌病故

本校本年度文學院一年級同學曾斌係湖南臨武人，於今秋考入本校文學院一年級肄業，上課月餘，前月中旬請假返湖南原籍料理其祖母喪事，後因精神勞瘁傷感過甚，感冒寒風，竟至一病不起遽於十月廿四日病故于湖南原籍，本校各同學聞耗至深惋悼并開會追悼云。

偉社追悼戴丘兩同學

本校文學院學生戴翰章前因香港事變在跑馬地藍塘道寓所不幸慘遭敵人鎗殺逝世，又醫學院學生丘江寧於本年六月間在港寓病逝世戴丘兩君學業未成身先死聞者惋惜，在本校在校同學偉社社友以戴丘兩君同學之誼此次遽然去世惋痛之餘，特定于本年十月十一日上午七一時假座本校懷士堂舉行追悼會以誌哀思。

二、學生声請緩役名冊

33

私立嶺南大學農學院卅一年度第一學期學生名表

一年級

農藝	原因	弟号	保証人		園藝	原因	弟号	保証人	
陳學晦	歸僑		李法堯	沈礎堅	陳佐昂			—	—
陳學水	歸僑		李法堯	沈礎堅	趙慕貞	— —			
陳佳德	歸僑		吳勇	李松庵	趙細嫦	— —			
陳美娥	— —	— —			周洪鈞	獨子		陸滿	[illegible]
鍾世銘					周東銓	歸僑		周景璘	畢大年
方燁生			—		徐華珍				
葉伯甘	歸僑		李法堯	沈礎堅	漆蕙蓉				
李顯璋	歸僑	41	李敏		馮紹武	歸僑		謝家華	陸滿
李湘淮	心臟病		巫雲鵬		鄭家仁				
李敦學	歸僑		黃子民	黃天佑	劉建勝	歸僑	38	李敏	
梁子久	獨子		葉鑑祥	[illegible]	李仲宜	—	—		
呂桂樵					李豐林	歸僑	39	李敏	
伍承芳	歸僑		葉彥夫	陳振東	李國興				
譚子健	歸僑		李鍾瑞	黃子民	李守慧				
覃光漢			— —		李尊三	獨子		柳尚楷	[illegible]
謝遠游					李惠顏				
黃建國	—	—	—		李綺梅				
黃宜鑄	心臟病		巫雲鵬		曾壯圖	獨子		陳振東	葉彥夫
黃耀泉	歸僑		梅子頤	陸耀堂	黃悅和				
黃玉茗	歸僑		周景璘	畢大年	鄔羨容				
					余蕙馨				
					郁雋民				

畜牧獸医					梁浩彬	歸僑		梁而村	陳賓祥
程文鉞	歸僑		周杲瑹	梁大年	梁耀光	歸僑		謝崧華	陸備
蔡銀珠					連燈立	歸僑		周乃荪	鍾耀柏
何啟榮	—	—	—	—	陸宗漢	独子		陸備	謝崧華
何寶和	歸僑	52	李怀文		鮑冠雄	独子		陸耀堂	楊子顯
甘月娥	—	—	—		辛列明	歸僑		魏法成	黄天佑
陶赤波					黄秋晨	歸僑		李朗如	陸備
陶炎生	歸僑		陸備	鍾耀柏	黄丝英				
林鏇誠					瑪國威	歸僑		魏法成	黄天佑
林寿楷	歸僑	36	李怀文						
李瑞彬	歸僑		周乃荪	楊子顯	1 園藝				
老洪鈞	独子		[illegible]		伍乃鏗	歸僑		魏法成	黄天佑
彭翠薇	—	—			方爽坤	歸僑		梁而村	陳賓祥
岑遠生	歸僑		梁而村	陳賓祥	馮啟義	—			
戴永豐	独子		廖朗如	林析眉	何博愛				
黄淦昌	残废		王肇鹏		何綬如	—			
楊肇昌	歸僑		周乃荪	陸耀堂	林書洛	不一年	51	李怀文	
翁啟光	独子		翁干城	麥寿	李錦波	独子		王應祉	保安南[illegible]
二年級					盧澂治				
農藝					潘路德				
陳東漢	歸僑		周乃荪	楊子顯	鄧耀權	歸僑	30	李怀文	
朱典堯	歸僑		魏法成	黄天佑	黄呈楫	歸僑		王應祉	保安[illegible]
方富浩	独子		楊子顯	謝崧華	王惠貞				
何椿暉	歸僑		李法堯	沈建望	丘谷秀	歸僑	31	李怀文	
林德厚	—								

畜牧獸医

歐陽日怡	歸僑		楊子歌	陸耀堂
陳淦旋	歸僑		楊子歌	陸耀堂
陳明衡	独子	博字民七号身份証	正副証	
趙文祺	歸僑		周乃榮	陸滿
葉深明	歸僑		李朗如	謝啟華
李柏年	歸僑		冯乃成	冯步雲
陸承基	歸僑	50	李敬	
彭國熙				
冼子昌	歸僑		李朗如	陸耀堂

三年級

農藝

陳光彩	不一年	49	李敬
陸福祈	歸僑	48	李敬
王一中	不一年	34	李敬

園藝

陳國樑	歸僑	43	李敬
陳瑞勳	不一年	37	李敬
鄭耀鼎	不一年	46	李敬
李民啟	不一年	35	李敬
梁祖煌	歸僑	44	李敬
吳信珍			

四年級

園藝

陳絡津	不一年	42	李敬文	
何丙榆				
閔大璋				
李䔍嫦				
梁本安	不一年	32	李敬文	
彭國珍	歸僑	40	李敬文	
蕭東謙	歸僑	53	李敬文	
唐鳳書				
黃國熙	不一年	47	李敬文	
余群就				
陳長毅	歸僑		己退社	保

農藝

何楨章	不一年	33	李敬
李邏偉	不一年	45	李敬文

畜牧獸医

鄭漢碩			

特别生

周斐比				
羅佩尧				
陸　綸				
尹淑娴				

借讀生

周炳權	歸依		树青	宗之朳
霍群英				
沈廼球	独立		周紫棠	王千城
曾詠雪				

校員生

程慕賢				
范懷忠				
吳绍彝				

旁聽生

張建中	歸依		姜曾瀅	胡秉璞
林君瑩				
巫瑞琼				
唐鶴書				

1943年

广东各界文化劳军运动委员会关于收到私立岭南大学农学院交来文化劳军代金的收据（1943-01-01）

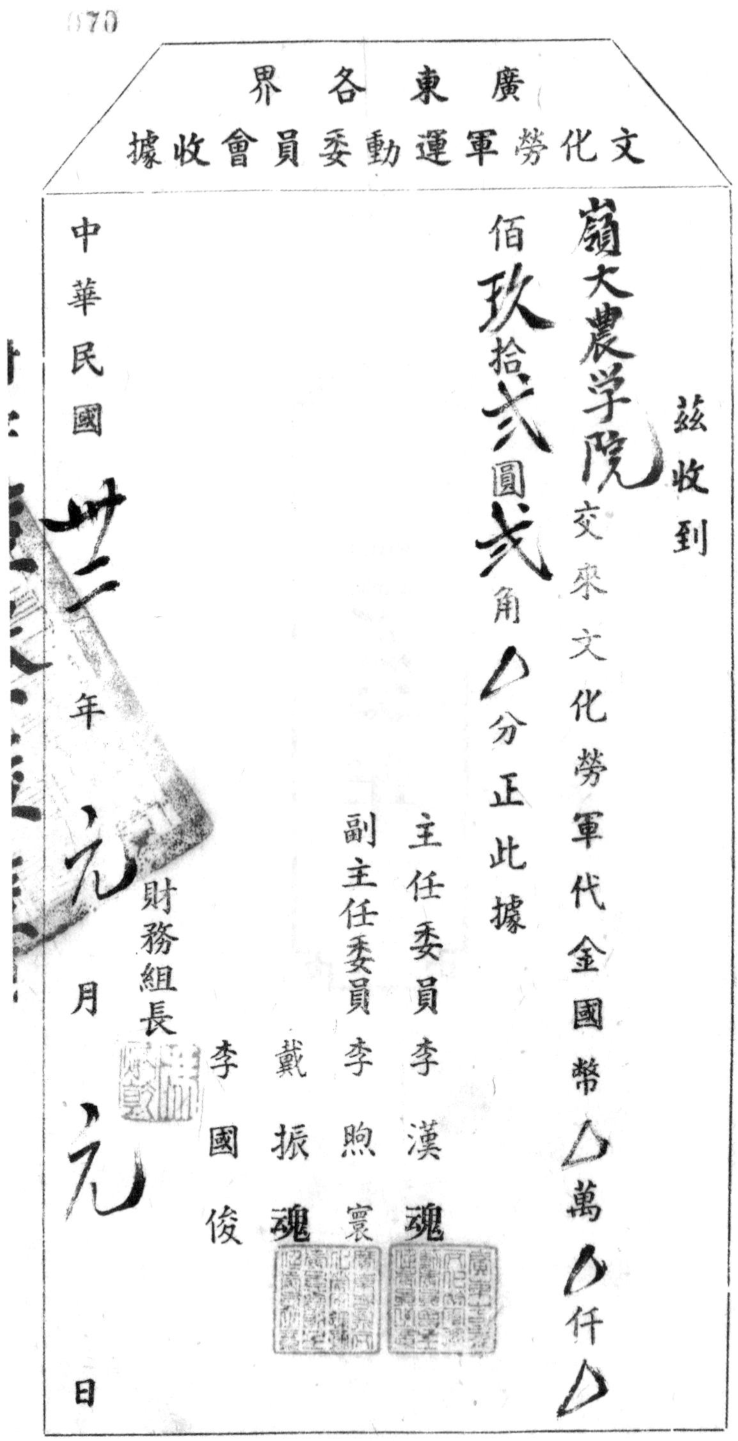
070

廣東各界文化勞軍運動委員會收據

茲收到

嶺大農学院交來文化勞軍代金國幣△萬△仟△佰玖拾弍圓弍角△分正此據

主任委員李漢魂

副主任委員李煦寰

戴振魂

李國俊

財務組長

中華民國卅二年元月元日

私立岭南大学农学院关于填报教职员财产损失报告单的通告（1943-01-19）

怿字第1706号

日度十玖、壹、卅贰、

通告

各教职员

案奉

校本部总字第二〇五二号函开：并转下教育部总字第四八一四九号训令略以：教育人员之伤亡及各教职员个人财产之损失，令饬各校院教职员遵照表式填具报部，以凭汇编等因，附发教育人员财产损失报告单卅份等，此相应检同原来于函达，空白报告单各乙纸送达。

查照務請于本星期六前將表填妥（本月廿二日以前）
擲回本辦事處以便彙轉聯絡為荷

此致

本院各部門事

附原函乙紙暨空白報告單乙份

院長李〇〇

中华农学会关于为《英文中国农业研究提要》向私立岭南大学农学院邀稿等情的函（1943-02-02）

中華農學會

逕啟者：頃准美國駐華大使館秘書克萊澔（O. Edmund Clubb）先生來函，略以戰時刊物郵遞困難，學術交流多受阻礙，爲謀補救起見，特將美國有關農學及遺傳學之研究結果，按月輯要翻印，檢送本會囑爲轉寄國內各重要農業機關，等由。准此。查該刊包羅豐富，編撰精約，頗值參考，自應照辦。除第一期由該館逕行分寄外，兹第二期業經印就送到，特先隨函檢奉一份，以資觀摩。嗣後來源如無困難，仍當源

中華農學會

源寄上，即希

查收，陳列於公共場所俾衆閱覽。又本會亦擬編刊

「英文中國農業研究提要」一種，以與世界各國相交換。素仰

貴處熱心研究成績昭著，務盼隨時將各種研究報

告並英文摘要賜寄一份，以廣宣傳而利編輯，尚希

裁覆，為荷。此致

嶺南大學農學院

中華農學會啓

中華民國十二年二月二日發

通訊處重慶中華路一二一號

《岭南大学校报》曲江版第三期报道：本校校务概况报告（1943-04-01）

中華民國三十二年四月一日出版　　第一版 1

嶺南大學校報

曲江版第三期

私立嶺南大學編印

本校校務概況報告

本校自去年春間由港全部遷移粵北，擇定曲江縣屬仙人廟嶺大村為校址，經數月之籌備，於秋季復課，迄今半載。茲將卅一學年度上學期辦理經過，及校務現狀，撮要報告如次：

（一）新校之建設

本校嶺大村新校址之獲得，係承戰區余司令長官之盛意，將長官部大村辦事處地方及建築物（包括大村及橫崗棚屋共四十八座）轉讓。本校得斯基地乃從事部署經營，大村方面原有之棚屋三十四座，分別改建修葺作為辦公廳，實驗室，課室，學生宿舍，學生膳堂，校工宿舍之用。橫崗方面原有之棚屋十四座，除有一部份拆卸外，其餘則分別借與協和神學院及東吳大學使用。此外自行新建校舍，計有（1）大禮堂，圖書館，護養院，男生膳堂，市場各一座；（2）學生宿舍六座；（3）教職員住宅十一座；（4）教職員宿舍五座；（5）課堂二座；（6）其他建築物鐘亭及更樓各一座，廚房三座，浴室四座，廁所五座。至校家私用具（包括桌椅床櫈等）均為本校自製。新舊校舍修建傢具設備及其他工程費，合計動用八五五、五七一．二五元。另在籌建中之校舍七座，預算需款一十七萬元。

除上開新建校舍外，并闢築體育場五個，橋梁六度，及主要校道一萬尺以上，新闢之校道，為紀念本校前故晏文士先生及舊同學史堅如烈士，分別名為文士路及堅如路。新校址原有地方約三百畝，嗣以增建校舍及事實上需要，逐漸展拓，現有校地約在一千畝以上，本校有此廣大校地，將來可太加擴展。

（二）各學院所及附中

文學院於卅一年九月在嶺大村新校復課，原日中國文學系，外國語文學，歷史政治學系，社會學系，商學經濟學系均仍開設。院長莊澤宣博士辭職，由李校長兼代，中國文學系主任仍舊為吳重翰教授兼任，外國語文系主任路考活博士休假回美，由趙約翰夫人代理，歷史政治學系主任包令留博士休假回美，由黃延毓博士代理。社會學系主任仍舊為伍銳麟教授兼任，商學經濟學系主任仍舊為嶺祖用博士兼任，卅一學年度上學期學生二六六人。

理工學院因遷校及設備關係，卅一年學度暫未能復課，該院教員分別調派文農兩學院任教，學生則分別赴別校借讀或轉學，本校現正積極籌劃該院儀器設備，準備於卅二學年度復課。該院院長富倫博士休假回美，院務暫由孔憲保博士代理。

農學院前於廿九年秋由港遷至坪石辦理，香港淪陷後在港上課之農科一二年級學生，撥入坪石農院上課，卅一學年度因學生人數增加，原有校舍不敷使用，乃增建校舍六座，動用建築費一〇九、八一一．〇〇元。本年度起與中國茶葉公司合辦茶樹病理研究所，從事茶樹病理及土壤之研究。卅一學年度上學期學生一三二人，院長李沛文教授，農藝學系主任鄧

原校址：廣州河南康樂　。　現校址：粵北曲江仙人廟嶺大村

2　嶺南大學校報　第二版

年教授。園藝學系主任李德銓教授，畜牧獸醫學系主任麥國珍博士，均爲舊任。

醫學院一二三年級卅一學年度與國立中正醫學院合作，學生六十二人，在江西永新國立中正醫學院上課。四五年級則借用韶關河西循道會四醫院復課，學生十八人，六年級學生七人，分在各醫院實習。院長黃雯博士辭職，由教務長林樹模博士兼任。

理科研究所亦以遷校及設備關係，卅一學年度暫未能復課，所主任陳心陶博士本年度派在永新國立中正醫學院任教。

附設中學於卅一年七月在嶺大村先行開辦暑期班，八月正式復課。初中一二年級暫停開設，初中三年級及高中一二三各年級卅一學年度上學期共有學生二二六人，是學期起兼收女生。校主任一職因李校長無暇兼顧，聘請司徒衛先生担任，教務主任郭文彬先生，訓導主任黎壽彬先生均爲舊任。

(三)教職員與學生

本校大學及附中教職員，於撤離香港後大多能來粵返校繼續服務，其已離校者，則分別聘員接替。卅一學年度大學教員共六十六人，內舊任者卅九人。新聘者廿七人。職員共十五人，內舊任者十二人新聘者三人。附中教員共十三人，內舊任者六人新聘者七人。職員四人均爲舊任。由於大學與附中同在一校園，人事聯繫至爲密切，大學教職員中有五人兼在附中授課，附中教員亦有一人兼在大學授課者。

大學及附中學生，於本校全部遷校粵北後，亦多返校復課。卅一學年度上學期大學學生共四八八人，內舊生三三一人，新生一五七人。本學期四五二人，內女生一二〇人，男生三三二人。附中上學期學生共二二六人，內舊生一〇六人，新生一二〇人。本年度起兼收女生，上學期女生佔五十人。本學期男生一九五人，女生五五人，較上學期略有增加。

(四)員生救濟及獎勵

關於員生之救濟及獎勵，計有下列各項：

一、卅學年度大學及附中教職員，由港來粵而能於卅一學年度繼續在校服務者，由校酌發補助旅費。其到粵北後在卅一學年度未開始前而無担任本校以外職務者，除由校供給住宿外，并酌給生活費。

二、廣東教育廳，對於由港撤退回國之員生，於登記後分別發給救濟費，教職員每人由一百元至四百元，大學生每人二百元，中學生每人一百元。

三、美國援華會教授補助金管理委員會，爲濟助大學專任講師以上教員，指撥專款，補助是類人員醫藥，子女教育，意外損失，家庭福利等項用費，凡有上項需要而適合規定者，得報由學校向委員會申請補助。

四、大學講師以上專任教員，其有直系親屬五口以上負担者，得向教育部申請補助，經由本校查明適合規定教員呈請發給補助金。

五、行政院將發院長獎勵大學久任教員，分別發給獎金，凡服務滿二十年以上者，給予三千元，服務滿十年以上者，給予一千五百元。本校已奉教育部發下該項獎金，計服務滿二十年以上發給三千元者八人，服務滿十年以上發給一千五百元者廿二人，合計獎金五萬七千元。上項久任教員獎金，本年度繼續在校服務者，已分別轉發，其已離校或迄未回校各員獎金，則呈請教育部核示發給辦法。至於服務年資已適合規定之教員，亦經本校分別查明呈請補發獎金。

六、教育部爲救濟來自戰區經濟來源斷絕之大專學生，設有戰區學生貸金，分爲甲乙兩種，本校卅一學年度上學期奉准貸金學生共二五四人（文學院一六八人，農學院七五人，醫學院一一人），內分甲種一九〇人，乙種六四人。卅一年九、十、十一三個月貸金，已奉部發下，經予分別轉發。計九月份甲種每人貸發金額爲七八·〇三元，乙種六〇·〇三元，十月份甲種九二·二二元，乙種七四·二二元，十一月份甲種一二五·四四元，乙種一〇七·四四元。至本學期學生申請貸金，現在審查中，一俟審查完竣，即行呈部請貸。

七、本校爲提倡工讀救濟學生，卅一學年度特撥專款爲工讀金。上學期大學學生工讀者一一二人，發出工金三〇，五三八·〇〇元，附中學生工讀者六五人，發出工金一二，六六七·三〇元，工讀學生由校分派在校內各部份工作，此項辦法，不但可救濟比較貧苦學生，同時養成學生刻苦耐勞，并可於工作中獲得實際經驗。

八、青年會曲江區學生救濟委員會，救濟家境清寒學業成績優良之學生，卅一學年度上學期附中學生得該會救濟者五十四人，本學期大學及附中學生多有申請救濟。

九、英國駐華大使館，對於在香港及英國領地出生之學生，予以救濟，本校學生申請是項救濟者，已由校務會議選擇合規定之學生一一五人，將申請書寄交重慶英大使館核發救濟金。

十、本校獎勵成績優良學生，設有各種獎學金，卅一年度文學院領受獎金學生三十三人，發出獎金六千元。（農醫神學院未計入）此外專科以上學校清寒優秀學生林主席中正獎學金，本年度規定本校名額四名，每名每年獎金四百元。上海商業儲蓄銀行社會事業補助委員會研究補助金，每名每年補助八百元，本年度給予本校名額三名。

（五）員生生活

大學及附中員生，除極少數外，其餘均在校住宿，教職員家眷亦多在校內居住，由校供給住宅。教職員所受薪金微薄，在物價不斷增漲下，生活深感困難；學生則大多數因戰事影響，經濟來源困絀，均有待於改善與救濟。

本校各種團體，於復課後相繼恢復，或從新組立。中央直屬區黨部，在港期內，因格外環境，未能多取活動，近則於發展黨務，推行政令，宣傳主義等工作，均積極進行。學生團體對於愛國運動，無不熱烈參加，卅一學年度上學期響應文化勞軍及響應滑翔機運動，均曾舉行籌捐餉款，頗得當局獎勵。至於宗教生活，由本校會同中央大學及協和神學院組織嶺大村宗教事業委員會，主理一切宗教事業，每逢星期日在懷士堂舉行禮拜，並每晚舉行晚禱會，及定期舉辦靈修會，分別布道，此外學生基督教青年會並經常舉辦各種宗教及青年事業，工作甚爲活躍。

本校爲加强訓導工作及增進學術研求，每逢星期一日大學及附中分別舉行國父紀念週，大學並於每月舉行大學週兩次，分請校內外名流學者演講，各種學術活動空氣，亦至緊張。

（六）財政狀況

本校卅一年度（卅一年二月至卅二年七月）財政預算，收入二，一七七，二四二·〇〇元，支出二七〇七、二四二·〇〇元，不敷五三〇，〇〇〇·〇〇元，經濟深感困難，茲將卅一年二月至卅二年一月十二個月來收支數目列載於下，以見本校財政狀況之一斑。

甲、收入：

一、廣東省政府補助費	九六·九〇三·〇〇元
二、中國茶葉公司研究費	一〇〇·〇〇〇·〇〇元
三、美國基金委員會補助費	九四·〇三一·一九元
四、學費	一二·八八六·五〇元
五、捐款	七〇·六七九·〇〇元
六、教育部補助費	五六〇·〇〇〇·〇〇元
七、財政部補助費	一〇〇·〇〇〇·〇〇元
八、英國援華會補助費	一六四·一七〇·九八元
九、美國援華會補助費	五〇〇·〇〇〇·〇〇元
十、僑務委員會補助費	五〇·〇〇〇·〇〇元
十一、中華教育文化基金會補助費	五〇·〇〇〇·〇〇元
十二、雜項	二〇·二六五·四五元
合計	二·四四〇·九四五·三二元

乙、支出：

一、經常費——	
（1）校本部	四〇七·五三六·六五元
（2）文學院	六四·七三七·四〇元
（3）理工學院	三一·一九二·六五元
（4）農學院	一三〇·九九〇·六七元
（5）醫學院	一三一·七〇三·一三元
（9）附設中學	六四·四五三·五六元
小計	八九九·九二三·一八元
二、臨時費——	
（1）內遷及校舍修繕費	五七·六一三·五九元
（2）校舍建築費	八五五·五七一·一五元
（3）教職員救濟費	八五·五四八·〇〇元
（4）圖書儀器及標本	五〇〇·五六五·五五元
（5）農學院卅一年度維持費	九〇·七〇一·〇〇元
（6）清還卅年度欠薪	七四·九九六·六八元
小計	一·四四四·二九四·五七元
合計	二·三四四·二〇七·七五元

（七）贊助本校之團體人士

本校自全部內遷復課，賴各機關團體及社會人士之贊助，得以進行順利。各團體人士對於本校或爲經濟上之援助，或爲人事上之協助，均足感謝！經由校董會分別致謝。贊助本校之團體及人士如下：一、美國基金委員會捐助校舍建築費及經臨各費；二、教育部撥助校舍建築費及經常臨時補助費；三、財政部撥助醫學院經常補助費；四、廣東省政府撥助經常補助費；五、中華教育文化基金會董事會撥助設備費及臨時費；六、僑務委員會撥助救濟費；七、美國援華會捐助救濟費；八、英國援華會捐助救濟費；九、中國茶葉公司捐助研究費；十、曲江學生救濟委員會撥爲學生救濟費；十一、陳學談先生捐助工讀金十萬元；十二、譚禮庭校董捐助校舍建築費一萬五千元；十三、國立中正醫學院，循道會，河西醫院，協和神學院等人事協助。

（八）本校當前之需要與將來計劃

本校嶺大村新址建設，雖已動用八十餘萬元，惟校舍仍感不敷使用，現仍籌劃增建校舍多座，尤其是教職員及學生宿舍，需要尤爲殷切。本校在廣州及香港時期，圖書儀器設備，頗爲充實完備。此次全部內遷，圖書儀器只搬運得小部份，而在內地圖書儀器之購置，深感不便，因是本校各科圖書儀器設備，尚未臻充實，現時仍須設法添置，以期日漸充實，提高學術水準。

本校遷移粵北辦理，雖爲適應戰時環境，仍冀不久將來廣州重光，遷回康樂故址。但爲本着推廣教育宗旨，窃願於廣州光復後嶺大村校址仍得保持繼續辦理，或設分校，或作特種研究實驗場所。故本校對於嶺大村校址建設，擬作較長期之計劃，在校地展拓方面與校舍建築設備方面，均依此計劃方針進行。下年度除農醫兩學院因種種關係高年級學生仍須分別在坪石留關上課外，一年級學生亦擬與文理工學院集中在嶺大村上課，理工學院亦決定於下年度秋季復課，理科研究所則俟圖書儀器設備充實後設法恢復，以達成本校內遷之全部任務。

校董會改組首次會議

本校校董會依法改組成立後，於三十一年十二月十日召開第一次會議，地點在嶺大村本校內，出席者有金曾澂，鄭壽芝，錢樹芬，甄約翰（美）（代表夏葛醫學院），駱愛華（美），顧克（英），李濟深（鄭壽芝代），孫科（金曾澂代），甘乃光（錢樹芬代），列席者有李應林，林樹模，謝昭杰，司徒衛，劉君楔。關於本校復課及教務、總務，附中一切設施，財政收支概況皆有詳細報告，繼復抽簽決定校董任期，選出校董會職員及常務校董，并通過本年度學校預算，教職員待遇辦法，議決理工學院下年度復課等要案多起，各校董對本校辦理備頗滿意，討論情形甚爲懇切。附錄校董任期及常務校董名單如下：

▲校董任期　李濟深，駱愛華，俞鴻鈞，胡繼賢，鄭壽芝（以上三年）；譚顯庭，金曾澂，金佛，錢樹芬、甄約翰（以上二年）；顧克，林逸民，孫科，香雅各（以上一年）。

▲常務校董　校董會推定孫科，金曾澂，林逸民，譚顯庭，錢樹芬，駱愛華六校董爲常務校董，并以孫科爲主席，金曾澂爲副主席，林逸民爲書記，譚顯庭爲司庫。又校董會第一次常務會議，於二月廿四日下午五時半在五勵社開會。出席有金曾澂，林逸民，譚顯庭，錢樹芬，駱愛華五位；列席有李應林，謝昭杰，司徒衛，顧克，甄約翰，楊遇彬，除報告外，并議決致函基金會請增加補助及派教授返校服務等重要議案。

區黨部政治學會聯合慶祝新約大會

本校中央直屬區黨部，前以中美中英訂立平等新約，意義重大，特於二月日廿八聯合政治學會在懷士堂舉行慶祝新約大會。除由大會在校內外遍貼慶祝新約各種貼語外，并出慶祝新約專號壁報，以廣宣傳。是日下午六時開會，員生參加者爲五百八。由宣傳部宣傳委員李宗強主席，行禮如儀，主席致開會詞，繼請李校長致詞，最後由呂伯楨陳揚輝兩同學相繼演說，對於慶祝新約意義多所發揮。禮成後游藝開始，顧德明夫人鋼琴獨奏，黃盛文同學小提琴獨奏，陳樹深同學口琴獨奏，繼由政治學會上演抗戰話劇「烙痕」，最後全體合唱義勇軍進行曲而散。

本校舉行植樹典禮

三月十二日爲植樹節，本校於是日上午九時半在大學圖書館前舉行植樹典禮，大學及附中員生全體參加，朱副學長勉躬主席，宣佈開會理由，繼由李校長講述植樹意義。詞畢，由李校長代表學校，林教務長樹模代表大學教職員，黎壽彬先生代表附中職員，陳梓焯莫煜燊代表大學學生，鄧翹平黃植雄代表附中學生，分別在圖書館前[illegible]植樹云。

李校長將赴蓉出席大學校長會議

中國基督教各大學校長會議，將於本年五月初在成都舉行，本校李校長定於四月十日由粵赴桂轉乘民航機赴渝轉蓉出席。聞該會議日程至五月十九日，李校長出行除參加會議外乘便至重慶向中央及校董會孫主席報告校務狀況，約須五月底或六月初始能返校云。

私立岭南大学关于呈请增派军训教官来校任教一事的呈文（1943-06-16）

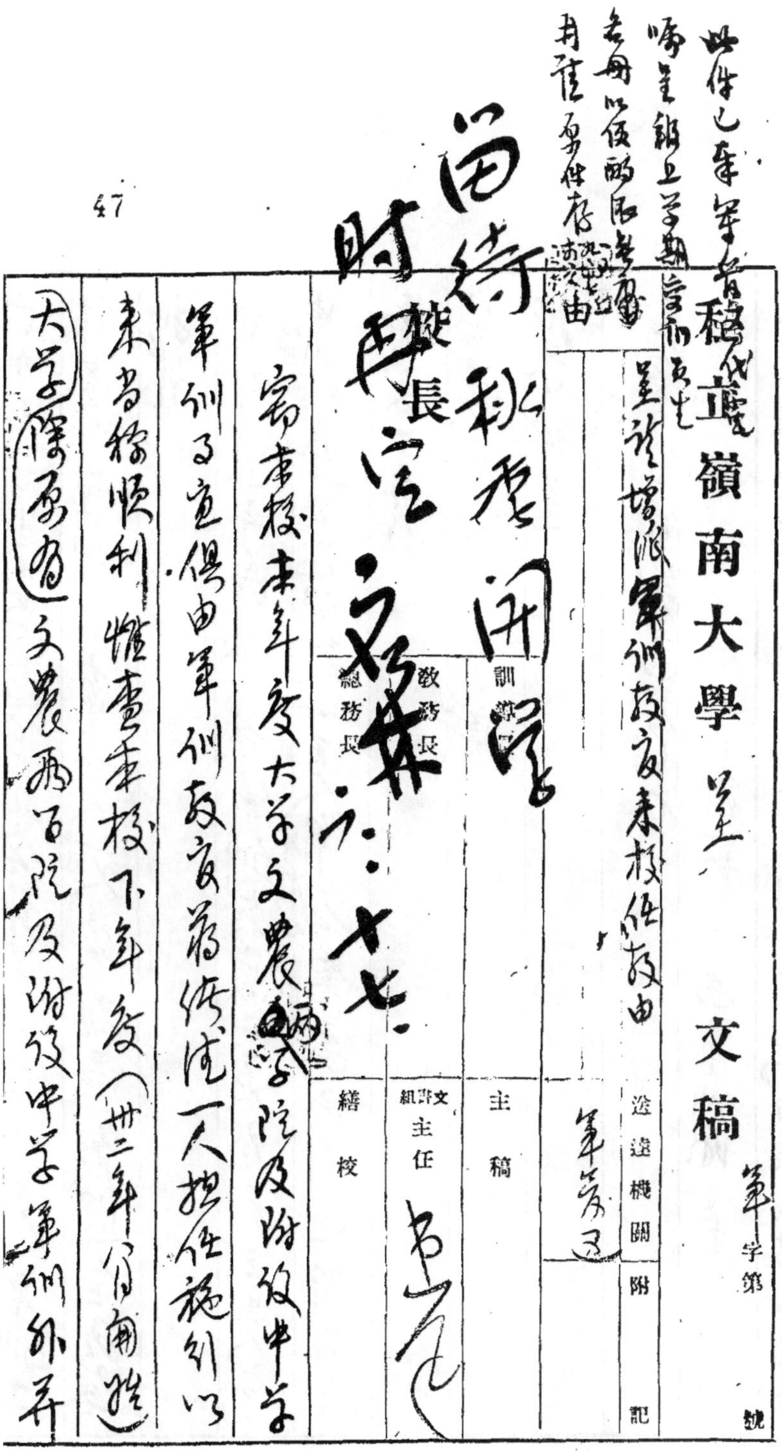

私立嶺南大學 呈 文稿

存卷 年 月 日發

第 字第 號

呈請增派軍訓教官來校任教由

送達機關

附記

主稿

文書組主任

繕校

總務長

教務長

訓導長

校長

48

增加理工医两学院，全校学生合计壹千七八百人，军训工作益加繁剧，只有教官一人，实难兼顾周全，为此拟请

钧部迅予增派大学军训教官二员、助教三员，高中军训教官一员、助教一员来校任教，俾应需要而利进行。理合备文呈请

鉴核是否有当，候

批示祗遵。

谨呈

广东省军管区司令部

（全衔）校长兼军训队长李○○

中華民國卅二年七月十七日擬稿第 頁

私立嶺南大學民國卅一年度財政報告

自民國卅一年八月至卅二年七月卅一日止　（國幣計算）

(一) 收入欄

Ⅰ 廣東省政府補助費		[illegible].00
Ⅱ 教育部補助費		2[illegible]7,605.78
Ⅲ 中國茶葉公司補助費		100,[illegible]50.00
Ⅳ 財政部補助費		150,000.00
Ⅴ 學費		262,933.50
Ⅵ 捐款		269,928.00
Ⅶ 美基會		1,316,838.41
Ⅷ 中國文化研究室		20,000.00
Ⅸ 中基会		60,000.00
Ⅹ 雜項		78,437.57
Ⅺ 臨時費		
A. 美國援華會		318,700.00
B. 教育部		250,000.00
C. 僑務委員會		59,801.90
D. 美基會		210,000.00
E. 美國顧問委員會（重慶）		300,000.00
F. 英援華會		396,686.44
民國卅一年度合計收入		$4,208,479.60

(二) 支出欄

Ⅰ 校本部		562,638.51
A. [illegible]津貼	192,910.85	
B. [illegible]	116,294.40	
C. 設備費	50,600.40	
D. 特別費	202,832.86	
Ⅱ 文學院		164,736.90
Ⅲ 理工學院		58,698.35
Ⅳ 農學院　（詳細另報）		569,969.39
Ⅴ 医學院		300,892.76
Ⅵ 附設中學		144,062.09
Ⅶ 臨時費		2,078,430.35
A. 内遷院校籌備費	37,615.59	
B. 校舍建築費	1,498,563.02	
C. 教職員救濟	85,546.00	
D. 圖書儀器標本及傢私	260,266.91	
E. 農學院卅年度維持費	90,201.60	
F. 清遠港幣欠薪	106,239.23	
民國卅一學年度合計支出		3,879,428.35
民國卅一學年度收支比對結存		329,051.25
		$4,208,479.60

會計主任 劉居模 卅二,八,一.

《岭南大学校报》曲江版第五期报道：本校与粤汉路局合办粤岭垦牧公司、医学院学生返校上课（1943-10-01）

207

本校與粵漢路局 合辦粵嶺墾牧公司

粵漢鐵路管理局近以鐵路沿線附近荒地甚多，任令棄置殊爲可惜，因與本校合作組織粵嶺墾牧特種股份有限公司，利用各站適用之地方，從事生產。該公司資本總額定爲四百萬元，由粵漢鐵路杜局長任理事長，本校方面選出鄭壽芝校董，李應林校長，邵堯年教授爲理事；司徒衛先生，鄭天熙教授爲監事，組織成立。并聘定農學院李沛文院長爲公司經理，路局附業處區家俊經理爲副經理，進行步驟開先接收回路坪石苗圃設辦園藝繁殖場，繁殖種子及中外菜蔬；及設坪石畜牧場飼養牲畜，經聘李德銓參國珍兩教授分任籌備主任積極進行。

教部核准獎助本校教授

本校教授林樹模、伍銳麟、邵堯年、李德銓四位，經教部核准由本年一月份至十二月份按月發給獎助金，其中林樹模、伍銳麟，月給各三百元，邵堯年月給四百元，李德銓月給二百元。又核准孔憲保、朱勉躬二位額外獎助金由本年六月份至十二月份月給各二百元。林樹模、李德銓、孔憲保、朱勉躬等獎金業已匯到，由會計組按月分發給領。

美教授捐久任獎金

教育部久任教授獎金，本校美籍教授獲得者多人，計梁敬敦，高魯甫，包令留，孫雅德，嘉惠霖，麥丹路，莫古黎等各得三千元，富倫，麥克鳴，賀輔，祈理等各得民一千五百元助。現接各在美教授來函，願將所得獎金節捐至本校，用途由本校當局妥爲支配云。

教職員去函慰問美教授

本校在假之美籍教授，多數因交通關係仍留美國，未能回校服務。惟對本校校務進行，及各同事近況異常關切，在校各教職員爲表示謝意起見，特請路考活博士代繕慰問函一通，由全體簽名寄發，該函已於月初寄出矣。

路考活博士返校服務

本校教授兼英文系主任路考活博士，於香港失陷後交換回美，本年三月間再度來華服務，費時五閱月備歷險阻，於八月廿日安抵曲江，隨即來校居住。八月廿七日教師節并參加教職員公宴會，席間報告旅途經歷及個人觀感甚詳。現路教授除仍任英文系主任外，并代理圖書館主任之職。

頃據同學總會來信，以路教授遠道歸來，定於九月十九日（星期日）正午在韶舉行茶敘歡迎，屆時請路教授演講，已分函在韶同學踴躍赴會。

科學館新宿舍落成

本年度理工學院復開，醫學院亦遷回嶺大村上課，原有宿舍不敷容納，特於大學一宿舍後面半山增建大宿舍兩幢，每宿舍可容學生五十六人。又建科學館一座，爲理工學生實習之用，高下相錯，備極壯觀。建築費連設備共用國幣叁拾肆萬元。

陳學談先生 續捐學生工讀金

廣州紳耆陳學談先生，興辦教育，向具熱心，去年曾慨捐本校學生工讀費國幣拾萬元；茲再捐拾萬元，爲卅二年度學生工讀費，其嘉惠本校學生誠非淺鮮也。

各方助款誌謝

本校三十二年度經臨各費，除美國基金委員會暨美國援華會補助經費之外，茲并收到美基會補助教職員米津國幣式拾柒萬式千餘元；美援華會補助建築費陸拾萬元，醫學院復校設置費陸拾萬元，附中經費式萬元，英大使館第一次助款伍萬肆千元，補助女宿舍建築費叁萬捌千元，附中女同學會籌建女宿舍共捐得約壹拾陸萬元，已收柒萬伍千元，捐營運勵已收叁計交來大學部陸千壹百元，中學部式千陸百元一部，另份由同學總會代收。均已由校去函鳴謝。

醫學院學生返校上課

本校醫學院一、二、三年級學生，去年因圖書儀器未敷應用，特派往江西永新國立中正醫學院借讀，現經校董會議決，本年度遷回嶺大村復課，各生遂於八月間由陳心陶教授率領回校。除有數名因環境關係請求轉學外，其餘三十五名皆已先後報到。校長以各生不憚勞瘁，僕僕長途研求學術，至堪嘉許，特於九月一日設筵招待，以示慰勉之意。并邀同該院院長林樹模，教授胡啓勳等作陪，濟濟一堂，情形至爲歡洽。

國立中正醫學院 借聘陳心陶教授

本校生物學哲學博士陳心陶教授，去年率同醫學院學生赴永新借讀，同時担任國立中正

《岭南大学校报》曲江版第五期报道：理工学院旧生仍在中大借读（1943-10-01）

第三版 嶺南大學校報

科學院課程，現該院以陳心陶授學擅專長，循循學務，特來函請求借聘陳教授在該院任課一年。本校以該院盛意難卻，然本年度第二學期亦有多科待陳教授擔任，經函覆准其借用一學期，下學期仍須陳教授返校任教云。

理工學院 舊生仍在中大借讀

本校去年內遷，因儀器尚未完備，理工學院暫緩復課，各級舊生介紹往國立中山大學借讀。嗣經校務會議決，今年復辦理工學院，然因環境關係只能先辦一年級，所有原在中大借讀舊生，仍在該校繼續借讀一年，經接中大函覆照准，並呈教育部備案矣。

圖書館新借一批圖書

本校圖書館書籍，自得各方踴躍捐贈，較前入為豐富。茲又承葉啓芳先生價借中西文社會科學書籍叁百壹拾式冊，業經陳列供覽，聞連縣中華基督教會，亦擬惠借英文書籍一批，為學生參攷之用。本校承借圖書，當妥慎保管，設損失貴重賠償，戰後隨時全數交還應用。并負担來校運費。望各方人事多予惠借。

第二批儀器起運來校

本校因香港失陷倉卒內遷，以當時情況混亂，圖書儀器無法帶出。復課以後即派人返港搶運，第一批儀器顯微鏡十一副暨圖書一大箱已於二月間運到校內應用。暑假間又派人再度入港搶運。茲接來電，該項儀器已安全抵達國境，日間即可運韶。

卅二年度各委員會名單

校務會議

主席：李應林

委員：林樹模 朱勉躬 謝昭杰 李沛文 鄺磯法 吳重翰 黃延毓 路考活（美） 盧子葵 李德銓 邵堯年 麥國珍 孔憲保 陳心陶 鍾香舉 吳亮如 陳炳權 楊逸梅 余國定 司徒衛

訓導委員會

主席：李應林

委員：朱勉躬 林樹模 黎茂強 吳亮如 李沛文 吳重翰 黃延毓 邵堯年 胡啓勳 蔣錫德

人事委員會

主席：李應林

委員：林樹模 李沛文 謝昭杰 司徒衛

助學委員會

主席：李應林

委員：林樹模 李沛文 鍾香舉 黃延毓 李德銓 吳亮如

嶺大村宗教事業委員會

主席：司徒衛

委員：李聖華（總幹事） 李耀宇 羅秉仁 陳炳權 [illegible]明

衛生清潔委員會

主席：余國定

委員：謝昭杰 朱勉躬 徐樹槐 黃瑞琴 黎壽彬

治安委員會

主席：徐康寧

委員：鍾香舉 吳亮如 黎壽彬 楊逸梅 徐樹槐 李小洛 張之誠

工讀審查委員會

主席：李應林

委員：黃延毓 林樹模 朱勉躬 謝昭杰 鍾香舉 李沛文 司徒衛

蒼梧同學會捐廿四史

捐書運動定十月底結束

同學總會發動之捐書運動，推行以來，備著成效。頃接蒼梧縣同學會來函稱：該會為響應捐書運動，已捐得廿四史一部，共七百餘本，由陳少漢先生負責購辦。現該書已到達沙坪，候便即運來校送圖書館存覽。

又同學會方面捐書運動進行數月，自應作一結束。聞已定十月底為結束期，日間去函通知各地同學會及個人迅速辦理云。

附中招生概況

查本校附中今年高一新生入學考試，奉令合曲江縣區統一招生委員會辦理，但志願投考本校學，仍在本校考驗，報名投考者四百四十七人，計取錄男生七十九人，女生二十八人，共一百零七人；此外各級轉學生共取錄二十五人，連舊生計本年度名額為二百七十八名，較前屆增加人數二十二名。

附中開學典禮

附中自招考揭曉後，教務一切已迅速備準

私立岭南大学农学院关于实行壮丁身家调查的布告（1943-11-10）

私立嶺南大學農學院佈告

坪字第壹零零號

民國三十二年拾壹月十日

現奉

軍政部
教育部
本年拾月拾四日役備字第七零三〇代電開：

「查壯丁身家調查為推行役政之基層工作，先後奉行政院訓令各機關學校團體均應切實施行在案，希將該校現有役齡學生依照附式造具國民兵名冊於電到一星期內逕由省軍管區彙轉軍政部備查，除分電外，特

電寫送收

等因附發名簿式樣及填寫說明各乙份奉此查國民兵名簿於電到一星期內即須填備送由省軍管區彙轉軍政部茲特依原表式製定名表由本月十一日起（星期四）至十二日止為填報截止日期仰本院各役齡學生（十六歲至四十六歲）依時到本務事處領表并依照表內各欄自行據實填妥送還以便編造名簿呈報為要切切此佈

附國民兵名表式樣及填寫說明書乙份

院長李布文

77-1

私立嶺南大學農學院國民兵名表（　年隊）

姓名		
出生年月日	民國　年　月　日	
原籍現住地	省縣	
	鄉鎮	
	地名	
	門牌	
箕斗	左○○○○○	右○○○○○
直系親屬	父	
	母	
	兄	
	弟	
	妻	
	子	
	女	
教育程度		
軍訓程度	[illegible]	
体格	[illegible]	
兵役	[illegible]	
服役	役別	
備考		

填寫說明

一、出生年月日欄如民國紀元前出生者，則填民前某年月日，民國紀元後出生者，即填民國某年月日

二、户籍欄即填原籍省縣鄉（鎮），現住地即填現居村街牌數

三、箕斗欄依拇指食指中指無名指小指之順序，箕則於○內加×，斗不填

四、直系親屬欄「父」「母」「妻」須填名氏，「兄」「弟」「子」「女」祇填人數

五、教育程度欄填所修學系年級

六、軍訓程度欄受訓年月係指受軍事訓練開始之年月，受訓期間填寫在受訓之期間，如二月即填二個月

七、体格欄身長填公分，体重填公斤，等位填甲乙丙丁，經身体檢查判定後填入之

八、兵種服役兩欄不填

私立岭南大学农学院关于送本院教职员学生工役申请免缓役名册的公函（1943-12-01）

084

已發、十二、一

擬 文森 十二、一

樂昌縣政府上卿縣長鈞鑒 公函

逕啓者：茲將本院教職員學生工役申請免緩役名冊式份，併附申請書拾叁份，送上本院教職員學生工役申請免緩役名冊式本，請書共拾叁份，煩

查收，核辦見復，為荷。

此致

樂昌縣政府上卿縣長李

附免緩役申請名冊式份、申請書拾叁份

全銜 李○○

〔拟稿第三四號〕

私立岭南大学农学院关于缴交免缓役申请证书费的通知书（1943-12-10）

通知書

頃准

啟上鄉公所本月十日公函開：

「現奉樂昌縣政府本年十一月廿六日[illegible]代電開：「案奉軍區申銑辰軍編二電飭：『茲[illegible]三年度[illegible]證書費暫與申請書同時收繳，由縣給回收據，如後批駁不准，證書費發還』等因，奉此，合電仰遵照」等因，奉此，自應遵照，除佈告暨分函外，相應函達，查照希速轉飭，凡參加本年度免緩役申請之員工，限本月十二日以前到所繳交證書費國幣伍十元，以憑彙轉，逾期不與申請，勿延為荷」

等由，准此。查免緩役申請書每份仍須繳交證書費五十元，并限于本月十二日以前送所，逾期不與申請。茲准前由，相應通告，凡已申請免緩役之各同事，如擬由本處墊繳，而願在十二月份薪俸項下扣支者，請簽名于後，當由本院會計組照辦代墊，否則亦聽自便。

右通知

申請免緩役各同事

院長李沛文

私立嶺南大學農學院

民國[illegible]年十二月十日

伍武錦

年　月　日

院址：粵北坪石

電報掛號：一五四五

乐昌县皈上乡乡公所关于请私立岭南大学转饬员生依时出席直接参加国民兵年次总抽签一事的通告（1943-12-20）

118

十二月二十二日下午四时四十分由专差送到

通告

民国三十二年十二月二十日于本所

查本所举办三十三年度国民兵年次总抽签，

奉定本月二十一日十二时在本所举行抽签，关于

限年满二十岁明年为二十一岁以上至四十五岁以下

之适龄男子，无论何校员生及何机关团体公务员，

均须届时出席直接参加抽签，除函各保及分行

外，相应再通告。

查照希即转饬知照为荷。

此致

岭南大学

乡长李扬继

84

LIST OF EQUIPMENT TAKEN FROM LINGNAN UNIVERSITY BY IMPERIAL JAPANSES ARMY

(MARCH 1942-JULY 1943)

Item No.	Quantity	Name & Description of Equipment	Receipt No. & Date of removal
1	1	compound microscope with oil immersion objective (Leitz) (no. 330162) ocular no. 2(5X, 10X) objective no. 3 (3, 6L, 1/12)	No. 83 Mar. 13'42
2	1	compound microscope with oil immersion objective (Zeiss) No. 40825, ocular no. 3 objective no.3	" " " "B "
3	1	compound microscope with oil immersion objective (Leitz) no. 330167, ocular no. 2, objective no.3	" " " " "
4	1	compound microscope with oil immersion objective (Leitz) no. 276895, ocular no.3, objective no. 3 (with slide adjustor.)	" " " " "
5	1	compound microscope with oil immersion objective (Leitz) no. 3301363, ocular no.2 objective no. 2 (with 2 condensers).	" " " " "
6	1	compound microscope with oil immersion objective (Leitz) no. 338403, ocular no. 2, objective no. 3.	" " " " "
7	1	compound microscope with oil immersion objective (Leitz) no. 312038, ocular no. 2, objective no. 3.	" " " " "
8	1	compound microscope with oil immersion objective (Leitz) no. 312027, ocular no. 2, objective no. 3.	" " " " "
9	1	compound microscope with oil immersion objective (Leitz) no. 312026, ocular no. 2, objective no. 3,	" " " " "
10	1	compound microscope with oil immersion objective (Leitz) no. 338857, ocular no. 2, objective no. 3.	" " " " "
11	1	compound microscope with oil immersion objective (Leitz) no. 312023, ocular no. 2, objective no. 3.	" " " "—"—
12	1	compound microscope with oil immersion objective (Leitz) no. 276749, ocular no. 3, objective no. 3, (with slide adjustor)	" " " " "

885

13	19	Leitz simple Dissecting microscopes (Nadey), rack and pinion focussing motion, movable plane mirror, poal glass plate and Steinheil aplan Lenses 10X magn. (Lingnan nos. 1-M8. 3, M8. 5-M8. 20) (Room 316).	" " " " "
14	1	(Room 206) Electric incubator (American Standard Autoclave)	" " " " "
15	1	(Room 206) electric Dryer (Fisher Quick Drying Cabinet), fan attachemnt, 110 v., 12 amp. ser. no. 196.	" " " " "
16	1	(Room 206) microscope slide file, mital box, 25 mital shelves (Nort. 19)	" " " " "
17	1	(Room 206) Cenco-hyvac pump (with motor no. 5KSA47C1. Gen. El. (Chem. 1935)	" " " " "
18	4	Chrome-plated sets of scale weights, each complete, with rider, weights up to 100 grams (Room 213)	" " " " "
19	8	Chrome-plated sets of scale weights, each complete, with rider, weights up to 50 grams (Room 213)	" " " " "
20	1	microscope No. 259446	No. 100 May 10'42
21	1 set	Refrigerator 20" x 22" x 31"	April 11'42
22	1 "	Sepezator 'Alfa-Laval'	" " "
23	1 "	Butter churn Cap. 150 lbs. 'Nur-bur Stillstand'	" " "
24	1 "	Pasteurizer 'Cherry-Burrell' Improved Starter Can Model No. SCS 50 M with motor and Tycos self-recording machine	" " "
25	1 "	Mild pump rotary with ½ H.P. motor	" " "
26	1 "	Surface cooler 'Cherry-Burrell' 19" x 36"	" " "
27	1 "	Viscolizer Size 75 Serial No. A 192028 with motor 'Cherry-Burrell' 3 phase 3 H.P.	" " "
28	1 "	Freezer Horizontal brine cool 40 Qts. 'J.G. Cherry' Model No. 550 serial no. 41 with motor Cyc. 60	" " "
29	1 "	Pasteurizer, Model No. R 1200 M with Tycos self-recording miter, with motor 1⅓/ 3/4 H.P. Cyc. 60 (Cherry-Burrell) (Complete)	" " "
30	1 "	Ice cream storage cabinet with 12 hole 'Nizer' (Complete) with motor & compressor	" " "
31	1 "	Refrigerator 'Freigidaire' 20"x13"x28"	" " "

86

32	1	"	Cream-seperator, with motor (complete)	" " "
33	1	"	Dryer, wooden case with electric meter 'Taylor Temperature Control'(complete)	Apral 11'42
34	1	"	Centrifucal 'manufacture by the Geo. L. Squier Mfg. Company' Buffalo No. 11 Centrifucal.	" " C "
35	1	"	Refrigenation machine, York Shiply & Co., U.S.A. with 2/4# 3"x3" compressor ammoneqa indirect expension system, connected to a brine tank and 2 compartment cold storage room. A rotary pump with metor, 3H.P. motor (complete)	" " "
36	1	"	Ice cream making machine with four heads 3 H.P. 3 phase motor	" " "
37	1	"	Macroscope photographic machine, with electric controls in a seperate case. Machine is set on a wooden table table stand. E. Leitz. Type KTLT No. 20524.	July 12' 42
38	5	"	Cenco Hyvac pump with motors	" " "
39	1	"	Cebtral Scientific Blower with motor Cat. CD Ser. 537 No. 1395	" " "
40	1	"	Lantern projector, Leitz Type VH No. 14698 1 Du-lite screen 3½' x 2½'	" " "
41	1		Compound microscope with oil immersion (No. 330159. (Leitz)) objective.	July 12' 42
42	1		Compound microscope with oil immersion (No. 329601 (Leitz() objective.	" " "
43	1		Compound microscope with oil immersion (No. 330185 (Leitz)) objective.	" " "
44	1		Compound microscope with oil immersion (No. 330148 ILeitz)) objective.	" " "
45	1		Compound microscope with oil immersion (No. 309000 (Leitz)) objective.	" " "
46	1		Compound microscope with oil immersion (No. 312071 (Leitz)) objective.	" " "
47	1		Compound microscope with oil immersion (No. 321924 (Leitz)) objective.	" " "
48	1		Compound microscope ii with oil immersion (No. 294770 (Leitz)) objective.	" " "
49	1		Compound microscope with oil immersion (No.48844 (Zeiss)) objective.	" " "
50	1		Compound microscope with oil immersion (No. 48847 (Zeiss)) objective.	" " "
51	1		Compound microscope with oil immersion (No. 48843 (Zeiss)) objective.	" " "
52	1		Compound microscope with oil immersion objective. No. 48842, (Zeiss)	" " "
53	1		Compound microscope with oil immersion objective. No. 48846. (Zeiss)	" " "
54	1		Spencerk binecular with 2 eyes no. 92311	" " "
55	1		Leitz, binocular 308317	" " "
56	1		Still, electric, Leitz. No. 4272	" " "
57	1		Spectroscope	" " "
58	1		Spectrometer	July 15' 42
59	1		Microtome, sliding large size, Leitz.	" " "
60	1		Microtome, Leitz, Minot.	" " "

61	1	D.C. volt meter, Estern, 15-150 v. M. 41 No.40672	" " "
62	1	Drying oven, electric with 300 degree thermometer, Type B4T Ser, 1525 110 v. 9 amp.	" " "
63	1	Centrifuge, electric, for serum, Bausch & Lomb Optical Co. No. 25808 DC & AC.	" " "
64	1	Set planemeter, No. 26118	" " "
65	1	Projector, for microscope use, Leitz Model 144, chart. 4027, Ser. 99886	July 16' 42
66	2	Diesel Electric GEnerator sets	July 1943
67	2	Diesel Ebgine manufactured by Chicago Pneumatic Co. 120 H.P. each 327 Rpm. direct coupled to 2 Generators	" "
68	2	Generators by Westinghouse 80 K.W.A.C. 220 volts, 3 phase, 60 cycles, completed with exiters and switch boards.	" "
69		Switch board accessories:-	" "
		2 - volt meters 0-300 volts	
		2 " " 0-150 "	
		2 ampere " 0-300 Amp.	
		2 " " 0-150 "	
		1 " " 0-600 "	
		2 Kilo-watt meters	
		2 Kilo-watt hour meters	
		1 Synchronize meter	
70	1	3 stages air compressor direct coupled with Gasoline engine. Air pressure up 400#/○"	" "
71	2	Air bottles completed with, gauges, valves and pipes.	" "
72	1	15 HP Electric motor, 720 Rpm., A.C. 220 volts, 3 phase, 60 cycles.	
73	2	10 HP, 960 Rpm. A.C. 220 volt. 5ph. 60 cy.	
74	2	5 HP, 960 " " " " " "	
75	1	Machine Lathe, 4'-6" between centers, 9" swing, Heavy duty with longitudinal and cross feed, quick change gears for whitworth, matric and pipe threads.	
76	1	Drill press, automatic feed, up to 1¼" diamter of hole	July 1943
77	1	Set of Tap and dies, from 1/4", 5/16" 3/8", 7/16", 1/2" ect up to 1 1/4" inclusive	
78	1	Transformer 150 K.W. to step up from 220 - 2400 volts.	
	2	10 K.W. step down from 2400 volt to 220 volts	
	2	15 K.W, " " " 2400 " " 110 v.	
	4	10 " " " " " "	
	6	5 " " " " " "	
79	1	40 ft. motor boat 45H.P. Marine Diesel complete.	
80	1	Set pipe Tap and dies from ½", 3/4", 1" etc. to 3" inclusive.	

98

LIST OF ~~MATERIALS~~ EQUIPMENT TAKEN FROM LINGNAN UNIVERSITY BY IMPERIAL JAPANESE ARMY

(~~JANUARY~~ March 1942-~~DECEMBER~~ July 1943)

1. Receipts were issued by Imperial Japanese Army for the following articles.

Item No.	Quantity	~~Description~~ NAME & DESCIPTION OF EQUIPMENT	Receipt No. & Date of removal
1	1007	Iron beds	No. 80 Jan. 29, 1942
2	139	mattresses	" " " " "
3	3	office desks (No. 3)	No. 81 Feb. 28'42
4	1	office desks (No. 2)	" " " " "
5	3	office chairs	" " " " "
6	1	office chair (large)	" " " " "
7	1	set sofa (with side shells)	" " " " "
8	1	table (with brass legs, large)	" " " " "
9	1	set sofa	" " " " "
10	1	table (with brass legs, small)	" " " " "
11	20	chairs, straight wooden	" " " " "
12	✓ 1	compound microscope with oil immersion objective (Leitz) (no. 330162) ocular no. 2(5X, 10X) objective no. 3 (3, 6L, 1/12)	No. 83 Mar. 13'42
13	✓ 1	compound microscope with oil immersion objective (Zeiss) No. 40825, ocular no. 3 objective no. 3	" " " " "
14	✓ 1	compound microscope with oil immersion objective (Leitz) no. 330167, ocular no. 2, objective no. 3	" " " " "
15	✓ 1	compound microscope with oil immersion objective (Leitz) no. 276895, ocular no. 3, objedtive no. 3 (with slide adjustor.)	" " " " "
16	✓ 1	compound microscope with oil immersion objective (Leitz) no. 3301363, ocular no. 2 objective no. 2 (with 2 condensers).	" " " " "
17	✓ 1	compound microscope with oil immersion objective (Leitz) no. 338403, ocular no. 2, objective no. 3.	" " " " "
18	✓ 1	compound microscope with oil immersion objective (Leitz) no. 312038, ocular no. 2, objective no. 3.	" " " " "

19	1	compound microscope with oil immersion objective (Leitz) no. 312027, ocular no. 2, objective no. 3.	"	"	"	"	"
20	1	compound microscope with oil immersion objective (Leitz) no. 312026, ocular no. 2, objective no. 3.	"	"	"	"	"
21	1	compound microscope with oil immersion objective (Leitz) no. 338857, ocular no. 2, objective no. 3.	"	"	"	"	"
22	1	compound microscope with oil immersion objective (Leitz) no. 312023, ocular no. 2, objective no. 3.	"	"	"	"	"
23	1	compound microscope with oil immersion objective (Leitz) no. 276749, ocular no. 3, objective no. 3, (with slide adjustor)	"	"	"	"	"
24	19	Leitz simple Dissecting microscopes (Nadey), rack and pinion focussing motion, movable plane mirror, opal glass plate and Steinheil aplan Lenses IOX magn. (Lingnan nos. 1-M8. 3, M8.5-M8.20) (Room 316).	"	"	"	"	"
25	1	(Room 206) Electric incubator (American Standard Autoclave)	"	"	"	"	"
26	1	(Room 206) electric Dryer (Fisher Quick Drying Cabinet), fan attachment, 110 v., 12 amp. ser. no. 196.	"	"	"	"	"
27	1	(Room 206) microscope slide file, metal box, 25 metal shelves(Hort. 19)	"	"	"	"	"
28	1	(Room 206) Cenco-hyvac pump (with motor no. 5KSA47C1. Gen. El. (Chem. 1935)	"	"	"	"	"
29	4	Chrome-plated sets of scale weights, each complete, with rider, weights up to 100 grams (Room 213)	"	"	"	"	"

(07

30	✓ 8	Chrome-plated sets of scale weights, each complete, with rider, weights up to 50 grams (Room 213)	" " " " "
31	3	double bed	No. 98 April 30'42
32	8	single bed	" " " " "
33	1	table, large, collapsible	" " " " "
34	17	table, small	" " " " "
35	13	chair, cane	" " " " "
36	23	chair, wood	" " " " "
37	2	Bureau, collapsible	" " " " "
38	8	" , fixed	" " " " "
39	4	" , ordinary	" " " " "
40	3	clothes closet, big	" " " " "
41	3	clothes closet, small	" " " " "
42	1	Bureau, with mirror	" " " " "
43	1	round table collapsible	2 " " " "
44	2	round table, fixed	" " " " "
45	5	round table, of cane	" " " " "
46	✓ 1	microscope No. 259446	No. 100 May 10'42
47	5	desks	No. 105 June 6'42
48	5	chairs	" " " " "
49	1	big sofa	" " " " "
50	2	small sofas	" " " " "

101

II. Temporary-holding Receipts were issued by Imperial Japanese Army for the following articles:-

Item No.	Quantity	Description	Receipt No. & Date of removal
1	1 roll	wire netting	Feb. 23, 1942.
2	1 set	sofa (3 pieces)	June 4, 1942
3	5	student desks	" " "
5	5	student chair	" " "
6	18	student desks	July 24, 1942
7	1	office desk (No. 3)	" " "
8	2	office chair	" " "
9	4	dinning chairs wooden	" " "
10	3	office desks No. 3	August 3, 1942
11	2	student desks	" " "
12	5	straight chairs, wooden Ratten seat	" " "
13	6	wardrobes	July 15, 1942
14	10	desks	May 2, 1943
19	19	chairs	" " "
20	2	beds	" " "

III. Receipts were issued by Imperial Japanese Army for the following articles permit to remove:-

1	10	desks	May 2, 1943
2	19	chairs	" " "
3	2	beds	" " "
4	1 set	guest room furniture	" " "
5	5	desks	July 6, 1943
6	15	chairs	" " "
7	2	card-files	" " "
8	1	typing table	" " "
9	1 roll	matting	" " "

107

II. Temporary-holding Receipts were issued by Imperial Japanese Army for the following articles:-

Item No.	Quantity	Description	Date of removal
1.	1 roll	wire netting	Feb. 23, 1942
2.	6	wardrobes	July, 15, 1942
3.	18	Student desks	July, 24, 1942
4.	1	Office desk (No. 3)	"
5.	1	Office chair	"
6.	4	Dinning chairs, wooden	"
7.	2	Office desks (No. 2)	July, 29, 1942
8.	8	Office desks (No. 3)	"
9.	15	Straight chairs, ratten seats	"
10.	1 set	Sofa with side shelves	"
11.	1	Single long sofa	"
12.	2	Small wooden tables	"
13.	2	Book shelves	"
14.	2	Cases, with glass on front	"
15.	4	Small cases with wooden doors	"
16.	3	Office desk (No. 3)	Aug. 3, 1942
17.	2	Student desks	"
18.	5	Straight chairs, ratten seats	"

III. Permits of Removal were issued by Imperial Japanese Army for the following articles taken from the campus:-

1.	10	Desks	May, 2, 1943
2.	19	Chairs	"
3.	2	Beds	"
4.	1 set	Great room furniture	"
5.	5	Desks	July 6, 1943
6.	15	Chairs	"
7.	2	Card-files	"
8.	1	Typing table	"
9.	1 roll	Matting	"

1943年

103

IV. The following articles were removed by the Imperial Japanese Army without issuing any form of receipt.

A. Creamery machineries and accessories:-

Item No.	Quantity	Descriptions	Date of removal		
1	2 sets	large scale ('Tun-seng')	April	11	'42
2	1 "	brass vacuum condense boiler	"	"	"
3	1 "	refrigerator 20"x22"x31"	"	"	"
4	1 "	motor, 3 phase 22 volt 60 cycle	"	"	"
5	1 "	Seperator old Vertical	"	"	"
6	1 "	Seperator 'Alfa-Laval'	"	"	"
7	1 "	milk pump	"	"	"
8	1 "	butter churn Cap. 150 lbs. 'Nur-bur Stillstand'	"	"	"
9	1 "	Pasteurizer 'Cherry-Burrell' Improved Starter Can Model No. SCS 50 M with motor and Tycos self-recording machine	"	"	"
10	1 "	mild pump rotary with ¼ H.P. motor	"	"	"
11	1 "	surface cooler 'Cherry-Burrell' 19"x36"	"	"	"
12	1 "	Viscolizer Size 75 Serial No. A 192028 with motor 'Cherry-Burrell' 3 phase 3 H.P.	"	"	"
13	1 "	Filling and Capping machine 4 heads 'Cherry-Burrel'	"	"	"
14	1 "	Freezer Horizontal brine cool 40 Qts. 'J.G. Cherry' Model No. 550 serial no. 41 with motor Cyc. 60	"	"	"
15	1 "	butter churn, wooden with motor	"	"	"
16	1 "	butter mold table, 2 holes	"	"	"
17	1 "	Pasteurizer, Model No. R 1200 M with ~~not~~ Tycos self-recording meter, with motor 1½/¾ H.P. Cyc. 60 (Cherry-Burrell) (Complete)	"	"	"
18	1 "	Ice cream storage cabinet with 12 hole 'Nizer' (Complete) with motor & compressor	"	"	"
19	1 "	Refrigerator 'Freigidaire' 20"x13"x28"	"	"	"
20	1 "	cream-seperator, with motor (complete)	"		
21	1 "	hood sealing machine	"	"	"
22	1 "	Bench wooden with five drawers	"	"	"
23	1 "	rubber hose, for steam use 28'	"	"	"
24	1 "	rubber hese, for water use 22'	"	"	"
25	1 "	marble table	"	"	"
26	1 "	floor scrapper	"	"	"
27	1 "	wall clock	"	"	"
28	1 "	electric fan. ceiling fan 16"	"	"	"
29	1 "	electric fan, Grand-size.	"	"	"

104

B. List of apparatus for cannery use:-

Item No.	Quantity	Description	Date of removal
30	1 set	Dryer, wooden case with electric meter 'Taylor Temperature Control' (complete)	April 11'42
31	1 "	Sealing machine can sealing with table	" " "
32	1 "	table wooden with two shelves	" " "
33	1 "	centrifucal 'Manufacture by the Geo. L. Squier Mfg. Company' Buffalo No. 11 Centrifucal.	" " "
34	1 "	Jacket cooker, steam, with stiring parts	" " "
35	1 "	Pressure cooker, steam Dia. 22" Height 27"	" " "
36	1 "	Cooker, steam, Rectangular 23"x33"	" " "
37	1 "	Jacket cooker, steam Dia. 25"	" " "

C. List of apparatus and furnitures etc.

Item No.	Quantity	Description	Date of removal
38	2 sets	Office desks No. 2 size	" " "
39	" pcs	chairs, wooden	" " "
40	1 set	Bench, wooden, with ten drawers & 2 shelves.	" " "
41	1 "	Scale, 14 lbs. 'Salter's Improved Family Scale.	" " "
42	1 "	Balance 'The Torsion Balance Style No. 1706	" " "
43	1 "	Balance 'Shanghai make' 19" long & 18" tall.	" " "
44	1 "	Balance, 7" long	" " "
45	2 "	Weights in gram	" " "
46	1 "	Book shelves, with glass doors	" " "
47	1 "	Telephone, for table use	" " "
48	1 "	Tester, four bottles 'Centrifucal Balcock'	" " "
49	17 pcs.	Bottles, mild & cream testing	" " "
50	1 "	Container, for milk testing bottles	" " "
51	9 "	Ice cream dipper	" " "
52	1 "	Specific Gravity Scale for Sulphuric acid.	" " "
53	1 "	Thermometer, fleating dairy	" " "
54	1 "	Thermometer, ordinary	" " "
55	2 "	Milk pippett	" " "
56	1 "	Cylinder	" " "
57	4 lbs.	Sulfuric acid C.P.	" " "
58	1 "	Tinctura Gentian Compound	" " "
59	1 "	Tinctura Digitalis	" " "
60	1 "	Potassium acetac	" " "
61	1/8 "	Tinctura, Quinine	" " "
62	1/8 "	Tinctura Nucis Vomicae	" " "
63	2 "	Maple flavoring essence	" " "
64	35 "	Mag. sulphate	" " "
65	1/8 "	Acetic acid C.P.	" " "
66	1/8 "	Hydiochloric acid	" " "

106

67	1	lbs.	Strawberry essense	April 11'42
68	1	"	Potassium phosphate	" " "
69	30	"	Chemical, bottles of various kinds and various sizes approximately	" " "
70	2	pos.	Condenser glass	" " "
71	5	"	Iron stands	" " "
72	1	set	✓Refrigeration machine, York Shiply & Co., U.S.A. with 3"x3" compressor Ammoneqa indirect expension system, connected to a brine tank and 2 compartment cold storage room. A rotary pump with motor, 3 H.P. motor (Complete)	" " "
73	1	"	✓Ice cream making machine with four heads 3 H.P. 3 phase motor	" " "
74	1	pos.	Bench, wooden	" " "

D. <u>List of bottle cleaning apparatus</u>:-

75	1	set	Bottle washer with motor and 3 branches	" " "
76	1	"	Bottle sterilizer, steam	" " "
77	2	"	Bottle washing tank	" " "
78	1	pos.	Vise, small	" " "
79	55	"	Bottle container, Capacity 20 bottles	" " "
80	5	"	Milk cans, steel, U.S.A. Capacity 10 gallons.	" " "
81	1	"	Milk cans, steel, U.S.A. Capacity 6 gallons	" " "
82	10	"	Milk cans, steel for cabinet 4 gallons	" " "
83	9	"	Milk cans, brass for cabinet & gallons	" " "
84	1	set	Butter mutter (2 pieces)	" " "
85	1	"	Iron frame for the Friday box with 2 Friday box.	" " "
86	1	"	Funnel, milk filtering	" " "
87	2	pos.	Freezer, hand, four quarts	" " "
88	3	"	Freeser, hand, three quarts.	" " "
89	1	"	Freeser, hand, ane quart	" " "
90	1	"	Freeser, hand, eight quarts	" " "
91	1	"	Ice cream storing can, eight quarts	" " "
92	2	"	Ice cream stering can, four quarts	" " "
93	2	"	Ice cream storing can six quarts	" " "
94	1	"	Ice cream stor ing can, three quarts	" " "
95	5	"	Milk buckets, wooden make with label	" " "
96	6	"	Milk delivery boxes wooden make	" " "
97	1	"	Boiler, steam, stand 50 lbs. pressure	" " "
98	1	"	Various steam pipes connected to the washing room	" " "
99	1		Iron bed, with springs	April 16'42
100	2		iron bed, no springs	" " "
101	4		Mattresses	" " "
102	13		Ratten chairs	" " "
103	6		Wooden chairs	" " "
104	1		Men's bureau, with 4 drawers and mirror	" " "
105	2		Men's bureau, with 5 drawers and mirror	" " "
106	2		Men's bureau, with 6 drawers and mirror	" " "
107	2		Table, round	" " "
108	1		Library desk, large	" " "

106

109	3	Wicker table	April 16'42
110	1	Round stool	" " "
112	2	Book case, with glass	" " "
113	1	Ratten book shelf	" " "
114	1	Stool table	" " "
115	1	Office desk No. 2 size	" " "
116	2	Table, square	" " "
117	5	Serving tables	" " "
118	2	Clothes racks	" " "
119	1 set	Autoclave, steam 2½' long ly" dia. with steam boiler Canton made, Hung Lee.	July 12' 42
120	1	Hatrack	April 16'42
121	1 set	Microscope photographic machine, with electric controls in a seperate case. Machine is set on a wooden table stand. E. Leitz. Type KTLT No. 20524.	July 12' 42
122	5 "	Cenco Hyvac pump with motors	" " "
123	1 "	Central Scientific Blower with motor Cat. CD Ser. 537 No. 1395	" " "
124	1	Drying Oven of gas 2½'x2'x1½' Author & Thomas.	" " "
125	1 "	Lantern projector, Leitz Type VH No. 14698 1 Du-lite screen 3½'x2½'	" " "
126	1	ELectric heater	" " "
127	1	Compound microscope with oil immersion (No. 330159. (Leitz)) objective.	July 12'42
128	1	Compound microscope with oil immersion (No. 329601 (Leitz)) objective.	" " "
129	1	Compound microscope with oil immersion (No. 330185 (Leitz)) objective.	" " "
130	1	Compound microscope with oil immersion (No. 330148 (Leitz)) objective.	" " "
131	1	Compound microscope with oil immersion (No. 309000 (Leitz)) objective.	" " "
132	1	Compound microscope with oil immersion (No. 312071 (Lietz)) objective.	" " "
133	1	Compound microscope with oil immersion (No. 321924 (Lietz)) objective.	" " "
134	1	Compound microscope with oil immersion (No. 294770 (Leitz)) objective.	" " "
135	1	Compound microscope with oil immersion (No. 48844 (Zeiss)) objective.	" " "
136	1	Compound microscope with oil immersion (No. 48847 (Zeiss)) objective.	" " "
137	1	Compound microscope with oil immersion (No. 48843 (Zeiss)) objective.	" " "
138	1	Compound microscope with oil immersion objective. No. 48842, (Zeiss)	" " "
139	1	Compound microscope with oil immersion objective. No. 48846. (Zeiss)	" " "
140	1	Spencer, binecular with 2 eyes No 92311	" " "
141	1	Leitz, binocular 308317	" " "
142	1	Leitz, box No. FFPA Special	" " "
143	1	Still, electric, Leitz, No. 4272	" " "
144	1	Spectroscope	" " "
145	1	Spectrometer	July 15' 42

107

146	1	Electric meter, W. & L. E. Gurley No. 617, 618, 621 & 623	July 15'42
147	1	Vacuum bell jar with metal base	" " "
148	1	Parasitology box, wooden	" " "
149	2	Doz. 1 lb. jars, glass cover with rubber rings	" " "
150	2	Boxes glass wool 500 gr.	" " "
151	1	✓ Microtome, sliding, large size, Leitz	" " "
152	1	10 plates Set water analysis colorimeter	" " "
153	2	Platform balances	" " "
154	8	Slide clamp	" " "
155	50	Test tubes, thrice wall	" " "
156	1	Hot plate, electric 100 v. 6 watts Thomas Co.	" " "
157	1	✓ Microtome, Leitz, Minot.	" " "
158	3	Chemical fine balances, August Sauter	" " "
159	1	Microscope, small	" " "
160	1	D.C. ✓ Volt meter, Estern, 15-150 v. M. 41 No.40672	" " "
161	3	Sets fine weights, to 200 gm.	" " "
162	1	Mail scale, Pelcuze Mfg. Co. Chicago	" " "
163	1	Potentiometer, Type K	" " "
164	1	✓ Drying oven, electric with 300 degree thermometer, Type B4T Ser, 1525 110 v. 9 amp.	" " "
165	1	✓ Centrifuge, electric, for serum, Bausch & Lomb Optical Co. No. 25808 DC & AC.	" " "
166	1	Recorder, E Zimmeraun, Eipzig-Berlin	" " "
167	5	Sets microscope ranges (Leitz)	" " "
168	1	Set microscope range, (Zeiss)	" " "
169	1	Resistant lamp with thermometer, Thomas No. 7	" " "
170	1	Microtome knife stage	" " "
171	23	Sets hand lances with boxes & holders	" " "
172	1	Bacteria colony counter, Thomas	" " "
173	6	Microscope lamps	" " "
174	1	Microscope drawing set, Leitz	" " "
175	1	✓ Set planemeter, No. 26118	" " "
176	10	Boxes bacteriological test tubes, 6"x5"/8" Fisher, free from strain @ 72 tubes @ .02	" " "
177	1	Piece wax	" " "
178	12	Tripods	" " "
179	20	Rings, iron 6"	" " "
180	6	Rings, iron, 4½"	" " "
181	4	Rings, iron, 3¾"	" " "
182	6	Rings, iron, 2½"	" " "
183	4	rings, iron, 2"	" " "
184	20	Stands, iron, large	" " "
185	100	Pkg. filter paper No. 2, 10 cm.	" " "
186	6	Pkg. filter paper No. 1, 10 cm.	" " "
187	20	pkg. filter paper No. 2, 24 cm.	" " "
188	15	Pkg. filter paper No. 40, 11 cm.	" " "
189	6	pkg. filter paper No. 40, 9 cm.	" " "
190	10	Pkg. filter paper No. 2, 7 cm.	" " "
191	6	Pecimen vials 50x20 mm. No. 9805	" " "
192	12	Metal staining racks, for 30 slides Thomas	" " "

 108

193	3	Bottles iodine, resublimated @ 250 gms.	July 15'42
194	18	Pippettes 50 cc.	" " "
195	10	Pippettes 25 cc.	" " "
196	20	Pippettes 10 cc.	" " "
197	36	Pippettes 5 cc.	" " "
198	23	Pippettes 2 cc.	" " "
199	30	Sand bath, iron 6" dia.	" " "
200	1	Set cork hole-borers	" " "
201	67	Flaskes 125 cc.	" " "
202	7	Flaskes 50 cc.	" " "
203	3	Flaskes 500 cc.	" " "
204	3	Flaskes 1000 cc. 3.50 ground glass stopper	" " "
205	2	Flaskes 1000 cc. long neck round bottom	" " "
206	11	Flaskes 500 cc. long neck round bottom	" " "
207	8	Flaskes 1000 cc. medium neck, round bottom	" " "
208	21	Sets beakers, 400 cc. 250, 150, 100.	" " "
209	4	Flaskes, conical, 100 cc. with lips	" " "
210	47	Dropping bottles 1 oz.	" " "
211	1	Box flaskes 3'x2'x2½' light packing about 150 pieces	" " "
212	5	Flaskes, distilling, 500 cc.	" " "
213	300	Test tubes 150 x 16 mm Thomas	" " "
214	8	Gas absorption sets, glass flaskes 500 cc. U-tube with rubber stoppers	" " "
215	6	Mason jars 2 qts.	" " "
216	6	Museum jars 1000 cm. ground mouth	" " "
217	1	Burettes, glass stopper, 100 cc.	" " "
218	14	Burettes, glass stoppers 50 cc.	" " "
219	300	Specimen vials 25x8 mm.	" " "
220	60	No. 2 filter paper 40 cm. dia.	" " "
221	2	Platform balances	" " "
222	4	Slide clamps	" " "
223	7	Wire test tubes ranks, 49 holds	" " "
224	25	Cylinder jars, groung glass stoppers 11" high, 2½" dia.	" " "
225	1	Temperature recorder	" " "
226	1	Humidity recorder	" " "
227	1	Scale 1-1000	" " "
228	18	Cylinder, graduated 100 cc.	" " "
229	20	Flaskes, conical, 250 cc.	" " "
230	1	Cylinder, graduated 1000 cc.	" " "
231	1	Cylinder, graduated 500 cc.	" " "
232	8	Flaskes, graduated 250 cc.	" " "
233	7	Funnel, 15 cm. dia.	" " "
234	7	Funnel, 155cm. dia.	" " "
235	21	Flask, conical, 500 cc.	" " "
236	3	Stop cooks, 3 ways, universial	" " "
237	31	Desicators, 20 cm. dia. precelain plates	" " "
238	200	Petri dishes 10 cm. dia.	" " "
239	1	Flask 750 cc. conical	" " "
240	6	Bottles, glass stoppers 250	" " "
241	72	Syracuse watch glass, 2 1/8"	" " "
242	1400	Test tubes 150 x 16 mm.	" " "
243	1600	Test tubes 100 x 16 mm.	" " "

108

244	4	dishes, low with cover 50x30 mm.	July 15'42
245	4	Sets platform balances weights	" " "
246	200	Lbs. soda-lime glass tubing and rods	" " "
247	18	Files 6" to 10".	" " "
248	1	Set fine balance weight	" " "
249	2	Instrument cabinets wooden	" " "
250	2	Instrument cabinets, wooden glass front, with iron rods	" " "
251	2	Instrument cabinets, wooden	" " "
252	1	Polariscope with stand	July 16'42
253	1	Polariscope tube	" " "
254	2	Chemical fine balance	" " "
255	2	Sets weights, chrome plated	" " "
256	1	Bottle zinc metal $2\frac{1}{2}$ kg.	" " "
257	1	Bottle lead metal 8 kg.	" " "
258	1	Arumonium chlorate 1 kg.	" " "
259	1	Aryyl acetate 500 gm.	" " "
260	1	Magnesium fillings 1 kg.	" " "
261	1	Glycerine, bidistilled 50 gm.	" " "
262	1	Methanol pune 500	" " "
263	1	Castille soap	" " "
264	1	Aluminum metal 8 oz.	" " "
265	1	Alumonium oxalate 1 kg.	" " "
266	2	Pkgs. glass wool 300 gms.	" " "
267	64	Flasks, long neck, glass stopper, graduated 500 cc.	" " "
268	10	Cylinder, graduated 100 cc.	" " "
269	10	Cylinder, graduated 10 cc.	" " "
270	10	Burner, Bunson	" " "
271	5	Fish tail for bufner	" " "
272	2	Funnels, soreelain, Buchners, 4" dia.	" " "
273	15	Watch glass 3" dia.	" " "
274	3	Condensers, glass	" " "
275	1	Oven, ashesto covered, 10" bube	" " "
276	1	Air pressure recorder	" " "
277	1	Autoclave, American standard	" " "
278	1	Colorimeter	" " "
279	1	Drying over, electric, Theloo	" " "
280	1	Microtome, complete with knife	" " "
281	3	Microtome knives	" " "
282	1	Scale	" " "
283	4	Stands, iron, large size	" " "
284	1	Oven, gas for drying	" " "
285	1	Bottle potassium bichromate 1 kg.	" " "
286	1	Bottle indigo	" " "
287	1	Bottle fuchsin	" " "
288	1	Bottle litmus 25 gms.	" " "
289	10 m.	Rubber tubing $\frac{1}{2}$"-bor	" " "
290	2	Vacuum desicators 12" dia.	" " "
291	3	Stands, iron, small	" " "
292	5	Rings, iron	" " "
293	4	Clamps	" " "
294	1	✓ Projector, for microscope use, Leitz Model 144, chart. 4027, Ser. 99886	" " "
295	1	Shaker, with $\frac{1}{4}$ H.P. motor	" " "
296	2	Burettes	" " "

H0

297	1	Volt & amp. meter	July 16'42
298	1	Western D.C. meter	" " "
299	4	Thermometers	" " "
300	1	Bottle prophyl alcohol 5 kg.	" " "
301	2	Bottles zinc metal 1000 gm.	" " "
302	1	Bottles lead acetate 1 kg.	" " "
303	1	Lage vacuum desicator	" " "
304	5	Funnels, glass, 9 cm. dia.	" " "
305	5	Funnels, glass, 29 cm. dia.	" " "
306	5	Funnels, glass, 20 cm. dia.	" " "
307	5	Funnels, glass, 15 cm. dia.	" " "
308	25	Mason jars, 1 qt.	" " "
309	6	Mason jars 2 qt.	" " "
310	10	Bottles, 500 cc.	" " "
311	20	Burettes, 50 cc. glass stoppers	" " "
312	10	Burettes, 100 cc., glass stoppers	" " "
313	15	Funnels, dropping, glass, stoppers 100 cc.	" " "
314	17	Desicators, 20 cm. dia., procelain plates	" " "
315	59	Bottles, glass, narrow mouth, 200 cc.	" " "
316	16	Flasks, conical, 200 cc.	" " "
317	2	Flasks, round bottom 5000 cc.	" " "
318	1	Flask, round bottom 3000 cc.	" " "
319	4	Flasks, round bottom 2000 cc.	" " "
320	9	Flasks, distilling, 500 cc.	" " "
321	144	Petri dishes 10 cm. dia.	" " "
322	14	Flasks, distilling 1000 cc.	" " "
323	8	Flasks, measuring, 1000 cc.	" " "
324	25	Preparation dish, low	" " "
325	4	Sets beakers, 1000, 600, 400, 250, 100.	" " "
326	14	Thistle tubes 10 " long.	" " "
327	74	Slide staining jars with cover, glass	" " "
328	10	Mason jars	" " "
329	5	Bottle s, glass stopper, narrow neck 1000 cc.	" " "
330	5	Bottles, glass stopper, narrow	" " "
331	12	Porous cover for petri dishes 103 mm. dia.	" " "
332	11	Watch glass, 50 mm.	" " "
333	18	Centrifuge tubes urine 15 cc.	" " "
334	150	Test tubes, long, 20 mm. dia.	" " "
335	15	Museum jars, 200 cc.	" " "
336	20	Museum jars 50 cc.	" " "
337	3	Sets respirator, Cambridge Iron Stand, clamp, kedol jars and cups.	" " "
338	850	Test tubes 150x16 mm.	" " "
339	288	Test tubes, bacteriological No. 14-____ 224	" " "
340	4	Alummuim pans 10x14"	" " "
341	3	Thermus bottles	" " "
342	10	Mason jars 25 cm. dia. x10 cm.	" " "
343	2	Desicators 25 cm. dia. porcelain plates	" " "
344	1	Microtome, Spencer, No. 958	" " "
345	3	Flasks, measuring 1000 cc.	" " "
346	2	Flasks, measuring 3000 cc.	" " "
347	4	Flasks, measuring, 1000 cc. plain	" " "

111

348	96	Crucibles, iron, 20 cc. No. 4180	July 16'42
349	2	Funnels, porcelain, Buckners, 13 cm.	" " "
350	5	Funnels, Porcelain, Buckners, 10 cm.	" " "
351	10	Funnels, porcelain, Buckners, 8 cm.	" " "
352	1500 gms.	Glass wool	" " "
353	1	Flask, low neck, 1000 cc.	" " "
354	12	Bottles, glass 1000 cc. narrow neck	" " "
355	19	Bottles, glass 500 cc. narrow neck	" " "
356	11	Bottles, glass 250 cc. narrow neck	" " "
357	97	Flasks, conical, 125 cc.	" " "
358	30	Bottles C.A. sulfuric acid 10 lbs.	" " "
359	16	Bottles C.A. hydrochloric acid 6.5 lbs. per bottle	" " "
360	2	Bottles C.A. nitric acid 6.5 per bottle	" " "
361	6	Bottles, C.D. hydrochloric acid	" " "
362	6	Bottles acetone 1 lbs. per bottle	" " "
363	1	Bottles ammonium nitrate	" " "
364	2	Bottles ammonia	" " "
365	2	Bottles ether, 50 gm.	" " "
366	1	Bottle potassium dichromate 10 lbs.	" " "
367	1	Bottle potassium dichromate 5 lbs. P.P.	" " "
368	1	Bottle potassium dichromate 1 kg. P.P.	" " "
369	5	Bottles potassium permanganate 500 g.	" " "
370	1	Bottles potassium permanganate 100 gm.	" " "
371	22	Bottles acetic acid, glacial, 500 gm.	" " "
372	2	Bottles yellow phosphorus 8 oz.	" " "
373	1	Bottles red phosphous 250	" " "
374	1	Bottle amyl alcohol 1 lb.	" " "
375	1	Bottle potassium nitrate 1 lb.	" " "
376	1	Bottle petroleum ether 1 lb.	" " "
377	5	Bottle bezine 2500 gms.	" " "
378	4	Bottle xylolum 1 lb.	" " "
379	1	Bottle ammonium oxalate 1000	" " "
380	9	Bottle ammonium oxlate 500	" " "
381	4½	Bottles lead oxide 1 lb.	" " "
382	1	Bottle copper metal 500 gm.	" " "
383	12	Bottle methyl alcohol	" " "
384	2	Bottles methyl benzine 1 kg. (totuol)	" " "
385	2	Bottles methyl benzine 500 gm.	" " "
386	7	Bottle bytylic alcohol 500 gm.	" " "
387	6	Bottles sodium hydroxide 1 lb.	" " "
388	3	Sets complete iron stands	" " "
389	18	BOttles calcium chloride	" " "
390	2	Bottles molyodenum acid 500 gm.	" " "
391	1	Bottle ammonium acetate 500 gm.	" " "
392	20	Bottles chloroform, 1 lb.	" " "
393	10	Bottles chloroform, 250 lb.	" " "
394	15	Bottles formaline, 1 lb.	" " "
395	5	Bottles ether, 500 gm.	" " "
396	1	Bottle alumimum powder 1 lb.	" " "
397	1	Bottle ammonium dichromate	" " "
398	20	Bottles sodium hydroxide, pills	" " "
399	2	Bottle magnesium oxalate 1 lb.	" " "
400	4	Bottles magnesium nitrate, 500 gm.	" " "
401	1	Bottle copper nitrate	" " "
402	1	Bottle copper sulfate, 500 gm.	" " "

112

403	1	Bottle silver nitrate, 500 gm.	July 16'42
404	1	Bottle calcium nitrate 500 gm.	" " "
405	5	Bottles sodium acetate 1 lb.	" " "
406	1	Bottle magnesium citrate 2 lbs.	" " "
407	4	Bottles barium nitrate 1 lb.	" " "
408	1	Bottle barium acetate 500 gm.	" " "
409	2	Bottle barium chlorate 500 gm.	" " "
410	1	Bottle uranium nitrate	" " "
411	2	Bottles sulphur powder 2½ kg.	" " "
412	3	Bottles potassium carbonate 500 gm.	" " "
413	6	Bottles potassium, chloride 500 gm.	" " "
414	3	Bottles magnessium chloride 1000 gm.	" " "
415	1	Bottles potassium nitrate 1 kg.	" " "
416	2	Bottles potassium nitrate 500 gm.	" " "
417	3	Bottles potassium bromide 500,	" " "
418	10	Bottles potassium sulfate 500.	" " "
419	1	Bottles potassium phosphate, 500.	" " "
420	2	Bottles potassium biphosphate, 500	" " "
421	1	Bottle potassium magnessium sulphate	" " "
422	4	Bottles potassium iodide, 500	" " "
423	1	Bottle potassium ferrocynide 500	" " "
424	8	Bottles alcohol absolute 1 lb.	" " "
425	4	Bottles glycerine	" " "
426	7	Bottles xylol	" " "
427	5	Bottles ether acetic 1 lb.	" " "
428	1	Bottle arsenious acid	" " "
429	10	Bottles aniline 500	" " "
430	4	Pkg. gelatine 500	" " "
431	4	Boxes extration tubes 25 pieces	" " "
432	1	Box extration tubes 25 pieces large	" " "
433	2	Boxes test paper litmus KT etc.	" " "
434	6	Bottles methyl acetate, 500	" " "
435	2	Bottles acetic acid, glacial, 500 gm.	" " "
436	90	Boxes No. 2 filter paper 12 cm. dia.	" " "
437	100	Ft. rubber tubing.	" " "
438	4	Boxes cork, 8 cu. ft.	" " "
439	1	Box rubber stoppers 1 cu.ft.	" " "
440	1500	Test tubes 150x16 mm.	" " "
441	1	Cork pressure, bronzed iron	" " "
442	144	Syracuse watch glasses	" " "
443	10	Sets Beakers sets of 5	" " "
444	1	Bottle rhamnose 3 gr.	" " "
445	1	Bottle inuline 20 gm.	" " "
446	1	Bottle potassium antimonate 1½ lb.	" " "
447	1	Bottle mercury pernitrate 400 gm.	" " "
448	1	Bottle dextrine 50 gm.	
449	1	Bottle paradimethylamidobenzaldehyde 20 gm.	" " "
450	1	Bottle gentian violet B 50 gm.	" " "
451	1	Bottle copper oxide 1 lb.	" " "
452	1	Bottle maltose 250 gm.	" " "
453	1	Bottle calcium citrate 1 lb.	" " "
454	1	Bottle potassium hydroxide 1 lb.	" " "
455	1	Bottle copper ammonia chloride 425 gm.	" " "
457	1	Bottle mannite 100 gm.	" " "
458	1	Bottle barium sulphate 430 gm.	" " "

113

459	1	Bottle sodium tartrate 500 gm.	July 16'42
460	1	Bottle potassium perchlorate 450 gm.	" " "
461	2	Bottle phenol-phthaleine 75 gm.	" " "
462	1	Bottle cerium nitrate 50 gm.	" " "
463	1	Bottle aniline oragne 10 gm.	" " "
464	1	Bottle indigo carmine 5 gm.	" " "
465	1	Bottle potassium chloride 250 gm.	" " "
466	2	Thermometer, leather case, new 100 degree C, 2 feet long	" " "
467	50	Thermometers, 100 degree C.	" " "
468	1	Thermometer, 200 degree C.	" " "
469	14	Thermometers 110 degree C.	" " "
470	1	Thermometer 350 degree C.	" " "
471	1	Thermometer 400 degree C.	" " "
472	6	Hydrometer 7-2	" " "
473	10	Bottles celar oil	" " "
474	1	Mortar with pestle 21 cm. dia.	" " "
475	1	Mortar with pestle 19 cm. dia.	" " "
476	1	Mortar with pestle 15½ cm. dia.	" " "
477	5	Mortar with pestle 13 cm.	" " "
478	9	Mortar with pestle 8 cm. dia.	" " "
479	30	Mortar with pestle 5 cm. dia.	" " "
480	14	Graduated cylinder 100 cc.	" " "
481	10	Graduated cylinder 250 cc.	" " "
482	5	Graduated cylinder 500 cc.	" " "
483	10	Funnels 15 cm.	" " "
484	1	Funnel 12 cm.	" " "
485	1	Funnel 10 cm.	" " "
486	12	Rat-tail file 15 cm.	" " "
487	14	Beaker	" " "
488	1	Bottle methyl orange 80 gm.	" " "
489	2	Bottles metol (Agfa) 180 gm.	" " "
490	1	Bottle galactose 25 gm.	" " "
491	1	Bottle sodium asparaginate 10 gm.	" " "
492	1	Bottle congo red 80 gm.	" " "
493	1	Bottle methyl violet B. 25 gm.	" " "
494	1	Bottle methyl blue 10 gm.	" " "
495	1	Polarisceope with stand	" " "
496	1	Polariscope tube	" " "
497	2	Chemical fine balance	" " "
498	2	SETS WEIGHTS CHROME plated	" " "
499	1	Bottle zinc metal 2½ kg.	" " "
500	1	Bottle lead metal 8 kg.	" " "
501	1	Ammonium chlorate 1 kg.	" " "
502	1	Aruyl acetate 500 gm.	" " "
503	1	Magnesium filings 1 kg.	" " "
504	1	Glycerine, bistilled 500 gm.	" " "
505	1	Methanol pure	" " "
506	1	Castille soap	" " "
507	1	Aluminum metal 8 oz.	" " "
508	1	Ammonium oxalate 1 kg.	" " "
509	2	Pgs. glass wool 300 gms.	" " "
510	64	Flasks, long neck, glass stopper, graduated 500 cc.	" " "
511	10	Cylinder, graduated 100 cc.	" " "
512	10	Cylinder, graduated 10 cc.	" " "

114

513	10	Burner, Bunson	July	16	'42
514	5	Fish tail for burner	"	"	"
515	2	Funnels, prcelain, Buchners, 4" dia.	"	"	"
516	15	Watch glass 3" dia.	"	"	"
517	3	Condensers, glass	"	"	"
518	1	Oven, ashesto covered, 10" bube	"	"	"
519	1	Air pressure recorder	"	"	"
520	1	Autoclave, American standard	"	"	"
521	1	Colorimeter	"	"	"
522	1	Drying oven, electric, Thelco	"	"	"
523	1	Microtome, complete with knife	"	"	"
524	3	Microtome knives	"	"	"
525	1	Scale	"	"	"
526	4	Stands, iron, large size	"	"	"
527	1	Oven, gas for drying	"	"	"
528	1	Bottle potassium bichromate 1 kg.	"	"	"
529	1	Bottle indigo	"	"	"
530	1	Bottle fuchsin	"	"	"
531	1	Bottle litmus 25 gm.	"	"	"
532	10 m.	Rubber tubing $\frac{1}{8}$" bore	"	"	"
533	2	Vacuum desicators 12"dia.	"	"	"
534	3	Stands, iron small	"	"	"
535	5	Rings, iron	"	"	"
536	4	Clamps			
537	1	Projector, for microscope use, Lettz Model 144, chart. 4027, Ser. 99886	"	"	"
538	1	Shaker, with $\frac{1}{4}$ H.P. motor	"	"	"
539	2	Burettes	"	"	"
540	1	Volt & amp meter	"	"	"
541	1	Western D.C. meter	"	"	"
542	4	Thermometers	"	"	"
543	1	Bottle prophyl alcohol 5 kg.	"	"	"
544	2	Bottles zinc metal 1000 gm.	"	"	"
545	1	Bottle lead acetate 1 kg.	"	"	"
546	1	Large vacuum desicator	"	"	"
547	2	Dishes oblong porcelain 23x18	"	17	'42
548	2	Dishes oblong porcelain 15x12	"	"	"
549	1	Dish oblong glass 11x16	"	"	"
550	1	Dish oblong glass 30x25	"	"	"
551	6	Clamps, slide	"	"	"
552	3	Torch burner (for glass blowing)	"	"	"
553	14	Fisher burner	"	"	"
554	10	Bunson burner	"	"	"
556	17	Brushes, large	"	"	"
557	43	Brushes, test tube size	"	"	"
558	3	Iron rod 50 cm.	"	"	"
559	23	Pinchcook clamp	"	"	"
560	20	Ring iron 7 cm.	"	"	"
561	44	Dishes, porcelain 8 cm.	"	"	"
562	50	Dieshes, porcelain 12 cm.	"	"	"
563	200	Specimen vial 50x20 mm.	"	"	"
564	50	Test tubes clamp, chrome metal	"	"	"
565	1	Gas generator glass, 3 sections	"	"	"
566	100	Bulbs, rubber	"	"	"
	5	Tins, gasoline, aviation	"	"	"
	1	Rheostat			

118

569	2	Knife holder for microtome, spare	July 17'42
570	16	Crucibles with cover, Gooch's	" " "
571	6	Crucibles with cover	" " "
572	3	Sets weight, fine for balance	" " "
573	1	Bottle zinc metal $2\frac{1}{2}$ kg.	" " "
574	1	Bottle lead metal 8 kg.	" " "
575	1	Ammonium chlorate 1 kg.	" " "
576	1	Amyl acetate 500 gm.	" " "
577	1	Magnesium fillings 1 kg.	" " "
578	1	Glycerine, diststilled 500 gm.	" " "
579	1	Methenol pure 300	" " "
580	1	Castille soap	" " "
581	1	Aluminum metal 8 oz.	" " "
582	1	Ammonium oxalate 1 kg.	" " "
583	2	Pkgs. glass wool 300 gms.	" " "
584	1	Bottle potassium bichromate 1 kg.	" " "
585	1	Bottle indigo	" " "
586	1	Bottle fuchsin	" " "
587	1	Bottle litmus 25 gm.	" " "
588	10 m.	Rubber tubing $\frac{1}{8}$"bor	" " "
589	2	Bottles zinc metal 1000 g.	" " "
590	1	Bottle lead acetate 1 kg.	" " "
591	1	Large vacuum desicator	" " "
592	2	✓Diesel Electric GEnerator sets	July 1943
593	2	✓Diesel Engine manufactured by Chicago Pneumatic Co. 120 H.P. each 327 Rpm. direct coupled to Generators	" "
594	2	✓Generators by Westinghouse 80 K.W. A.C. 220 volts, 3 phase, 60 cycles, completed with exiters and switch boards.	" "
595		✓Switch board accessories:-	" "
		2 - volt meters 0-300 volts	
		2 " " 0-150 "	
		2 ampere " 0-300 Amp.	
		2 " " 0-150 "	
		1 " " 0-600 "	
		2 Kilo-watt meters	
		2 Kilo-watt hour meters	
591		1 Synchronize meter	
596	1	✓ 3 stages air compressor direct coupled with Gasoline engine. Air pressure up 400 #/□"	" "
597	2	✓ Air bottles completed with, gauges, valves and pipes.	" "
598	1	✓ 15 HP Electric motor, 720 Rpm., A.C. 220 volts, 3 phase, 60 cycles.	
	2	✓ 10 HP, 960 Rpm. A.C. 220 volt. 3 ph.60 cy.	
	2	✓ 5 HP ,960 " " " " " "	
599	1	✓ Machine Lathe, 4'-6" between centers, 9" swing, Heavy duty with longitudinal and cross feed, quick change gears for Whitworth, metric and pipe threads.	

16

July 1943

600	1	✓ Drill press, automatic feed, up to $1\frac{1}{4}$" diamter of hole
601	1	✓ set ~~of~~ Tap and dies, from 1/4", 5/16" 3/8". 7/16", 1/2" etc up to 1 1/4" inclusive
602	1	✓ Transformer 150 K.W. to step up from 220 - 2400 volts/
	2	✓ 10 K.W. step down from 2400 volt to 220 volts
	2	15 K.W. " " " 2400 " " 110 "
	4	10 " " " " " " " " "
	6	5 " " " " " " " " "
603	1	✓ 40 ft. motor boat 45 H.P. Marine Diesel Complete.
604	1	Set pipe Tap and dies from $\frac{1}{2}$", $\frac{3}{4}$", 1" etc. to 3" inclusive.

-END-

（2）旁聽生

胡惠樂

本年度離院學生調查

1403

（一）轉校學生共五名

李錦波　李國興　柳隽民　李湘濤　陳佳德

（二）前理工及醫學院學生在本院借讀而本學期回各該院者共七名

陳德廣　黃群英　朱麗娟　趙麗嫦　周炳權

陳美娥　司徒麗明

（三）轉院學生共三名：李仲直　蔡銀珠　葉伯甘

（四）本院覆學學生而轉院者共三名：何啟榮　覃克廣　方輝生

1944年

乐昌县一县一机运动劝募委员会关于请私立岭南大学农学院迅将劝募所得款送府等情的公函（1944-02-17）

事由：为关于一县一机运动函请加紧推动努力劝募并希将募得机款迅赐送府俾便汇解由

乐昌县一县一机运动劝募委员会公函

乐机字第　号

中华民国三十三年二月十七日

副本

分

中国航空协会广东省分会三十二年十二月廿三日会航字第六二三号通令略以：献机运动为国家当前大计，亟应继续加紧推行，以赴事功，饬努力募足飞机，以求争取胜利早临等因。奉此，自应遵办。查本县一县一机运动业经展开，惟各队已遵办解缴机款者固多，而尚未极力进行解缴机款者亦属不少，似此若延，对于抗战不无影响。奉令前因，相应函请查照，努力劝募，迅将募得机款送府，俾便转解购机，藉致争取胜利早临为荷。

此致

坪石岭南大学农学院

县长兼主任委员　薛仰荣

691

私立岭南大学农学院关于请以本院来往帐项下向坪石交通银行透支经营生产事业费一事的公函（1944-03-01）

051

己度壹叁贰廿叁

坪字第　　号

公函

坪石
交通銀行

函請以本院來往帳項下向貴行透支6萬元以湊經營生產事業如何之處希為務覆由

逕啟者：本院為謀增加戰時生產起見，擬從事開墾農場壹區，惟以經費尚須搭配款元始能蕆事，用特函達
貴行商洽，請以本院來往帳透支辦法，向
貴行透支國幣萬元，以湊開墾之需，如何之處，尚希早日賜覆，俾決進行，至為感

請此致

坪石交通銀行撥主任

全銜李沛文

031

逕啓者：本校教職員米津發給辦法，茲定由今學期起（卅三年春季）二三四三個月份發給實物，照每口每月白米二市斗之標準，（如發糙米則加一六計算（即每口每月二市斗六升糙米二市斗三升二合）。如不願實領，仍可折發代金，特擬定辦法三項，請自行選定簽名於本月十五號以前送還總務處，以憑辦理。此項辦法一經本人選定即作爲該三個月內發領根據，不再變更，相應通知，希爲

查照是荷

此致

張叔[illegible]先生

附單一紙

校長李應林

請和四[illegible]經理本室

[illegible]

私立岭南大学农学院关于鼓励学生志愿服役的布告（1944-04-14）

发 拾柒、肆、叁

学生

私立嶺南大學農學院佈告 坪字第 坪字第1820号

民國三十三年四月十四日

現奉

廣东省軍管區司令部卅叁年三月連

倫学字第零七二三號代電開：

「現奉軍訓部丑侵訓國

二辟玉字第零一五三號代電開

案准軍政部三十三年一月六日

（卅三）役務字第一五三一三號公函，

檢寄学生志愿服役办法等由准

此者将该办法随电抄发乙份

并将该办法随电检发乙份希转饬各校军训教官[illegible]

此[illegible]抄[illegible]并鼓励该校学生踊跃参加为要

[illegible]学生志愿服役办法乙份

等因奉此合行抄发学生志愿服役原办法乙份公布于后仰各知照

此布

院长李沛文

私立岭南大学农学院关于壮丁管制规则的布告（1944-04）

私立嶺南大學農學院佈告

坪字第　號

民國叁拾叁年四月　日

036

現准

樂昌縣上鄉公所函開：

「現奉樂昌縣政府役字第三五八號代電開：現奉南韶師管區司令部丙征字第○五○六號代電開：現奉軍管區交陪軍募字第○五○六號代電開：查三十三年度實施征兵範圍，奉飭縮數，希少慎重，將指定征兵年次之壯丁切實履行出發，以從兵源，茲規定：

(一)廿歲者絕對不准離鄉

(二)廿一歲至廿五歲壯丁如有特殊情形

事必须离乡者应申叙理由及所往何地来往日期经该乡保甲长调查属实转报乡镇公所核准后方得离乡但绝对不受交通困难限制之地为限

（三）经核准离乡之壮丁必须由家长（本人为家长时士绅或殷实店户出具依期返乡切结邀同保甲长转报乡镇公所备查逃者仍以逃役论处

（四）乡镇保甲长不依规定切实究办者或收受不融在征召期前返乡而予以核准者以放纵逃役论处除分电请军政部核备者外希查照及

36-①

分飭外部即遵照並飭教育部遵照
切實辦理為要。此等因奉此除分
電外合行電仰該遵照並飭屬
遵照切實辦理為要。此等因奉
此，自應遵照，除分電外合行電
仰遵照並飭屬切實辦理
為要。此等因奉此自應遵照除分
外，相應通達，希煩查照並通飭知
照為荷。
等由准此，合行佈告
仰各知照，此佈
院長李佈文

私立岭南大学农学院军训队民国三十二年度七月份俸给费证明册（1944-05-01）

7

私立嶺南大學農學院軍訓隊民國三十弍年度七月份俸給費證明冊附屬

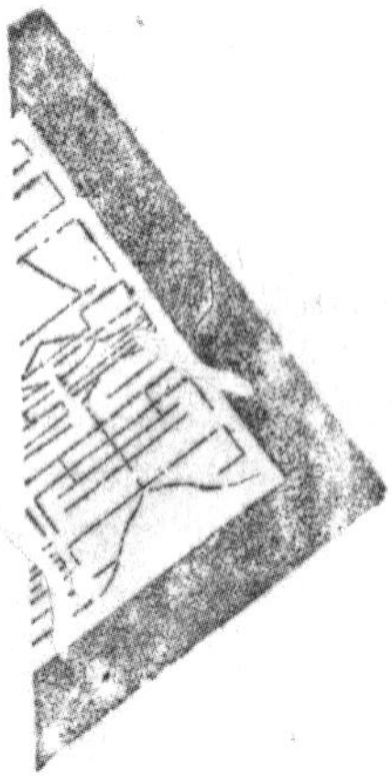

000 8

私立嶺南大學農學院軍訓隊民國三十三年度七月份俸給費證明冊

級職	姓名	月支定額	實支數	蓋章	貼印花額	備考
中校	蔣緒德	三九〇〇〇	三九〇〇〇	（印）	八角	

蕉岭县政府关于私立岭南大学农学院送番茄种子及种植法择要的复函（1944-05-17）

056

廣東省蕉嶺縣政府來文簡便答復表

嶺建字第2445號
民國卅三年五月十七日

原發文機關	私立嶺南大學農學院
文別	公函
原發文字號	坪 字 號
原發文年月日	卅三年四月十一日
事由	函送番茄種籽壹包及種植法擇要一紙希為查收見復由
簡由	復由。
文到日期	卅三年四月廿八日
答復事項	經照收，依法播殖。
附記	

縣長 朱浩懷 赴渝受訓
財政科長 張彧 代行

077

已發 艽伍廿叁

公箋 拜字第1886号

拜石火車站

事由：請准照團体旅行優待辦法購來往半價車票以利遄行由

逕啓者茲有本院學生團体毅社社員十弍人擬于陸月五、叁兩日（明早）乘下午二時半普通快車前往曲江仙人廟校本部參觀相應函達

貴站請煩接照團体旅行優待辦法准購來往半價車票以便進行至感至荷

此致

拜石火車站站長吳

全銜 李〇〇

私立岭南大学民国三十二年度财政说明表（1944-07-31）

私立嶺南大學民國卅二年度財政說明表（國幣計算）

由民國卅二年八月一日至卅三年七月卅一日止

收入之部

I. 教育部補助費		159,550.00
II. 廣東省政府補助費		102,000.00
III. 財政部補助費		50,000.00
IV. 英援華會補助費		1,027,573.47
V. 學費		990,675.00
A. 大學部	657,550.00	
B. 中學部	333,125.00	
VI. 本國友人捐助（內建築捐款698,762.00）		832,859.20
VII. 美援華會及美基會補助費		3,075,989.75
VIII. 透支款		399,856.53
IX. 前任結存現金		88,833.34
X. 雜項		266,327.24
合計		$6,993,664.53

支出之部

I. 校本部		1614,303.48
A. 薪津費	550734.38	
B. 辦公費	471,192.64	
C. 設備費	115,125.99	
D. 特別費	477,250.47	
II. 文學院		394,195.04
A. 薪津費	387,968.24	
B. 辦公費	661.40	
C. 設備費	4916.40	
D. 特別費	649.00	
III. 理工學院		266,461.50
A. 薪津費	206,559.26	
B. 辦公費	563.23	
C. 設備費	58,889.01	
D. 特別費	450.00	
IV. 農學院		1,027,499.75
A. 薪津費	676,343.18	
B. 辦公費	284,357.12	
C. 設備費	47,440.45	
D. 特別費	19,359.00	

20

V.醫學院		394,835.85
A.薪津費	254,665.54	
B.办公費	33,933.80	
C.設備費	83,221.81	
D.特别費	23,014.70	
VI.附中部		373,332.03
A.薪津費	262,171.43	
B.办公費	49,666.40	
C.設備費	36,064.70	
D.特别費	25,429.50	
VII.特費		2,608,059.65
A.書籍及儀器	107,700.43	
B.運輸費	443,680.30	
C.建築及傢私費	2,056,678.92	
C項内分		
1.校本部	706,212.99	
2.医學院	549,493.90（英援華會捐助）（房屋及購置）	
3.農學院	83,015.50	
4.附中部	717,956.53（本國友人捐助）	
合計		6,678,687.30
比對結存		314,977.23
		$6,993,664.53

$6,993,664.53

附識：“於民卅三年六月二日在余長官幄奇於交通銀行共借支國幣叁拾玖萬玖仟捌佰伍拾陸元伍角叁分正，比對不敷數為國幣捌萬肆仟捌佰柒拾玖元叁角正”

會計主任 陳炳權 [印]

中華民國卅三年七月卅一日

私立岭南大学农学院关于请蕉岭县惠赠该县南礤乡畲禾种之粘米糯米一事的公函（1944-11-02）

坪字第1738号

137

蕉岭县政府 公函

函请惠赠贵县南礤乡畲禾种之粘米糯米各五钱以资研究由

逕启者：素仰贵县南礤乡畲禾糯米粘米品种优良，驰名于世。敝院为蒐集各地农作名贵品种，以资研究起见，特函请贵府请烦代集该乡畲禾（旱地禾）糯米粘米每种各五钱，惠赠或具价赐让，拟由敝院以谷种及外国蔬菜花卉等种籽作为交换，亦所欢迎。如何之处，尚希见复为望。

三十三年十一月二日发

惠覆為荷

此致

蓮嶺鄉鄉長王

全銜李〇〇

中華民國三十三年十一月十五日（星期三）出版　第一版（1）

嶺南大學校報

曲江版第八期

私立嶺南大學編印

由疏散到開學

李應林

一 奉令疏散情形

五月下旬，湘北戰事已展開多日，曲江疏散之傳說亦愈傳愈緊，本校因未正式接得確實消息，未敢置信。——是時本校每二三天即派人到韶打聽官方消息——二十九日下午學生方面似有若干騷動，紛紛赴韶，且有持家長函件請假而搬行李去的，在接近大考期間而有此種現狀，因信必與時局有關，遂派員於翌晨早車赴韶探詢，即奉教育廳條諭：「曲江奉令疏散，各校務須提前於六月三日以前考試完畢。」等語。遂即召集校務會議決定數項辦法，并公佈六月一、二、三日舉行大考，下午所派赴韶人員亦回，知戰區已下疏散命令，限十號疏散完畢。且當局對本校亦主張遵令依限疏散學生婦孺。地點則可暫遷坪石或連縣。遂則決定將教職員眷屬及女同事先行疏散坪石，并即派員赴坪石通知農學院提前考試及洽商辦穩住所等問題。男教職員一律留校辦理未完工作。考試畢，在校舉行結業會，宣佈放假，有家人親屬在內地的願與共同回家，一部份僑生內地絕無親故的請求隨校亦經分別查明核准，并聲明嶺南無論在任何情形之下均將復課，但時間地點則目前未能決定宣佈。

在疏散兩週間，因交通工具缺乏，一般人士多趨桂柳，車站上候車者肩摩踵接，伕力又不足用，致月台行李堆積如山。常有鵠立數天未得成行者。本校學生因能本互助精神，每日有人到站扛運行李上車，故不日間全部皆能勸理，往坪之婦孺亦蒙長官部代雇車卡遂得依限疏散完畢。不久粵漢鐵路曲江至樂昌一段拆軌，本校因稍得機先未受多大影響，亦云幸矣！然此次戰事西移，湘桂路更較粵漢路吃緊，致疏散桂林的學生感受極大困難，匯欵不能到達，走頭無路，夫豈意料所能及耶？

二 當時經濟概況

當開始疏散之際，學校經濟極度支絀，所有重慶來欵未能依時到達，原向交通銀行洽定透支欵項，又因疏散影響銀行不允全數支付，存欵提取亦受限制，教職員平日生活已極清苦，際此疏散期間，在在需財，學校方面鑒於各同事之困難，雖萬分竭蹶亦努力籌發六七月份薪津米貼，俾得應急，又代向廣東中華基督教協進會申請疏散費，亦蒙照發。而仙人廟至坪石婦孺疏散一切交通費用皆由學校供給，凡可減輕各同事之負担無不爲力。惟以支出既鉅，應付更難，雖屢次去電美國基金會及重慶援華會請款迄無復電，迫得暫向第七戰區余長官告貸二十萬元，幸蒙慨允，然根本問題仍須重慶來欵始能解決，故疏散期間本人即大部份時間

原校址：廣州河南康樂　　現遷校址：粵北曲江仙人廟大嶺村

在韶籌款及等候美國重慶消息，直至韶市疏散最澈底之時仍留韶也。

三　留校學生工作

留校學生經登記者大學及附中共四十餘人，各人經濟情況皆甚缺乏，尚幸學生自治會當結業時議決，該學期膳餘款項及厨房存貨全數撥給留校同學食用，本校又向學生救濟會請得暑期服務津貼，此三個月間遂得渡過。其時校內人數寥寥，治安不無可慮，遂將留校員生編組自衛隊，夜間巡邏。日間各生則分配整理校地協助膳堂等工作，至開學時止。雖在疏散期間而每日國旗之升降從未或輟。七七紀念日學生分頭下鄉宣傳，每日經常又在報章抄錄戰訊，并繪製地圖出版民衆壁報，每星期日之主日崇拜亦照常舉行，情緒至爲熱烈。此種精神，足徵嶺南無論在任何情形之下皆能復課之語爲不虛矣。

四　籌遷之困難

疏散之初，一般人都以爲坪石連縣比較曲江安全，故本校計劃婦孺疏散亦先安置坪石，不料七月間因敵之進擾逼江、耒陽、坪石、連縣先受威脅，何者是安全地帶，絕無把握。同事中有主西進，有主東行，衆說紛紜，莫衷一是。但無論何向，所需旅費之大都非學校當時能力所能負担。又當時已有一部份同事自行再疏散往羅定、南雄等處者，在此情形之下應付相當困難，爲免各同事焦慮起見，只有採取發給疏散費聽人自由疏散一途。但事後局面漸趨和緩，許多同事亦安土重遷，不願再走，依然留在坪石矣。其後興寧地方士紳聆悉嶺南尚未決定遷校路向，遂由周專員景臻繆縣長任仁領銜來電，歡迎本校赴興寧復課，允予種種利便。惟所考慮者，一爲搬遷費龐大，短期內無法籌措，其次則一經東遷，所有舊生大多數不能隨校遠行，爲此未能實現，對當地人士之一時熱情未能接受，只有待諸異日而已。

五　赴渝經過

時至八月重慶款項尚未滙到，訊息全無，瞻顧前途渺茫難料，覺非親赴重慶一行無由解決，且以此番疏散事起倉卒，在韶校董除個別面見請示之外，未能召開校董會，亦亟須經渝沿途訪問俾能集中意慮以應付此特殊難關。一切校務事件統交校務常務會議決定。途中所見校董有金曾澄、胡繼賢、林逸民、李任潮、鄒壽之諸先生暨揚華日李卓波等舊同學。到渝以後又曾訪謁校董會主席孫哲生校董甘乃光先生等，除訪謁校董外，在渝并曾謁見教育部。美援華會、英援華會當局諸先生，適美援華會會長由美抵渝，又天主教傳教總會會長華理柱主教亦到，皆獲詳談，對於本校皆一致鼓勵復課，經常費之供給，美援華會允照舊負責；匯款辦法經有具體決定。而此次之疏散救濟亦允補助，惟當時未屆會期，故不能即時決定耳。自疏散後不少大學生孑身赴渝希望轉學，然路上交通不便，皆過期報到，各大學照章不允收錄，又有奉教部分發至成都貴陽等處入學者，以旅費浩大。未許成行，岐路徬徨無以爲計當時將此項情形轉陳教部蒙許全部收容并分發至最近之大學肄讀，對於本校復課之日期地點以及一切應變辦法，准予自由決定然後報呈。至英援華會則允與本校戰後合作，各選派教授，及補助經費等。一俟戰事結束即先行派遣教授前來。對於學生救濟又會與全國學生救濟委員會負責人商，允助貸金辦理。則此行之收穫也。

六　開學之決定

離渝後即乘專機直飛南雄返校，時湘桂戰局已完全改觀，當本人赴渝之際，曾手函附中各同事囑考慮原址開課問題，并囑訪謁當局徵詢意見，又函校務會議各同事囑發聘函所有上年度在校服務者一律暫照原職續聘。其晉薪升級等事候本人回來辦理。迨本人返韶時則尉中已招考新生，并定期開學已；時粵漢鐵路南段一隅暫告偏安之象已顯；當局亦取消疏散令，准市民重返韶市，故在原址開課無不贊同，且爲愛惜學生學業計，更應爭取時間及早開學，於是決定招生辦法，急鑼緊鼓做去，至十月廿四日遂得依期開學，投考新生三百餘人較之過去當然相形見絀，以在風聲鶴唳之後，亦殊不可多得，舊生報到甚爲踴躍，計新舊學生之註册者一七一人，將來定可達到二百人之數，學生人數不能多收原因，一因大局未定，二則米食困難，故不能不予限制耳。其一部份舊生疏散時或赴黔渝，或趨桂柳，或返西江四邑，皆阻於烽燧道路難通，以致殆便轉學或停學，殊可惜也。教員方面一部份開始疏散即赴韶桂，一部份鑒於湘戰失利恐粵路不穩而急轉西江或贛南，且有既接本校聘約而又改就他處「安全區」之職務者，迨其以爲嶺南無開學可能也。

七　農學院合併上課

鐵路既拆軌，仙人廟至樂昌一段不得不徒步行，誠以中途究徵交通汽車殊不容易，捨步行外則唯有先到曲江再乘車上之一途，以此與農學院之聯絡發生莫大障碍，矧在戰時局勢幻變無常，偶有意外奚能兼顧？且學生人數銳減，經濟亦不十分豐裕，用人行政一切支出亦宜緊縮，是以有農學院遷併嶺大村上課之議，時聆悉鄰校東吳大學決定停辦，其原有之校舍亦得東吳校董會之同意可以借用，因以此意徵諸農學院同事，皆表贊同，各同事之體諒學校艱難，和衷共濟良可喜也。茲農學院學生已集中嶺大村註冊上課，教授亦絡繹南來，至於坪石校產之管理及農場之經營仍派員駐坪專責辦理。

八　結語

本校此次辦理疏散之經過，第一原則在如何維持各教職員使能安心等候開學，第二原則在如何設法在任何艱難情形下力謀復課以繼續嶺南之生命，過去四閱月于上項原則均能一一履行實現，彌足告慰！而今日目覩二三百之濟濟青年，集中紅灰旗下，奉其精力埋首鑽研；不至掩旗息鼓匿跡消聲其樂爲何如哉？然斷不敢以此自滿，來日大難，此破浪乘風操舟共濟之鉅責，還冀我在校同事之合力肩承，並盼時相督勵以免隕越而已。　（完）

校聞

校長重慶歸來
此行獲有完滿成績

李校長自奉令疏散提前放假後鑒於湘省戰事日益吃緊，本校今後計劃如何，及新學年度經費預算之決定，有赴渝向教育部暨各校董請示之必要。乃于七月卅日取道連縣至桂林乘客機抵渝。沿途分別訪晤校董，徵詢對今後校務意見。迄九月十二日公畢乘專機至南雄返校，據談話稱：此次在渝會晤見教育部陳部長及美援華會會長，英大使，暨校董會主席孫哲生院長，對於遷校問題皆認爲暫時無此需要，故決定在原址開學。於經濟方面亦有相當把握，如無特殊意外，本年度預算可不成問題。

美基會代表
香雅各博士來韶

本校校董美國基金委員會代表香雅各博士曩在廣州駐校多年，對于校務殊多擘劃。本校遷設香港後，香博士仍在廣州保管校產及辦理救濟事宜。日美宣戰後始行回國。茲復奉委派來華負責重要工作，最近來韶曾順道訪問本校坪石農學院及嶺大村各學院，對本校之建設及各教職員之克苦服務以維持戰時教育之精神，備加稱許。聞香博士在韶或有數月居停云。

黃延毓博士兼長教務

文學院院長黃延毓博士，在校服務凡十餘年，未曾間斷，其學問之湛深及誘導之得宜，夙爲學生所敬服。原任教務長林樹模博士近因不勝繁劇呈請辭職，學校挽留未獲，乃改聘黃博士兼代教務長職務，現黃博士已開始辦公，員生皆深慶得人。

農學院遷嶺大村上課

自樂昌至曲江之鐵路破壞後，仙人廟至坪石交通深感不便，校本部與農學院頓失聯絡，爲免兼顧困難起見，決定將農學院遷來嶺大村合併上課，農院員生均一致贊同，至於該院坪石房舍及農場等，仍指派職員駐坪管理，來嶺大村員生茲已分批動程，不日可全部抵達。

英援華會捐助本校
疏散及救濟費百萬元
—教職員已發給復員費—

本校此次疏散儀器圖書公物及教職員眷屬等用費浩大，當時因事起倉卒，爲謀人員物資之安全計，不得不先從常年經費中挪墊應用。迨李校長赴渝，分別與英美援華會請求補助，當時因未屆開會之期，雖蒙面允資助仍未有確數答覆，茲接英援華會來電，決定捐助本校疏散費及救濟費國幣一百萬元，偉大同情良足感謝！

杨仲理给私立岭南大学校董事会关于民国三十二年度财政说明表的复函（1944-12-19）

21

逕启者

贵校交来民国三十二年度财政说明表及现金帐分类帐等业经本人审核完竣查财政说明表所列各数目核与各分类帐列数散总符合相应函达敬希

查照为荷

岭南大学校董事会

杨仲理 启

十二 十九日

私立岭南大学民国三十三年度薪津计算法（1944）

174

私立嶺南大學用箋

字第　　號

卅三年度薪津計算法

期數	生活津貼	戰時補助	米代金
1.（8，9，10月份）	150% $450	250%	$416.00（每口計）
2.（11，12，1月份）	200% $600	350%	$416.00（〃〃）
3.（2，3，4月份）	250% $750	450%	$416.00（〃〃）
4.（5，6，7月份）	350% $1050	600%	$416.00（〃〃）

舉例第一期100.00薪額每口計：

期數	薪額	生活津貼	戰時補助	米代金	合計
1	100	450	250	2080	$2880.00

中華民國　　年　　月　　日　　第　　頁

1945年

私立岭南大学校长李应林关于学生借读一事给国立中山大学金曾澄校董的函（1945-03-22）

私立嶺南大學用箋

字第　　號

湘帆校董台鑒：敬啟者，本校開課問題前
經面談，從寬畧爲等待，才係寫全即
胡校董繼賢亦以爲然，茲決意稍待大
局稍定再說，但一面仍須設法將前校各
同事接應出來，免坐守窮鄉僻壤間也。
現經派幹員前往照料，其未悉
先生以爲然否？本校學生之抵達東江者
經准其借讀各校，惟多數皆願列中大

中華民國　年　月　日　第　頁

本校辦事處：梅縣太康路基督教青年會

030

私立嶺南大學用箋

字第　號

借讀於懇請
賜予校錄免致失學為荷并煩通知名字
院保留校容去任感謝之此奉達並請
校安

弟啟森謹上

中華民國三十四年三月廿二日

第　頁

本校辦事處：梅縣太康路基督教青年會

国立中山大学代理校长金曾澄关于学生借读一事给私立岭南大学校长李应林的复函（1945-04-07）

031

東[illegible]字第三〇號

逕准

貴校本年三月廿二日公函開：

「現因戰事影響，敝校復課尚須有待，而敝校學生之抵達東江者，徒然坐候，殊屬荒廢之虞，故擬其借讀貴校各院，以維學業，懇請賜予收錄，以免失學，如蒙俯允，並煩通知各院，至紉公誼」

等由；准此，自應照辦，除函知各院酌予辦理外，相應函復

查照為荷。此致

嶺南大學校長李

（全銜）代理校長金〇〇

卅四、四、七

私立岭南大学校长李应林关于请知识青年志愿从军指导委员会速拨补助金等情的文（1945-05-16）

55

重慶中央黨部知識青年志願從軍
指導委員會鈞鑒本校學生廿五人應召
加入青年軍業已入伍[illegible]
未得[illegible]
[illegible]
[illegible]大學校長李應林
[illegible]
卅四、五月十六

56

重慶

国立中山大学关于私立岭南大学学生借读时应持有借读证明并通知连县区收容私立岭南大学借读生应照准等事的笺函（1945-06-27）

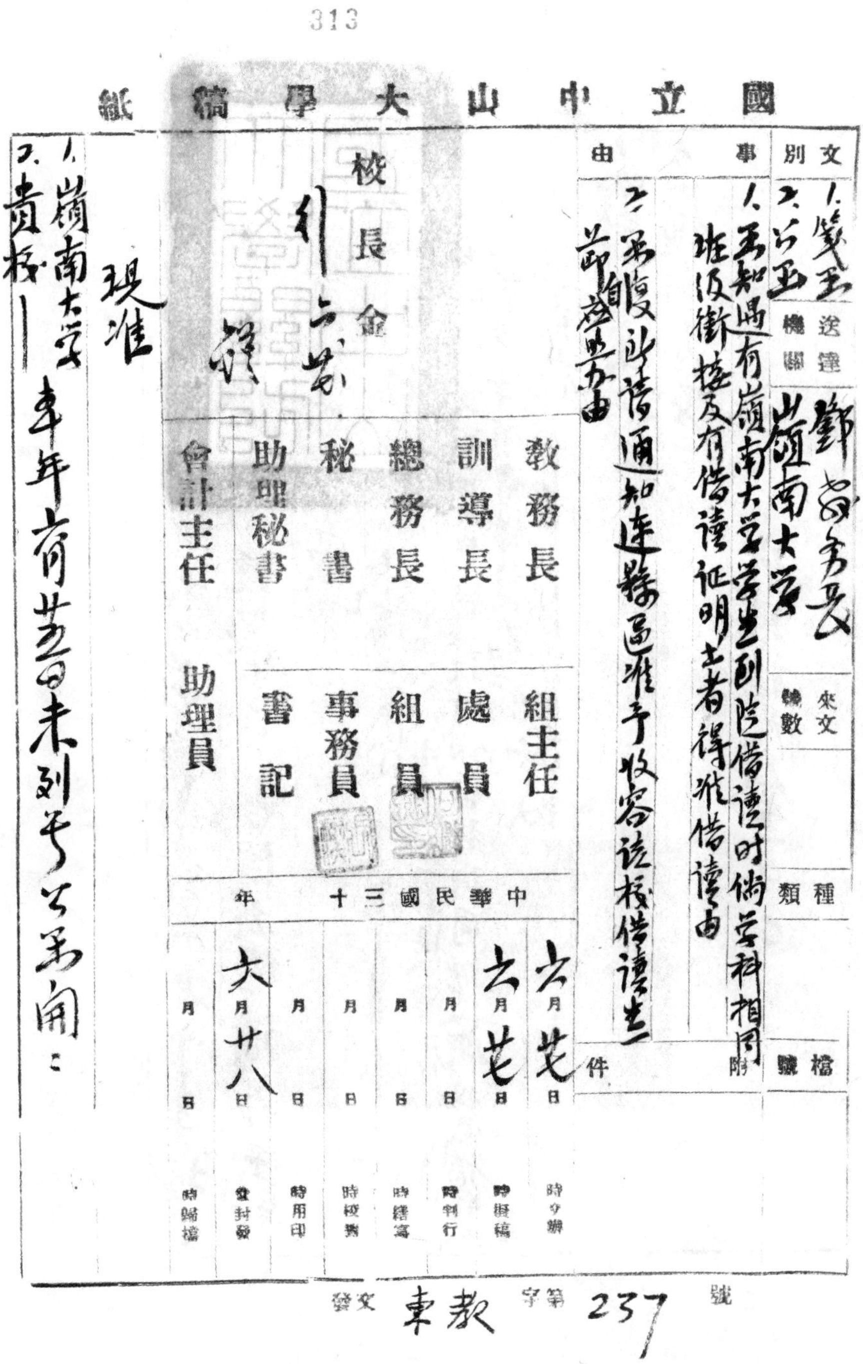
313

國立中山大學稿紙

文別：1.箋函 2.公函

送達機關：鄧專員 嶺南大學

事由：1.為知照有嶺南大學學生到院借讀時，倘學科相同，班級銜接及有借讀證明書者得准借讀由
2.為復函請通知連縣區准予收容該校借讀生一節自應照辦由

校長 金 行 六、廿七 發

教務長 訓導長 總務長 秘書 助理秘書 會計主任
組主任 處員 組員 事務員 書記 助理員

中華民國三十 年

六月廿七日 擬稿
六月廿七日 判行
六月廿八日 封發

1.嶺南大學 現准
2.貴校
本年前寄函未到予以照開：

發文 東教 字第 237 號

314

「案查本校日前函请贵校允予本校学
生借读一案经蒙分别函各院办理并函知
贵校迁县区」
1.等由——除函复外即希——
2.等由准此自应照办，除分知外相应函复即希 有
1.查照遇有该校学生借读时倘学科相同班级衔接及借读
证明书者得准予借读为荷
2.查照为荷——此致
1.郑教务长
2.岭南大学

代理校长金〇〇

私立岭南大学连县分教处招生委员会会议纪录（1945-07-14）

岭南大学连县分教处招

生委员会会议纪录

日期：卅四年七月十四日下午[illegible]时

地点：连县双喜山[illegible]学院

出席者：黄[illegible]之[illegible] 邹德森

简[illegible]铨 [illegible]

周振光

胡翼云

[illegible]

李辅年

列[illegible]

61

讨论事项：

（一）应否在连县设立岭南大学分校案

议决：[illegible]

（二）应否组织招生委员会案
议决：由[illegible]代负责聘请若干人为招生委员[illegible]
筹备招生[illegible]事宜[illegible]

（三）筹备处应在何处设立案
议决：[illegible]主办一切[illegible]

（四）筹备[illegible]何人案
议决：[illegible]君担任[illegible]

（五）下年度应招收学生若干案
议决：招收理工农医七十人
文学院廿人

（六）下年度应在何处开学案
议决：俟与和[illegible]曲石[illegible]
请[illegible]而[illegible]接洽

連縣分處 [illegible]

支出：

（甲）薪金 五人計	九〇,〇〇〇.〇〇	五四〇,〇〇〇.〇〇
辦公費	四〇,〇〇〇.〇〇	二四〇,〇〇〇.〇〇
臨時費	一〇,〇〇〇.〇〇	六〇,〇〇〇.〇〇
合計	一四〇,〇〇〇.〇〇	八四〇,〇〇〇.〇〇
男學生宿舍（四十人寄宿）建築費（以約計）		一六〇,〇〇〇.〇〇
支出總預算		一,〇〇〇,〇〇〇.〇〇

收入：

學費 五十人計 每四千元	二〇〇,〇〇〇.〇〇

宿费五十人计 每人七百五十元　三七，五〇〇．〇〇

膳费 五十人计 每人五百元　二五，〇〇〇．〇〇

出入总额 合计　二六二，五〇〇．〇〇

收支比较 不敷　七三七，五〇〇．〇〇

附注 参加服务学生五十人（一班） 参加参观学生三十人 一并计算 二八〇，〇〇〇

请示

呈本部核示　黄 七、十六

私立嶺南大學卅三年度財政報告　第一頁

（由民國卅三年八月一日至卅四年七月卅一日止）

24

收入之部

		國幣計算
I. 教育部補助費		489,821.43
II. 廣東省政府補助費		40,000.00
III. 財政部補助費		50,000.00
IV 英援華會補助費		1,695,000.00
V 學費		503,300.00
A 大學部	$319,200.00	
B 中學部	184,100.00	
VI 美援華會及美基會補助費		28,717,415.09
VII 什項		440,281.87
VIII 接上年度結存		314,917.23
合計		$33,250,794.82

支出之部

I 校本部	[illegible]	17,636,667.85
A 薪津費	1,477,924.66	
B 辦公費	391,561.65	
C 設備費	144,923.95	
D 特別費	15,622,257.59	
1. 戰時救濟	508,070.00	
2. 運輸費	189,864.54	
3. 舟車旅費	111,708.50	
4. 傢私費	39,577.00	
5. 臨時費	6,216,295.02	
6. 透支費	399,856.53	
7. 投資費	8,156,886.00	

35

第二頁

II 文學院		672,471.00
A 薪津費	672,471.00	
III 理工學院		464,738.40
A.薪津費	433,861.00	
B.办公費	300.00	
C.設備費	30,577.40	
IV 農學院		1,024,202.62
A 薪津費	778,386.50	
B 办公費	7,087.00	
C.設備費	101,210.59	
D.特别費	137,518.53	
V 医學院		777,302.00
A 薪津費	327,281.00	
B.办公費	57,650.00	
C 設備費	167,975.00	
D.特别費	224,390.00	
VI 附屬中學		517,841.30
A 薪津費	453,917.00	
B 办公費	49,252.30	
C.設備費	5,202.00	
D.特别費	9,470.00	
合計支出	21,093,223.17	
结存	11,157,571.65	
	$32,250,794.82	$32,250,794.82

中華民國卅四年七月卅一日　　會計主任

35

私立岭南大学连县分教处主任龚约翰关于分教处预算等问题致私立岭南大学校长李应林的复电（1945-08-02）

17

復李校長鑒電

梅縣青年會轉李應林校長鈞電悉

分教處預算雖極度撙節最低限度六個

月需補助465萬元總數[illegible]援教所員經費聘

初開學[illegible] 9902

朱杰勤、容肇祖擬改聘專

任，須增撥六十萬元，如何，乞

復

卅四、八、二

私立岭南大学连县分教处主任龚约翰关于筹备经过情形等情的报告（1945-08-08）

233

219

報告第一號　連縣分教處　卅四年八月八日

為報告事竊職處自奉准設立後即着手籌備迄已就緒茲已於八月一日開始招生理合將籌備經過情形分別報告

鈞長備案敬祈

察核存查為感　此呈

校長李

連縣分教處主任龔約翰

緣起：

由於時局關係自一年來粵中各地中等學校遷至粵北連陽地

231

（第一頁）

帶者漸多而最近因湘桂戰事鄰省中上學校停辦或遷徙致
一般學子[illegible]此者亦夥基上緣由在連陽地帶應有高等
教育設置以容納高中學級畢業之學生以繼續其學業自屬
必要本校為粵境有歷史之私立大學關心人士皆希望本校在
連縣設立分教處負起此救濟教育之缺憾而適應時勢之需要便
利有志學子之升學因是連縣文化界人士遂於上年度學期將結
之際召集座談會出席者有基聯培英真光各中學校長校董暨
中華基督教協會及南大同學會連縣分會領袖等十餘人討論結
果僉主張本校應在連縣從速設立分教處並電致
鈞長請示旋至七月十四日得

232

鈞長電復許可於是再度舉行談話會推出戰等為籌備正副主任及主任秘書電復

鈞長隨即進行籌備事宜

籌備經過：

籌備同人等謹徇座談會公意及

鈞長之指示即着手籌備工作茲將辦理經過事項分陳如下：

(一)成立及推定各科主考委員暨招生委員會　七月十六日籌備處函聘唐惜分、招觀海、朱志滌、朱勉躬、梁翠鵬、龍約翰夫人、黄菩荃、劉君樸先生等八人為分教處招生委員會委員並於七月十八日召集會議討論招生章則辦法等即席推定朱勉躬教

（第二頁）

[illegible]翰夫人招觀海博士朱志滌博士黃善鏊博士梁琴鵬匡何等[illegible]八科主考委員並擬定招考大學第一年級新生五十名（各學院應收名額正電請鈞長核定）及應考科目與考期時間表等分別函知皆承允予擔任

（二）設立籌備處及聘定義務協助人員

依座談會公意立即商請得忠主會主事允借該會新建在双喜山之忠主堂一部份為籌備處办公地點並分別函聘閔懷本校友好林書洛霍靈健古紹壎等數人為籌備處協助招生註冊文書庶務等工作人員得以順利進行一切

（三）分教處校址之借用

由籌備處刘主任秘書依談話會之公意物色分教處地址最後商請得廣東省銀行總行三江通訊處主任之同意撥借其分行及建於仰掌塘之農倉為用該農倉坐落連縣近郊交通利便旁近河水風景甚佳毗鄰省立女師附近仰掌塘村頗覺適宜借用房舍為一磚建之農倉面積約二十三市井其中十五井可供办公廳一所課室兩所圖書館一所膳堂一所其他球場園圃厨房浴室皆備且有餘地可供加建另有蓬廠一座面積約十井可供男生七十名宿舍之用惟因此廠屬私人物業須備價承買現已商得業主同意以國幣三萬元承購至女生宿舍須另行建築決定就農倉範圍內餘地五井為建築之用

……上可容女生三十人住宿如上所陳房舍之分配尚屬相稱理者　　剷修繕備用矣

（四）教授之聘請與擬議

目前招生已開始進行則教授之約聘自屬急需現在擬議約聘中各科主要科目之教授有：國文系容肇祖數理系朱志滌英文系龔約翰夫人政治系經濟系朱勉驊農學系黃菩荃生物系梁碧鵬等以上各員除黃菩荃兼任教務屬專任外其餘一律擬聘為散任教授而容肇祖與朱志滌兩為教授且甚望其能為專任教授以增加分教處師資聲譽惟限於預算容朱兩氏暫作散任倘改為專任預算六個月內須

（第三頁）

236

校增撥六萬元另可此為校舉計除經電請外想應邀　同
情者也其餘員名尚須視前途情形續報
（五）關於經濟事項與預算之擬議
籌办之始應需款項曾由龍約翰牧師墊撥國幣五萬元以為
開办籌備費用但目前應付支需各項逐漸增大校舍之建築
與修繕尤急不容緩切望校本部協款從速撥下以應急需匯
路仍請由八步收轉為便至於分教處預算之擬定（經先電
達有案）籌備同人已屬謹慎因應環境物力及通行制度極
力從省約上着想惟八月三日接奉　鈞長延電囑照節減並
示校本部僅能撥協款五十萬元等因職等當即再事苦心計

（第四頁）

已緊縮儉約打算惟無論如何祇能照原案（除學雜費收入外）核減九萬元故惟有仍請校本部本學期撥足協款六十五万元以免開支中途有捉襟見肘之憾此應請 鈞長体諒時艱特別批准者除經電陳概况外合併报告

請示事項

（一）奉到經迴兩電閱於教職員照聘等因現除準備照原案繕發聘書致聘外有須請 示者即習慣大學專任教~~教授~~職員聘約應以一年為期現發聘約均暫定半年（即限第一學期）究應如何办理

238

(二)関於上列報告第五款修正預算案仍請特予批准撥助六十五萬元一項除經於　日電校候　示外謹再補陳

(三)擬聘容朱兩教授為專任職一項事関校譽及追加預算如何仍希　示復

(四)分教處招生名額各院應如何分配方為適合

(五)現分教處擬訂課程表因乏本校章則制遵照以參考通行法令擬定究適合本校向有系統否謹抄附所擬表式一份敬祈　察核指正並請發下現行本校第一年級課程表一份以資取法至現行高等教育法規在

（第五頁）

一、已見到民三十一年頒佈者三十一年以後頒行者亟須得

即轉飭摘要抄發一份為要（有一部份借助中大）

遵左工

（六）又分教處外……請備案暨新生註冊後證件之呈

報是否應呈由校本部彙辦抑逕遵照法令呈部以

免展轉逾限此奠於新生入學後即需辦理應預陳

請電復示遵以免臨時延誤為感

凡上各點皆職處籌辦以來之實情因職處與校本部有相

當距離恐需時隔膜謹決定以後每旬賡續報告一次是否

有當仍祈

察核指示幸甚

完

私立岭南大学校长李应林关于请分教处停办仍招新生返康乐复课的文（1945-08-16）

16

急轉龔約翰暨分教處停辦仍招新生返康樂復課

應林

中華民國34年8月16日

連縣廣東省銀行條箋

私立岭南大学连县分教处关于相关师生由连县往广州原址入学致沿途政军警各机关的证明书（1945-09-04）

私立岭南大学连县分教处证明书 特字第 号

为证明事兹有本分教处庶务组主任○○○先生奉

校奉部命令复员本分教处新生由连县取道

前往广州康乐原址入学所经沿途关卡或检查站各

机关希

查照予以利便及保护为荷

沿途军警各机关 此致

本证明书缴给○○○先生收执

有效期间由本年九月 日至十月 日止

中华民国 年 九月 日

分教处主任 [illegible]

[illegible]

私立岭南大学连县分教处迁校广州教职员同行办法（1945-09-15）

33

通知分教處職員 卅四、九、十五

茲指定遷校廣州教職員同行辦法列下，送同行教職員查照：

一、凡本校專任教職員及其直系親屬志願隨校同返廣州者，沿途旅費由學校担負。惟行李教職員本人及其夫人限帶六十司斤，父母及子女限帶三十司斤，超額行李費及膳費由其本人自負。

二、超額行李由連縣直達廣州不須轉換船隻或車輛者每重量二百四十司碼斤作一人旅費單位計算，如沿途中轉換車船則每

重量一百二十司碼斤作一人旅費，[illegible]計算
三、途中膳食由學校代辦，同行人員每人應先
繳膳費壹千元（至十二歲以下者折半收費），惟
各人碗箸自備，同行人員中如需自行加
菜，一律以蒸品為原則，以免防碍公家弄
膳時間及炊具。
四、凡笨重行李須於開行前一日送到本校
備用船隻登記編號，俾便布置倉位，隨
身行李可臨時携帶，惟以不防碍倉面他
人坐卧位置為原則（行李包已暫寄每件以卅斤為限，過重行李須由本人自負）

35

並現定九月二十日上午啟程（船泊南門頭橋側）同行人員務於該日上午七時以前集中船上俾便隨時啟程 行程如有變更當於兩日前通知

此致

李校長夫人

黃延毓先生

劉居樸先生

林壺隱先生

古紹燁先生

朱志滌先生

朱勉新先生

容肇祖先生

李聖華教師

嶺南大學運輸組黎度

卅三、九、十五

私立岭南大学连县分教处关于请连县电报局转寄本校员生电信的函（1945-09-20）

迳启者：敝处现奉李校长来电饬令即日结束，全体新旧员生南返广州原址上课，嗣后凡关于本校员生公私电信，由本（九）月廿二日起，[illegible]校转寄广州康乐原址，俾妥为转达。查照为荷。此致

连县电报局

岭南大学连县分教处
卅四、九、廿

[illegible] 卅四、九、廿

私立岭南大学收入新生学费清表、复员旅费收入及支出计算清表（1945-09-30）

收入新生學費清表

34-9-30

34年月	日	收條編號	姓名	金額	附記
9	7	1	司徒雯	4,000.00	
〃	〃	2	伍國燊	4,000.00	
〃	10	3	陳群棣	4,000.00	
〃	〃	4	劉權實	4,000.00	
〃	〃	5	尹永幹	4,000.00	
〃	〃	6	李寵得	4,000.00	
〃	12	7	雷作鐵	4,000.00	
〃	〃	8	譚浩然	4,000.00	
〃	13	9	劉衍池	4,000.00	
〃	14	10	梁鎔莊	4,000.00	
〃	〃	11	岑清源	4,000.00	
〃	15	12	李汝驄	4,000.00	
〃	〃	13	潘漱清	4,000.00	
〃	〃	14	林瑞昌	4,000.00	
〃	〃	15	黃建樹	4,000.00	
〃	〃	16	蘇炎康	4,000.00	
〃	〃	17	關錫呈	4,000.00	
〃	〃	18	杜信佳	4,000.00	
〃	〃	19	陳維鎣	4,000.00	
〃	〃	20	黃孚尹	4,000.00	
〃	〃	21	舒賢林	4,000.00	
〃	〃	22	劉頌樑	4,000.00	另$6000.00入旅費款內
〃	17	23	許錫振	4,000.00	
〃	〃	24	鄭良相	4,000.00	
〃	19	25	鄭德棻	4,000.00	
〃	〃	26	鄭謙	4,000.00	
			合計	$104,000.00	

經手人

復員旅費收入及支出計算清表

34-9-31

收入之部（國幣）

34年月日	收條編號	姓名	船費	膳費	行李費
9.17	2	李汝驄	5,000.00	1,000.00	—
〃	3	伍國燊	5,000.00	1,000.00	—
〃	4	林瑞昌	5,000.00	1,000.00	—
〃	5	黃玉珍	5,000.00	1,000.00	—
〃 22	6,17	簡慶伯	15,000.00	3,000.00	1,750.00
〃	7	吳可均	5,000.00	1,000.00	—
〃	8	鄭良相	5,000.00	1,000.00	—
19	9	鄭德棻	5,000.00	1,000.00	—
	10	鄭謙	5,000.00	1,000.00	—
22	11	楊兆湞	5,000.00	1,000.00	—
〃	12	關傑才	5,000.00	1,000.00	—
〃	13	張耀基	—	1,000.00	—
〃	14	林書洛	6,000.00	3,850.00	—
〃	15	容肇祖	—	2,850.00	6,040.00
〃	16	朱勉功	3,500.00	2,000.00	3,830.00
〃	18	黃著荃	—	3,350.00	16,930.00
〃	19	李聖華	5,000.00	5,000.00	21,620.00
〃	20	劉君樸	16,000.00	6,700.00	14,200.00
〃	21	朱志滌	—	4,500.00	660.00
〃	22	古紹輝	—	1,000.00	—
〃	23	劉耀寰	1,500.00	100.00	To
〃	22	劉頌樑	5,000.00	1,000.00	—
		合計	$102,000.00	$44,350.00	$45,070.00

$191,420.00

支出之部（國幣）

摘要	金額
船費（在托發）	22,500.00
運船搬費	22,500.00
衛兵保護費	6,300.00
電話費	2,000.00
碼頭租	3,000.00
膳食費	44,300.00
退回溢額行李費	[illegible]
合計	$320,870.00

附記

[illegible]

經手人

一、員眷屬表

姓名	大	小
劉君撲	2	5
黃著荃	2	3
朱志滌	2	3
朱勉功	1	1
容肇祖	2	2
林書洛	3	1
李聖華	2	3
古紹輝	1	
張耀基	1	
合計	16	18

68

呈為請求清發教官薪俸暨附食費事竊本校軍訓主任
教官蔣鍇德月薪係依照
鈞部規定在　鈞部未頒發到校以前由本校
墊發以維持該員生活費用但自本年一月曲
江淪陷　鈞部與本校因遷移阻隔致失連
絡而蔣教官月薪遂由三十三年十月一日起
迄今未發　鈞部匯發本校墊發該員月
薪已為數甚鉅為此擬懇迅予清發該員薪
暨附食費以便維持其生活費用並歸還本校
墊款公私均感　是否有當候　示祇遵

謹呈

兼司令羅

63

照抄

發出

副司令黄　代

全衔　兼軍訓團團長　○○○

中華民國三十四年十月八日

廣州市廣衛路

廣東省軍管區司令部

兼司令羅　鈞督

仁閱

144

嶺南大學復校校董會第一次會議紀錄

日期：民國三十四年十月十七日下午五時

地點：孫逸仙博士紀念醫學院

出席者：[illegible]

譚禮庭 Lu Henry

錢樹芬 B.S. Fong (Proxy) Lu Henry

[illegible] 林逸民

孫科 林逸民代

列席者：馬安蘇 [illegible]

[illegible]

145

主席：孫科（林逸民代）　紀錄：謝昭杰

龔約翰牧師領禱開會

書記宣讀上次會議紀錄通過

甲　報告事項

一、黎壽彬報告接收嶺南、孫逸仙醫學院及博濟醫院經過（附報告書）

二、校長報告淪陷期內本校損失情形

1. 嶺南本校本部及孫逸仙醫學院博濟醫院之儀器圖書房屋傢俬工具等（醫學院及博濟另有報告書）

2. 香港附中、分校、上海分校、西京分校、曲江分校

3. 仙人廟校本部、曲江醫學院、坪石農學院

146

三、校长报告教职员情形。其一前另延校务主任兼教授商专全部延请罗秘（新教员刘）兼校监，实际需要，经请辞之，现已罗秘之主任教授已有未

支持，暂由各会主罗秘兼任，至有前学生经孙陈作霖、孔宪保

兼授国文及外国教授教人员，前后开学人才辈出，聊之

四、谭聘庭校董报告，本校接收新捐款一千五百元之（现存本人）数，拟将产业献

给本校

五、谢校长报告本校书局收取之铺产，已收四百，十月份起每月收租若干

之后

六、校长报告（代）教务长黄延毓先生梅县事因教务详情未能报告，先推陈现在

请各同学之学生黄务梅县及运动兴办内各教室是生面经各批到校

147

準時上課

七、校長勸告會計主任陳炳權先生因本校財政收支詳情未能勸告，惟今後教職員增加生活程度及高漲事務費支出等項，經議決之負擔總數。

乙、討論事項

一、新訂教職員暫行待遇辦法案（附表）

議決：二、薪水之倍數到一例，校長決定（修改為某倍折以十倍），餘部份照原案通過。

二、教職員子女教育免費辦法修正三條案（附表）

議決：照一案通過

三、修改住宿暫行細則案（附表）

議決：照原案通過

148

四、指定之銀行存儲校款案

議決：分存中央、中國、農民、交通及廣東省銀行、廣州市銀行

五、招商承辦出席事業案

議決：除周識騏外客之事業外均公開招商承辦

六、協和神學院在本校開課案

議決：續與該院合作至一九四七年期內由本校指借藝術學院地方為建築所需之房屋為止

七、交通銀行請求在校設立辦事處案

議決：照准

八、本年度暫行預算案

廣州西湖路生[illegible]印　電話：一六二四[illegible]

143

議決：照原案通過

九、函請美基金會將原業務照以往經費撥與本校董事會開辦教育事業案

議決：通過

十、本校應飭現地政府委派保護校產並函候警署到署呈報案

議決：將來本校應在善後警署呈報

十一、擬[illegible]出國推薦舊雇人員何如之處理本年三月當校情形請求特別救濟[illegible]

案

議決：照案函代為呈請

十二、美國基金會擬派教授三人來校任教案

議決：先去電邀

八時散會

主席 金曾澄

4

48

事由：為請通飭士兵勿攜槍入校，復係不可闖進校區以免意外及誤

人字四

附件

岭復字第三八號

中華民國卅四年十一月九日發

私立嶺南大學公函

逕啓者：敝校迭據校工報告，每日均有

貴部士兵入校，或攜帶槍械在校園及宿舍實彈射擊，或由連長率

領夜深始去，致誤傷學生，誠恐有未免發生嫌疑。敝校財物治安，時

受威脅。惟此等或係部隊兵士便攜之逃兵，亦係有失紀律，則確誤紀要

，事實昭彰，雖難解釋。為此專達

貴部，敬煩通飭所屬，無論任何兵士勿攜槍入校闖進，以免意外發生。

49

被之後，尤不可闖此標區，防止誤會。

又敝校上落碼頭及船艇出入閘口，每日下午均有士兵在此嬉戲洗浴，每係裸露，殊不雅觀。敝校學生眾多，往來頻繁，一般女生實難通過。再盼轉飭其另擇移遠碼頭閘口之處洗浴，庶彼此兩無妨礙，至紉公誼。

此致

第一四九區區長

校長李應林

中華民國三十四年十一月十八日出版　　第一版　1

嶺南大學校報

康樂第一期

私立嶺南大學編印

復員之回顧與前瞻

李應林

我校自廣州淪陷，七年來播遷各處，而香港，而曲江（包括坪石）以至於梅縣，及今戰事勝利結束，復員康樂原址，回憶當年顛沛流離，篳路藍縷，剪棘展拓之基業，未嘗不惓惓於懷，曾不因日前絢爛之園亭，而慨然忘却發時之荒山茅舍也。成功之要繫諸奮鬥；吾人今茲得以重享前人所締造力賜予之爽麗環境，蓋亦由於歷年同心協力艱苦支撐而來，是豈能以今日之安適而忘昔時之憂患哉！則此次復員爲感多矣！

溯自歲初曲江軍事轉進，各同人以事起倉卒未及遠行，迫得臨時退處山陬，徐圖後計，本人以學校生命必須延續，而月以延續學校生命來厥在與重慶及美國取得聯絡，使經費接濟不斷，然後可以有爲。即或暫時不能復課，亦可源源維持同事生活以待時機。遂將在韶之存欵二百萬元提返校內，資支發該學期薪津及救濟在校淸寒學生之用。復承各校務委員之敦勸，乃輕裝東行，爲之伴者僅陳敬鍛先生而已。與各同事分手凡四閱月，其間經歷在梅縣已刊出報告，暫茲不更贅。惟留校各同事自撤入臨時就散區後，四面受敵包圍，彷徨驚恐而仍堅立不搖，處盡維持之責，分工合作，互通有無，使區內之膳食，住宿，治安，醫藥，有條不紊。爰此分遣人員赴汝城、仁化視察，綢繆復校，學生亦竭盡所能，擔負運糧警衛工作，夜以繼日，不遑寧處，三百餘人三十多日之食用無缺，十里以內剽賊歛跡，學校之圖書，儀器，及私人財物得以絲毫無損，外籍教員如鮑約翰博士夫婦，覺錘愛華先生，可以安居至於脫險，皆員生之戮力同心，辛勤不懈，有以致之。

四月之初，各同事以疏散區形勢惡劣，敵騎蹤跡逐漸深入，仙人廟校址亦遭蹂躪，乃決定將疏散區解散，全部東遷，去年曾經報名從軍各生，後悉政府已在平遠設營訓練，亦組織入營投効，其餘各生急於繼學或就業，乃盡力資遣，先有每人補助旅費二千元，另配給存穀七十斤，并代設法介紹服務，欣然而去，爲歐爲核并存足多，現從軍之二十六生已編入第二○九師服務，分赴武平，上杭一帶，莫不精神奮躍々，爲國干城，繼學各生其中四十人東來梅縣，因其時未能開學，一部份介紹往中大借讀，餘則或入特派員公署受訓備用，或服務區際救濟會沿綫，現皆返校上課矣。另自赴故城之學生二十餘人，全數加入第九戰區特務營工作，甚爲長官優禮，教職員之東遷因候旅費，當時暫住仁化及樂昌之五山候命，仍隨時策劃校務，協助學生東行，以生活指數之逐日增高，費殷，發資行李以資彌補。犧牲爲校之精神，最可紀念者由當時本校辦理疏散，各方面之表現悉滿人意，到處博得軍政長官之好感、地方人士之稱譽，誠不敢以此自滿自驕，然對於留校負責各同事，則不能不致其萬分感謝之情矣！

接各同事四月仁化來電後，當即匯去旅費請其全部東來，計程六月初旬可以到達，因擬七月在梅縣復課，醫學院員生，於韶關失陷前已先由馬汝莊醫生率領，遷到興寧，亦服務於救濟會。人地適宜，該院遂在興寧設立，復接電告，學生疏移連縣及返澳門者甚衆；兩處皆未有大學，張博士亦已領協和神學院學生聞關返抵連縣，於是分電請張博士及楊重光先生成立連縣澳門兩分教處。不意六月初間，敵窺擾贛邊，東來各員阻於險子匝月，人地生疏，無可再走。雖相距敵駐

校址：廣州河南康樂

之于家鎮，不及近里，而能鎮靜應付，未被擾及，亦云幸矣，迨七月利道路安謐，始克到梅。席不暇暖而招生開學，又在積極籌備中。如天之福，弦落甫技，而敵已投降。因念康樂我校，久被敵僞盤據，不迅速接收，損失將不知伊於胡底。用是決遷市開學，先派人員兼程回穗辦理接收事宜。繼又派人趕回修葺校舍，應用。兩分敎處亦着其遷回本校合併上課。事稍就緒，本人即偕數同學先行主持校事，未完手續，則指派人員留梅辦理。其餘敎職員及眷屬，則妥籌辦法，派人照料回來。復員工作，於焉開始。

本校先遣接收人員抵市後，因國軍尚未進駐市區，敵僞人員紛紛搶掠物資爲私，發對，乃商得代管美國權益之瑞士領事同意，并辦（陳爵碩）李（福林）南軍事特派員之協助，即於九月五日接收僞廣東大學佔用之康樂校舍，九日接收敵博愛醫院佔用之孫逸仙博士紀念醫學院及博濟醫院、其僞校員生各於接收後三日內遷出，僞醫一律繳械解散。敵醫生亦於移交後遷往別處。至陳逆璧君所辦工讀學校佔用之新中學校舍，併予收回。惟是淪陷七年，地方之破壞，物資之損失，無可估計。宿舍大部份門窓洞然，住宅則牆壁傾頹，叢生雜草，傢私陳設，百無一存，雖外貌依然而內容已天淵之別矣。約計圖書損失者百份之三十、儀器百分之五十，房舍損壞百份之四十，雜物植物標本幸得保全，其他附校如香港分校，西關分校，上海分校、西貢分校，曼器坡分校等，因交通未復，尚未調查完竣，預計其損失程度將不下於廣州，曲江仙人廟及坪石校產，則自此次曲江轉進，全部房屋被拆無存，傢私亦全數散失，惟圖書儀器則以事先早有安儲計劃，依然無恙；一俟河道暢通，即可派員前往運返。

語有之曰：「事在人爲」，吾日之遷徙靡常，生活不定，賴同學之努力協助，刻苦支持，倘能奠定基礎、屹立於疾風飄搖中。今後循序就班，按時漸進，苟一本過去精神以爲後勁，當更能發揚光大，故明饒之鮮花，結甘美之成果，於此可卜之矣。光復初期，江河不靖，各同事扶老攜幼，冒險南旋，皆依時到達，協同復校，且有先期回市，匡助接收，確能充分表現嶺南精神，一部份則因湘桂戰役疏散，後以交通阻絕，不克回來，以及因家庭經濟種種問題，一度轉移工作者，至此亦紛紛回校，重振旗鼓，其熱心嶺南之事業，至足欽佩。本校之能首在廣州招生開學，豈偶然哉。

復員以後，一切規模悉仍舊貫，經緯萬端，百廢待舉，其困難迭不下於播遷時期。顧不憚覼縷，更詳言之。

一　經濟問題也。在內地四年間，本校經濟至爲支絀，國內捐款，因戰爭影響，幾等於零。政府補助，爲數亦少，學費收入，在當時學校政策，以爲各僑生及淪陷區學生要濟困難，學校尚須爲其請求貸金、救濟費及捐款，設立工讀學額，以資維持，豈可收費太昂，以阻向學之路。用是決收低額費用，并設法購平價米，以輕學生負担。四年來，始終爲全粵北收費最少之學校。美基會補助，向只派遣教授，不助經費。此數年間雖有撥款，然爲數甚少，依然不敷應用。戰時美國停止各團體自由捐款，無法可以增加。其所支持下去者，主力者在英美兩援華會，美援華會年助至多，學校經費泰半取給於此。英援華會則多由於友誼關係所幫忙，如何明華會督，薛穆大使及郭錦焜先生等出力至大，兩次之疏散救濟款，皆自英援華會得之，其次則中茶公司、衛利韓公司，亦有資助，以此維持下去。今年則中茶、衛利韓兩公司助款，皆告停止。挹注之源，唯兩援華會是賴矣。但戰事結束，兩會工作持續至若干時期，尚未可知。又外滙比率回跌，亦受影響，茲物價之昂漲數倍於前，教職員增加不少，經常費一項，已由三千餘萬元之數一躍而超過一萬萬圓之數。房屋之修理，校具之補充，在在需財，臨時費亦過萬萬。合儀添置，倘未列入。此項不能再減之龐大開支如何籌措，實當前最大課題。

二　人才問題也。過去遷徙靡常，生活不定，經濟支絀，待遇微薄，對於延攬師資，頗難如意，幸賴同學之鼎力贊助，或多開科目，或增教時數，使學生聽修課程得以無缺，此因感激各同學踴躍服務之愛校精神。復員以後，此種現象不宜再有，在學校當然盡力羅致專才，積極加強研究風氣，惟是舊人一時未能完全返校，新人之延攬，又不得不慎爲遴選，以免濫竽，確保嶺南大學求是之一貫作風，方無愧致十年來享有之盛譽。建校伊始，凡百紛忙，墨瀚之德，萬一難免。茲幸美國教授如孫雅德、嘉康穀、高維亞諸先生，已電告首途來華，富倫包令留，高魯甫諸先生亦將繼至，而朱志滌、滌祖用、林孔湘、陳秋安諸教授相率聯袂歸來，其他俟局脫現職，即返校服務者尤爲不少，可以稍復舊觀，爲堪慰耳。

今後目標，當採擇如下途徑：一則盡量充實教授人才，使各生學有專長，出爲世用，以毋負社會人士期望之殷誠。二則仍本過去四年宗旨，收低額學費，使清寒學子得有造就之機會。以往本校在社會人心目中，視爲貴族學校——雖然貴族與不貴族，有其客觀條件，不在乎學費多寡——然學校在內地數年，學生之勞動服務，工讀等，已將貴族風氣一掃而空。茲仍希望百尺竿頭，再進一步，雖人力財力之困難尚多，然此時教育青年之機會更大，相信各方友好人士對本校之援助必多，前途定可樂觀也。

中華民國三十四年十二月十日出版　　第一版　1

嶺南大學校報

康樂再版號　第四期

私立嶺南大學編印

從軍同學通訊彙輯

編者

本校參加知識青年志願從軍同學二十六人，自四月間分由各處報轉集合到達蕉嶺入營訓練，經兩月之入伍，即分撥各部隊工作。直至勝利以前，本校曾不斷派人到達各單位探候，並致送補助費用。學生總會又發起在梅縣舉行音樂會籌款，送往慰勞。感情相當密切。各從軍同學亦常有書信寄校，報告軍中生活情形。該項消息，諒爲大多數同學校友所樂聞者，特輯錄列出，爲關心人士告。

(一)階級與職務　鄧紹明君來信說：「特務長之工作，繁瑣而重要，尤其在戰場上，不僅掌管經濟，粮秣，彈藥等，並且負責前方給養之輸送，平時亦管一班雜兵。對於軍事學識，非有悠長之訓練不可。初被選送上師部時，誤以爲立即充當斯職，其實並非；必須見習多年，按績晋升，不能由二等兵未經士級而跳上尉官也，且今次委座號召青年從軍之意，在改變中下基層幹部，若皆晋升上級，則基層之根底不健全，徒勞無功。故軍士班出充班長，高者中士，普通下士，甚至降回二等兵亦有，此亦建軍之主要問題也。」

(二)紀律與訓練　梁耀顯君信上說：「軍營裏的生活，現在已經習慣了，不覺得怎樣辛苦，也不覺得怎樣希奇。和學校差不多，但比學校不同的是，沒有個人，只有團體，一個人不小心可以影响一群。最顯淺的例子，當齊步走上操時，一聲號下口令，一個人做得不好，全體一百多人給牽累了再要操幾次。還有一個人講話，則大家也要罰立正。這些例子很多。這要求是訓練對指揮的命令絕對服從。……現在我們當了正班長的，就要負起教官的責任，教官講解完各項動作的要領時，班長在旁叫口令，操的是弟兄，他們操得好，大家有益；操得不好，班長只有多叫幾次，他們就要操得汗流浹背了。辛苦的雖是弟兄，但班長要處處做示範工作，也不容易！」

(三)生活片段　鄧紹明：「各同學雖各處一部隊，幸每星期日下午仍相聚片刻，清茶一杯，吐盡生活情趣，並計劃他日退伍時之就業或續學問題」。許國榮：「我們還帶着一些學校風氣，工作休息時練習唱歌，無形中組織了一隊自稱的嶺南歌詠分團。……雖然月夜比不上仙人廟的文士路，原因是少了女性的徘徊，但除此以外，也不下於仙人廟。」　伍守仁：「本連有嶺南同學四人，連生共計五名，閑暇之際，圍肩快談，樂也融融，實不感營中生活機械也。」沈幹強：「今晚官長請我們食飯，因

校址：廣州河南康樂

259

爲我們奪了全國籃球亞軍，黃永雄與我都是主將，國榮是後備隊，所以將近十二句鐘，也能點燈寫信。」

（四）關懷母校　張維國，李松林：「母校復課成問題嗎？同學有多少？陳汝銳先生好嗎！？許國榮：「學校復課問題如何？教授已全數抵達未？這是我們從軍同學每個人所盼望的消息！」鄧紹明：「閱報得知母校經已招生，各教職員陸續抵達，嶺南復課已成事實矣。各從軍同學聆悉之下，無不歡懸已極！」梁耀顯：「聞說學校的教授，已早來到，不知沿途情形怎樣？上次敵擾三南，有無受驚及阻滯？」伍守仁：「生等對母校消息，渴念異常，苦無知處！正如校長對我們關懷之迫切。萬望常將校內情形見告，出版的刊物，亦請寄來，藉慰吾儕衷心之懷念！」

（五）自勗自勵　他們一致認爲「天將降大任於是人，必先苦其心志，……恆拂亂其所爲。」所以此次從軍，雖然吃過不少苦頭，原爲他日成材之準備，所以「沒有灰心，只有喜樂」。而且堅決認定，「嶺南同學決不後人。」認爲「能抱着嶺南名譽來從軍，是幸福的。」「生等凜國家社會所期望之重，託付之殷，常恐力量未足，識見不充，任重道遠，時虞隕越。惟均抱絕大決心，爲民族國家茹苦耐勞，毋稍畏怨！」紅灰兒女所不同於人者如此！

砲兵營從軍同學近影

張之虎　陳家明　何振華　唐遠堯　陳伯康　鄺耀權　呂惠炎

附列姓名如后：

陳恩澍——第三戰區譯員

關漢鑒—輜重營三連

馬文銓——工兵營一連

黃耀泉—搜索連

鄧紹明—特務連

陳百康　李啓基　陳家明　唐遠堯　何振華

鄺耀權　張之虎　呂惠炎—山砲營

梁耀顯　關學海　關雄潤　羅遠光

伍守仁———六二五團一連

容應聽　潘肩萬　許國榮　黃永雄　張興昌

沈幹鐘—六二五團機一連

張維國　李松林—六二七團九連

教員升等審查

補充要點兩項

奉教育部學字第二六〇〇三號訓令，關於專科以上學校教員升等審查，曾通令各院校，對於申請升等審查者，應不僅顧及服務年資一項；著作與教學成績，亦應特別注意。井須有系科主任簽註升等意見，及教員升等審查委員會作初步審核之規定。茲再補充規定兩項如下：（一）各院校教員升等審查委員會，審核講師以上之升等者，應以具有創作性著述與否爲主要標準。（二）前項著述，限於本人所研究完成者爲限，並須將內容要點及獨到之處，撮成提要。如係二人以上合著者，應將其本人担任之部份說明。以候審查。

36.

私立岭南大学财政报告表

THE FINANCIAL STATEMENT OF LINGNAN UNI.

(From August 1st 1945 to December 15th.

(由卅四年八月一日至十二月十五日止)

PART I RECEIPTS: 收入之部 (国币计) NATIONAL CURRENCY

I. Ministry of Finance 财政部	$	75,000.00
II. Kwangtung Provincial Government Subsidy 广东省政府补助费		100,000.00
III. British United Aid to China Fund 英援华会		4,000,000.00
VI. American Foundation 美基会		600,000.00
V. American Foundation, U.C.R., British Relief, etc. 美基会、美援华会及英援华会等（重庆教会会计转解全数）		5,161,765.62
VI. Student Fees: 学费		6,906,000.00
A. University 756 @5500 大学	$ 4,158,000.00	
B. Middle School 458 @6000 附中	$ 2,748,000.00	
VII. College Farm 农场		1,107,654.00
VIII Miscellaneous 什项		899,810.80
IX. Balance on Hand 接卅三年度结存		11,157,571.65
TOTAL 合计	$	30,007,802.07

PART II EXPENDITURES：支出之部

I. General 校本部		$ 12,704,556.20
A. Sal., All. & Food 薪津费	$ 11,884,500.00	
B. Wages (including Sal., All. & Food) 工金	1,926,190.00	
C. Offices Expenses 办公费	1,967,560.25	
D. Buildings & Ground 房屋	915,165.85	
E. Special Expenses 特别费	250,244.00	
F. Expenses for moving back to Canton 复员费	2,246,067.50	
I. Staffs & Families 教职员及其家属	1,876,408.50	
2. Macoa & Liang Shun Branch Departments 澳门及连县分教处	369,659.00	
G. Repairs 修缮费	2,399,494.50	
H. Business Department (buying goods) 总务处	1,180,224.00	
II. College of Arts 文学院		$ 1,178,430.00
A. Sal., All. & Food 薪津费	1,178,420.00	

37

THE FINANCIAL STATEMENT OF LINGNAN UNIVERSITY
(continue)

III. College of Sci. & Engg. .... 理工学院		$1,383,460.00
A. Sal. All. & Food .... 薪俸费	$981,985.00	
B. Instructional Expenses 教务费	401,475.00	
VI. College of Agriculture .... 农学院		861,600.00
A. Sal. All. & Food..... 薪俸费	$859,320.00	
B. Office Expenses ..... 办公费	2,280.00	
V. College of Medicine .... 医学院		1,331,247.00
A. Sal. All. & Food..... 薪俸费	$777,430.00	
B. Office Expenses...... 办公费	369,744.00	
C. Instructional Expenses 教务费	110,065.00	
D. Special Expenses ..... 特别费	84,008.00	
VI. Middle School .... 附中		1,462,465.00
A. Sal. All. & Food.... 薪俸费	$1,096,900.00	
B. Office Expenses .... 办公费	365,565.00	
VII. College Farm .... 农场		3,124,022.00
A. Wages (including Sal. All. & Food) 工资	$531,517.00	
B. Feeds .... 饲料	2,592,505.00	
TOTAL .... 合计		$22,105,780.20
BALANCE .... 结存		7,902,021.87
		$30,007,802.07

$30,007,802.07

Dated Dec. 15,1945.

LINGNAN UNIVERSITY

P. S. Chan
Accountant
（会计主任）

71

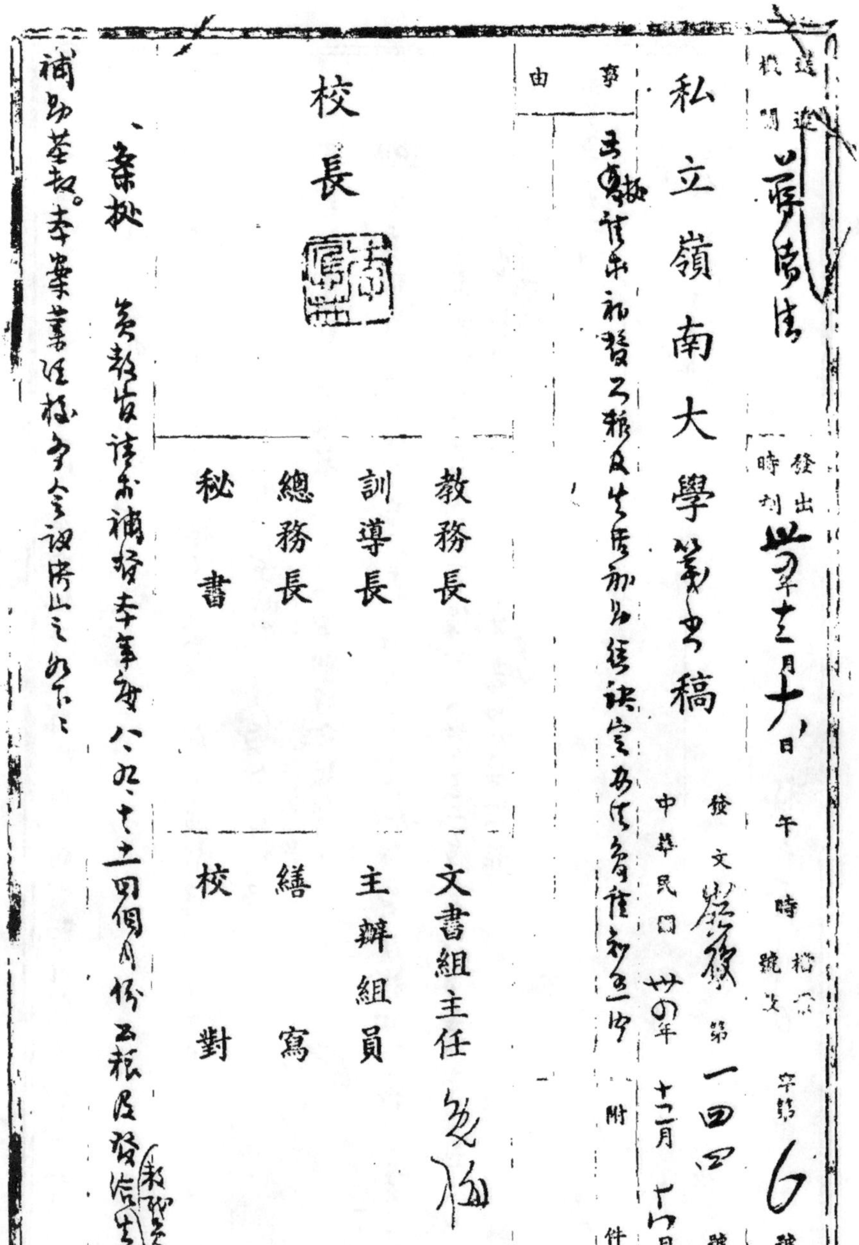

送達機關 [illegible]

發出時刻 卅四年十二月十八日 午 時

檔次號 字第6號

私立嶺南大學箋函稿

發文 [illegible]字第一四四號

中華民國卅四年十二月十八日

事由 為教職員請求補發工糧及生活補助費[illegible]

附件

校長

教務長

訓導長

總務長

秘書

文書組主任 [illegible]

主辦組員

繕寫

校對

一、案據 員教職請求補發本年每八、九、十、十一、十二四個月份工糧及發給生活補助基數。本案業經提校務會議決[illegible]

72

(一) 廿八年八九月份出纳照本校所拟[illegible]所学报合约目[illegible]请代金八月份四〇五〇元，九月份四〇五〇元正。

(二) 廿[illegible]年十二月份照[illegible]所[illegible]报合约目[illegible]请代金十[illegible]元正。以上两项，[illegible]计[illegible]

(三) 其新学教[illegible]助教之[illegible]报，[illegible]中。

(四) 生活补助[illegible]数一项，[illegible]军训教官之生活补助费，及战时加薪等，兼请[illegible]合[illegible]清，[illegible]军[illegible]实[illegible]计[illegible]二[illegible]需知[illegible]，[illegible]一张。

(五) [illegible]补[illegible]一[illegible]，[illegible]

[illegible]查照[illegible]

此致

军训教官[illegible]

杨[illegible]

《岭南大学校报》康乐再版号第七期报道：私立岭南大学民国三十四年度第一学期各学院学科比较图、教师人数总计表、学生人数（1945-12-31）

卅四年度第一學期各學院學科比較圖

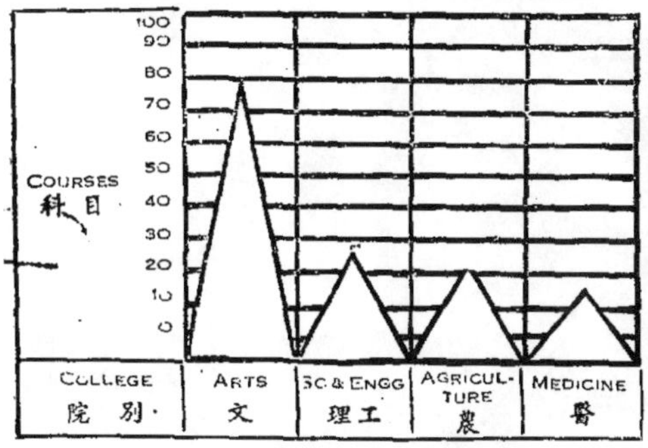

卅四年度第一學期教師人數總計表

學院	教授	副教授	講師	助教	技正	技士	技佐	合計	兼任	合計
文	10	2	7	6				25	4	29
理工	3	4	3	5				15	4	19
農	7	4	2			1		14	3	17
醫	1	1	4		1		1	7	6	13
合計	21	10	10	11	1	1	1	61	17	78

卅四年度第一學期學生人數

				院學農				院學工理					院學文								學系／年級	
共計	特別生	協和神學院	醫學院	合計	畜牧獸醫學	園藝學	農藝學	合計	土木工程學	物理學	化學	生物學	合計	經濟	商學	社會	政治	歷史	西洋文學	中國文學		
331	4	1	43	38	14	6	18	152	82	29	39	2	90	49	9	2	18	1	9	2	男	一年級
149	1	0	30	22	2	15	5	18	0	2	16	0	78	21	7	14	3	2	23	8	女	
480	5	1	76	60	16	21	23	170	82	31	5	2	168	70	16	16	21	3	32	10	計	
99	0	5	24	15	4	6	5	18	14	0	4	0	37	14	7	2	12	1	1	0	男	二年級
44	0	1	5	4	1	3	0	3	0	0	3	0	31	16	4	4	1	0	6	0	女	
143	0	6	29	19	5	9	5	21	14	0	7	0	68	30	11	6	13	1	7	0	計	
65	0	3	6	15	2	4	9	7	2	0	5	0	34	24	4	0	4	2	0	0	男	三年級
41	0	3	6	4	1	3	0	2	0	0	2	0	26	8	5	4	1	3	2	3	女	
106	0	6	12	9	3	7	9	9	2	0	7	0	60	32	9	4	5	5	2	3	計	
39	0	4	6	16	8	2	6	0	0	0	0	0	13	8	1	1	3	0	0	0	男	四年級
18	0	1	3	3	0	2	1	0	0	0	0	0	11	4	0	4	1	0	2	0	女	
57	0	5	9	19	8	4	7	0	0	0	0	0	24	12	1	5	4	0	2	0	計	
3			3																		男	五年級
0			0																		女	
3			3																		計	
2			2																		男	六年級
0			0																		女	
2			2																		計	
539	4	13	87	84	28	18	38	177	98	29	48	2	174	95	21	5	37	4	10	2	男	合計
252	1	5	44	33	4	23	6	23	0	2	21	0	146	49	16	26	6	5	33	11	女	
791	5	18	131	117	32	117	44	220	98	31	69	2	320	144	37	31	43	9	43	13	計總	